KB112478

행복을
주는
이름 짓기
사전

행복을 주는 이름 짓기 사전

발행일   2017년 10월 31일

지은이   이 형 석
펴낸이   손 형 국
펴낸곳   (주)북랩
편집인   선일영   편집   이종무, 권혁신, 전수현, 최예은
디자인   이현수, 김민하, 한수희, 김윤주   제작   박기성, 황동현, 구성우
마케팅   김회란, 박진관, 김한결
출판등록 2004. 12. 1(제2012-000051호)
주소   서울시 금천구 가산디지털 1로 168, 우림라이온스밸리 B동 B113, 114호
홈페이지 www.book.co.kr
전화번호 (02)2026-5777   팩스   (02)2026-5747

ISBN   979-11-5987-783-4 03180 (종이책)   979-11-5987-784-1 05180 (전자책)

잘못된 책은 구입한 곳에서 교환해드립니다.
이 책은 저작권법에 따라 보호받는 저작물이므로 무단 전재와 복제를 금합니다.

이 도서의 국립중앙도서관 출판예정도서목록(CIP)은 서지정보유통지원시스템 홈페이지(http://seoji.nl.go.kr)와
국가자료공동목록시스템(http://www.nl.go.kr/kolisnet)에서 이용하실 수 있습니다.
(CIP제어번호 : CIP2017027751)

(주)북랩 성공출판의 파트너
북랩 홈페이지와 패밀리 사이트에서 다양한 출판 솔루션을 만나 보세요!
홈페이지 book.co.kr • **블로그** blog.naver.com/essaybook • **원고모집** book@book.co.kr

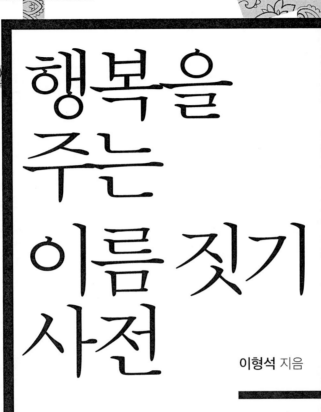

행복을 주는 주는 이름 짓기 사전

이형석 지음

좋은 기운으로
이끄는
올바른 작명 지침서

북랩 book Lab

머리말

날씨가 더우면 몸에서 땀이 나고, 날씨가 추우면 몸이 움츠러든다. 온도의 변화에 따라 우리의 몸은 반응한다. 온기에 따뜻함을 느끼고, 냉기에 차가움을 느낀다. 온도는 우리의 눈에 보이지는 않지만 느껴진다. 아름다운 풍경을 보면 마음속에서 벅차오름을 느끼고, 훌륭한 음악을 들으면 전율을 느낀다. 좋은 글과 좋은 그림에서도 많은 것을 느낀다.

동양철학에서는 느껴지는 것을 기(氣)라고 표현하는데, 세상 모든 것에는 기가 있으며, 지금 읽고 있는 이 글자도, 이 글도, 보고 있는 이 책에도 기가 존재한다.

기는 좋게 느껴지는 것도 있고 나쁘게 느껴지는 것도 있는데, 좋게 느껴진다는 것은 나 자신에게 좋은 반응을 불러일으키는 것이고, 나쁘게 느껴지는 것은 거부 반응을 불러일으키는 것이다.

이름에도 기가 있으니 이름의 당사자에게 좋은 기운(氣運)을 주기 위해 짓는 것이 바로 작명(作名)이며, 기존의 이름보다 좋은 기운으로 바꾸어주기 위해 짓는 것이 개명(改名)이다. 동양철학의 음양오행과 수리는 바로 이 기(氣)의 집합체이며, 이들의 균형있는 조합, 배치 방법 등을 설명한 것이 성명학(姓名學)이다.

보통은 나의 이름이 어떤 의미가 있는지는 알고 있다고 하더라도, 어떤 기운이 담겨 있는지, 나에게 어떤 영향을 주는지는 모르는 경우가 많다. 『행복을 주는 이름 짓기 사전』은 본인의 이름의 의미 외, 어떤 기운을 가지고 있고, 어떤 영향을 주는지를 알아보기 위한 목적과 나와 자녀의 이름을 직접 지을 수 있도록 하기 위한 목적으로 지어졌다.

이름을 짓는다는 것은 아주 고귀한 것이고, 좋은 기운을 불어 넣어주기 위해 많은 심사숙고를 거쳐야 한다. 이름은 당사자의 존재 가치를 증명하는 얼굴이나 마찬가지이며, 평생을 함께하는 나의 또 다른 나이기 때문이다.

독자로 하여금 보다 쉽게 이해할 수 있도록 성명학의 내용을 설명하였으며, 직접 작명이나 개명을 할 수 있는 방법과 함께 8,598개의 인명용 한자를 수록하였다. 이 책의 내용으로 좋은 기운이 담긴 좋은 작명과 개명이 되어 당사자에게 평생 좋은 기운과 행운, 행복이 함께 하길 바란다.

2017년 10월
이형석

차 례

제 1 장

성명학 姓名學
이란

1. 성명(이름)의 가치

대개 모르는 타인이 나를 부르고자 할 때 "성함이 어떻게 되시는지요.", "이름이 뭐니?"라고 하는데, 이에 대한 답변으로 성씨와 이름을 합한 성명(姓名)인 "○(성씨)△△(이름)입니다."라고 말한다.

성명은 나를 지칭하는 하나의 호칭이며, 타인과 차별되는 나 자신만의 존재감과 나 자신을 증명하는 것인데, 만일 성명이 없으면 존재 가치가 굉장히 포괄적으로 분류되어 불리거나, 어조사로 불리게 된다.

성명 또는 이름으로 불릴 때 비로소 나라는 존재 가치가 부여되고, 존재가 명확해진다.

『명심보감(明心寶鑑)』의 '성심편(省心篇)'에서, "천불생무록지인(天不生無祿之人)하고 지부장무명지초(地不長無名之草)"라, "하늘은 녹 없는 사람을 내지 않으며 땅에는 이름 없는 풀이 자라게 하지 않는다." 했으니, 세상의 모든 만물에는 명(이름)이 있는 것이다.

당연히 사람에게도 이름이 있어 세상에 태어나면 남이 불러주는 이름이라는 것으로 평생 불리게 되고 또한 죽을 때까지 가지고 가며, 후대에 이름으로서 그 사람을 기억하게 된다.

이러한 성명은 인간이기 때문에 사용할 수 있는 것이고, 또한 인간만이 사용할 수 있는 문자와 언어가 있었기 때문에 가질 수 있는 아주 특별한 것이다.

2. 성명학의 역사

우리의 조상들과 선유(先儒)들은 명(이름)에 대해 아주 신성시했고 특별히 생각했다. 유불선의 종교와 철학적인 측면에서도 중요한 부분으로 받아들여지는데, 유명천추(遺名千秋-이름이 천 년을 감), 명체불리(名體不離-이름과 실체는 나눌 수 없음), 명전자성(名詮自性-이름은 자체의 본성을 나타냄) 등으로 이름이 가지는 가치와 중요성을 인식하게 되고, 선정기명(先正其名-이름을 바로 세움)이라는 공자(孔子)의 정명사상(正名思想)을 뒷받침하게 되니, 이러한 사상적 배경에 성명학이 태동하는 시초가 되었다고 할 수 있다.

- 정명(모든 것에는 맞는 이름이 있다)사상의 예시

성명학의 역사는 기원전부터 있었던 정명사상을 배경으로 시작되었다고 볼 수 있지만, 실질적인 성명이라는 내용을 학문 자체로서 접근한 것은 현대 시대

(19세기 이후)에 들어와서 정립되고 학문으로서 자리매김했다고 할 수 있다.

다시 말해 현대 시대로 진입하기 이전에는 성명을 활용하는 데 방법론(자의-字意, 파자-破字)적인 내용이 우선시 되었는데 1900년대 이후부터는 현재 우리가 접하고 있는 성명학의 종류와 체계를 학문으로서 접하게 되었다고 해도 과언은 아니다.

즉 현재 우리가 접하고 있는 성명학의 역사는 불과 110년 정도의 짧은 역사를 가지고 있지만, 성명학이 태동하게 되는 역사적 배경이 아주 오래전부터 연결되어오고 있는 만큼, 성명학을 이해하는 데 있어서 성명학이 걸어온 발자취를 살펴보는 것은 성명학 이해에 도움이 된다.

시대구분(중국 역사 기준)		성명을 바라본 주류(主流)
9세기 이전	기원전(B.C. 770년) 춘추전국시대부터 기원후(A.D. 907년) 당나라 시대까지	공자의 정명사상(正名思想)을 배경으로 한 한자 자의(字意)의 윤리적 시각 및 측자(測字), 파자(破字) 등이 주류
19세기 이전	기원전(A.D. 960년) 북·남송시대부터 기원후(A.D. 1911년) 청나라 시대까지	기존 성명을 바라보던 주류를 바탕으로 주역(周易) 및 상수학(象數學), 음양오행(陰陽五行)이 발전하면서, 현대의 성명학 이론적 체계에 단초를 제공
현대	1900년대 이후부터 현재까지	일본 '웅기건옹(熊崎健翁)'의 수리(數理)성명학을 필두로 성명학의 학문적 체계가 시작되고 기존의 주류가 학문으로 자리매김

이러한 성명학의 역사가 대변하는 주류와 기조는 성명에는 특별한 기(氣)가 있음을 인지하고 동양철학과 결합, 동시에 성명을 쓰는 인간에게 지대한 영향을 준다는 것이며, 이러한 것이 성명학의 역사적 배경이자 핵심 내용이 되었다.

중국에서 시작한 성명을 바라보는 관점과 역사가 한(韓), 중(中), 일(日)의 문화교류를 통해 한국과 일본에 많은 영향을 주게 되었고, 문화교류가 활발해지면서 성명학의 학풍이 더 많은 발전을 하게 된다.

3. 동양철학의 이해

동양철학(東洋哲學) 및 역학(易學)의 근간을 이루는 것이 바로 음양오행(陰陽五行)과 수리(數理)인데, 성명학의 기본원리도 음양오행과 수리에 뿌리를 두고 있다. 이 음양오행과 수리의 철학적 내용과 더불어 방대하고 다양한 역학적 내용을 전부 설명할 수는 없으나, 성명학을 이해함에 있어서 필요한 아주 기초적인 내용을 알아보자.

1) 음양(陰陽)

세상 천지만물은 음(陰)과 양(陽)의 기(氣)로 이루어져 있다.

음과 양을 위와 같은 대칭적인 것으로 구분은 할 수 있으나, 꼭 이분법적인 양자 구분을 하는 것은 아니다. 음과 양이 서로 교차하면서 무한 상호작용을 하는데, 이러한 상호작용을 통해서 세상 천지만물의 이치로 연결된다.

2) 오행(五行)

세상 천지만물은 오행의 기(氣)로 이루어져 있다. 오행은 목-화-토-금-수(木-火-土-金-水)로 구성되는데, 각각의 기운들이 상생(相生) 및 상극(相剋)의 상호작용을 하면서 세상 천지만물의 이치로 연결된다. 이 오행들의 상관관계를 사물에 대비해 보면 다음과 같다.

① 상생(相生)

나무(木)는 불(火)을 생하고, 불은 타고나면 재가 되는데 이 재는 흙(土)을 생한다. 흙은 압력과 영고의 시간을 지나 돌(金)을 만들고, 이 돌은 대기와 만나 물(水)을 만든다. 그리고 이 물은 나무의 생장을 돕게 되는데, 이게 '목→화→토→금→수→목'으로 무한 반복하는 오행의 상생이라 한다.

② 상극(相剋)

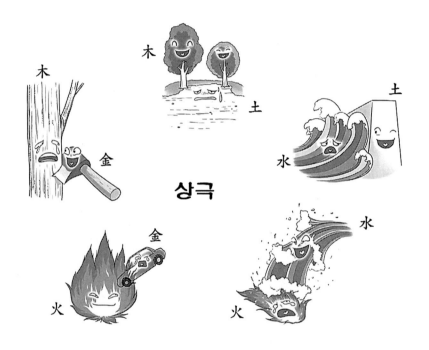

나무는 땅(土)에 뿌리를 내려 땅을 파헤침으로 흙을 극하고, 흙은 물(水)길을 막아 흐르게도 하고 못 흐르게도 하니 물을 극하며, 물은 불을 꺼지게 하니 불을 극하고, 불은 쇠를 녹이니 쇠를 극하며, 쇠는 나무를 찍어 상하게 하니 나무를 극한다. 이를 오행의 상극이라고 한다.

상극은 목(木)을 기준으로 나무는 흙(土)이 없이는 뿌리를 내릴 수 없고, 도끼

(金)의 가지치기가 없다면 제대로 클 수가 없는바, 오행의 상극도 분명 있어 줘야 나무가 제대로 균형을 잡을 수 있다. 상극이라고 해서 무조건 안 좋은 것이 아니다. 오행은 각 기운이 밀접하게 상호작용을 하는 것으로 이해해야 한다.

3) 수리(數理)

세상의 천지만물의 이치는 수리(數理)로 연결된다. 수리라는 것이 숫자인가 하고 생각할 수 있는데, 그 숫자가 맞다.

세상의 모든 이치는 수(數)에 있다.

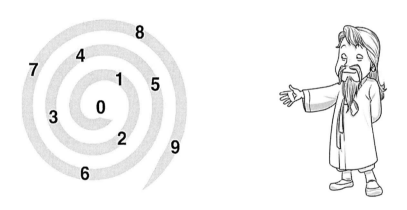

우리가 현재 쓰고 있는 숫자의 기호인 0, 1, 2, 3, 4, 5, 6, 7, 8, 9가 각각 의미하는 바가 있으며, 세상 천지만물에 기가 있듯이 이 숫자인 수리에도 기(氣)가 있다.

수리에 대한 동양학적 관점은 상수학적 내용과 함께 『주역』, 『태현경』, 『천부경』(근대 종교의 경전)에서 우주의 원리 및 천지인(天, 地, 人)의 삼재사상을 엿볼 수 있고, 숫자 간에 더하고, 빼고, 곱하고, 나누고를 통한 숫자의 변화를 통해 결과와 새로움을 낳는 수리의 철학적 관점도 살펴볼 수 있다(각 수리에 대한 자세한 설명은 수리의 원리 편에서 살펴보자).

4. 기(氣)

동양철학의 핵심은 바로 '기'이다. 이 기의 다른 표현이 음양과 오행, 수리인 것이다.

세상의 모든
것에는 기(氣)가 있다.

세상 만물 모든 것에는 기가 있으며, 지금 보고 있는 이 글에도 기가 있다. 기는 보이지는 않지만 우리 주변에 항상 존재하고 있다.

성명학도 바로 이 동양철학의 '기'를 관통하고 있다. 즉, 성명을 통해 기를 부여하고 그 기가 사람에게 유익하게 하려고 학문적으로 정립된 것이 바로 성명학이다.

※ 참고사항

음양오행과 수리를 근본으로 하는 여러 종류의 성명학들이 있는데, 참고로 살펴보자.

성명학(姓名學)의 종류

성명학	내용
음양성명학 (陰陽姓名學)	한자의 획수를 가지고 홀수인 1, 3, 5, 7, 9는 양(陽)이 되고, 짝수인 2, 4, 6, 8, 10은 음(陰)이 되어 음양(陰陽)이 조화(調和)가 되면 길(吉)하며 조화가 되지 못하면 흉(凶)하다는 것으로 판단하는 성명학이다.
괘상성명학 (卦象姓名學)	일명 주역성명학이라고도 하며, 한자의 획수를 가지고 주역(周易)의 64괘 및 육효(六爻)를 대입하여 나온 괘상에 따라 길과 흉을 판단하는 성명학인데, 성명의 획수를 가지고 판단하기도 하고 태어난 연도를 숫자로 표출하고 결합해 판단하기도 한다. 숫자의 표출은 64괘의 괘상을 대입하기 위해 8이나 6으로 나누는 방법을 취하고 있다.
곡획성명학 (曲劃姓名學)	괘상성명학과 더불어 괘상(卦象)을 표출하여 길흉을 판단한다는 것에서는 같지만, 한자의 획수를 곡획(曲劃)법(원획법, 필획법과 다름)이란 방법을 취함으로 획수가 괘상성명학과 달라지며, 곡획에 따른 괘상이 앞서 말한 괘상성명학과 차이를 가지므로 두 성명학은 따로 구분이 된다.
81수리성명학 (81數理姓名學)	괘상을 표출하는 방법과는 다르게 한자 획수 자체로 1~81 숫자까지 길흉을 설명한 내용을 바탕으로 한 성명학인데, 수리의 구성을 오격(五格)인 천-인-지-외-총격(天-人-地-外-總格) 또는 사격(四格)인 원-형-이-정격(元-亨-利-貞格)으로 대입하여 길흉을 판단한다. 현대 성명학에서 가장 많이 활용되고 있는 성명학이다.
발음성명학 (音靈姓名學)	우리가 말하는 발음에도 오행이 있기 때문에 발음에 따른 오행을 가지고 상생이 되면 길하고 상극이 되면 흉하다는 것으로 판단하는 성명학이다. 한글을 기준으로 하며 오음간명법을 활용한 방법과 훈민정음 혜례본의 한글오행을 기준으로 하는 방법의 두 가지가 있다. 관련 자세한 내용은 발음오행의 기본원리에서 설명한다.
자원오행성명학 (字源五行姓名學)	한자 자체의 자원오행을 가지고 발음오행과 마찬가지로 오행이 상생이 되면 길하고 상극이 되면 흉하다는 것으로 판단하는 성명학이다. 관련 내용은 자원오행 기본원리에서 설명한다.
삼원오행성명학 (三元五行姓名學)	81수리성명학과 뿌리를 같이 하는데, 수리 자체에도 오행이 있어 수리에서 표출한 오행이 상생이 되면 길하며 상극하면 흉하다는 것으로 판단하는 성명학이다. 이외 관련한 내용도 성명학의 기본원리에서 설명한다.

측자·파자성명학 (測字·破字姓名學)	자원(字源)을 바탕으로 성명의 한자(漢字)마다 한자의 모양 및 한자 속에 포함된 의미를 도출하여 길흉을 판단하는 성명학인데, 성명학의 역사상 아주 오래된 방법 중 하나이나 보는 이로 하여금, 해석의 다양성을 가지게 되는 특징이 있다.

상기 위의 성명학은 음양과 오행, 수리 분야로 구분되는데, 그 내용은 아래 표와 같다.

수리 관련	오행 관련	자의(字意) 관련
음양성명학	발음성명학	측자·파자성명학
괘상성명학	자원오행성명학	
곡획성명학	삼원오행성명학	
81수리성명학		

현시대 성명학의 주류(主流)는 명리학(命理學)을 바탕으로 한, 사주팔자(四住八字)를 대비하여 좋고 필요한 기운을 주는 오행을 기준으로 발음오행 및 자원오행을 사주팔자에 보완하고 수리를 좋은 기운으로 배치하여 작명한다.

여기서 오행은 발음성명학과 자원오행성명학을 바탕으로 하며, 수리는 음양성명학과 81수리성명학을 바탕으로 한다. 더불어 한자가 가지는 자의(字意)를 좋은 뜻으로 배치한다.

괘상성명학은 일부 작명가가 취용하기도 하는데, 필자는 성명학 분야에 취용은 부정적인 입장을 가지고 있다. 그 이유는 수리적 내용이 음양과 81수리로 중복이 되는 점이 있으며, 주역의 괘와 효는 점술적 방식으로 도출하는 것인데, 이를 성명의 한자 획수에 재차 접목하는 것은 과유불급(過猶不及)이다. 주역은 주역 본래의 모습으로 두는 것이 좋겠다.

사주팔자를 보고 작명을 하는 것은 성명이 가지는 기가 사주팔자, 즉 사람의 명운에 영향을 줄 수 있다는 관점 때문인데, 성명을 통해 보는 관점은 크게 두 가지로 나누어진다.

하나는 성명학의 내용 자체로 운명이 결정된다는 '운명 결정론적 관점'과 다른 하나는 '운명 영향론적 관점'이다. 이러한 관점은 작명가들마다 관점이 다를 수 있기 때문에 존중해야 하는 부분이지만, 필자는 성명학의 내용을 '운명 영향론적 관점'으로 본다.

제 **2** 장

성명학의
원리

1. 발음오행(發音五行)

1) 발음오행의 원리

발음(소리)에도 음양오행의 기가 있다. 대표적으로 훌륭한 음악을 들을 때 전율을 느끼기도 하는데, 이는 음(音)이 가지는 기를 몸소 느끼는 것이라 말할 수 있다.

발음오행이란 쉽게 말해서 소리를 표현하는 글자에 오행을 부여한 것을 말하는데, 그 글자의 오행이 상생의 구조로 되어 있는지, 상극의 구조로 되어 있는지를 본다.

좋은 소리 - 상생 구조

각진 소리 - 상극 구조

성명학상 발음오행의 구조가 상생된다는 것은 기의 흐름을 막힘없이 좋게 가져간다는 것을 의미하며, 상극되는 것은 기의 흐름을 꺾어 좋지 않은 것으로 본다.

발음에 해당하는 소리를 표현하는 글자는 한글이다. 한글은 소리(音)글자이며, 자음(초성)과 모음(중성), 더하여 자음(종성)이 결합한 아주 독창적이면서 우수한 우리나라만의 자랑스러운 글자이자 문자다.

이러한 한글에서 소리(音)로 구성되는 것은 자음 초성과 모음 중성(가운뎃소리), 그리고 자음 종성(받침)으로 구성되는데, 이들 구성 중 자음 초성과 종성 대한 오행을 발음오행의 핵심으로 삼는다.

① 한글 음양오행 배치

오행	음계	오음	발음오행 자음	해례본 자음	모음(중성)	
木	각(角)	牙(아)音	ㄱ, ㅋ	ㄱ, ㅋ	ㅕ(음), ㅏ(양)	"ㅣ" 모든 오행에 속함.
火	치(徵)	舌(설)音	ㄴ, ㄷ, ㄹ, ㅌ	ㄴ, ㄷ, ㄹ, ㅌ	ㅜ(음), ㅛ(양)	
土	궁(宮)	喉(후)音	ㅇ, ㅎ	ㅁ, ㅂ, ㅍ	ㅡ(음), ㆍ(양)	
金	상(商)	齒(치)音	ㅅ, ㅈ, ㅊ	ㅅ, ㅈ, ㅊ	ㅓ(음), ㅑ(양)	
水	우(羽)	脣(순)音	ㅁ, ㅂ, ㅍ	ㅇ, ㅎ	ㅠ(음), ㅗ(양)	

발음오행 관련하여, 훈민정음 운해와 훈민정음 해례의 자음오행 배치가 차이가 발생하면서 "해례본의 내용을 따라야 한다.", "기존에 쓰던 운해의 자음 오행을 따라야 한다." 등의 내용으로 성명학계에서는 백가쟁명(百家爭鳴)이 되고 있다.

그 이유는 자음오행 배치 관련하여, 토에 해당하는 'ㅇ, ㅎ - ㅁ, ㅂ, ㅍ'이 서로 다르게 되어 있기 때문이다. 이를 정리할 필요가 있는데, 핵심은 훈민정음 해례본의 제자 원리는 음양오행 원리와 100%로 부합이 되며, 위의 오행 표기는 절대적 개념으로 이해할 수 있다. 후손들이 작명하는데, 자음오행 배치 관련하여 해례본을 직접 제작 감수한 세종대왕과 집현전 학자들이 틀렸다고 한다면, 얼마나 속상해하실지…, 죄송한 마음이다.

훈민정음 해례본에서 한글의 오행을 가지고 이름을 지으라는 내용은 없다. 단지 자음과 모음이 결합을 하면서 발음으로 소리가 날 적에 오행의 기운은 바뀔 수가 있다. 이때 낮게 울리는 궁음의 특성상 상대적 개념으로 작명에서는 'ㅇ, ㅎ'을 토(土)의 오행으로 배치하여 적용하고 있는 것이다.

쉽게 말하면 말소리를 함에 있어 자음 자체적으로는 절대 소리를 낼 수 없으며, 모음(혀의 위치)과 결합하고 목(성대)소리로 나올 적에 소리, 즉 발음으로 들을 수 있는데, 발음이라는 것이 지역(사투리, 억양, 언어습관)에 따라 다르고, 남녀의 음성 고·저, 발음의 장(길게)-단(짧게)에 따라서도 다르다. 이러한 것을 전부 반영하면 매우 복잡하게 되는 점에서, 상대적인 기준을 부여하여 적용한 것이 작명에서 적용하고 있는 발음 오행인 것이다.

때문에 기준을 둠에 있어 자음만을 가지고 오행의 기준으로 두는 것을 혼선의 여지가 많고, 발음(자음+모음)을 가지고 포괄적 개념으로 적용할 적에는 현재 작명에서 쓰고 있는 발음 오행 기준을 표준으로 삼아도 문제가 없겠다.

② 발음오행 배치

발음오행(모음을 결합한 자음의 초성과 종성)				
오행	木	火	土	金	水
자음	ㄱ, ㅋ	ㄴ, ㄷ, ㄹ, ㅌ	ㅇ, ㅎ	ㅅ, ㅈ, ㅊ	ㅁ, ㅂ, ㅍ

이를 작명에서 발음오행의 기준으로 삼는다(자음오행이라는 표기는 맞지 않는다).

2) 발음오행의 적용

자음의 초성, 종성 오행을 통해 상생되면 길하고, 상극이 되면 흉하다는 것이 발음오행상의 성명학적 관점에서 보는 방법인데 예시는 아래와 같다.

발음오행 상생의 예시

이름	이	형	석	초성-초성-초성
초성	ㅇ(土)	ㅎ(土)	ㅅ(金)	
종성		ㅇ(土)	ㄱ(木)	土-土-金 상생 길(吉)
이름	백	민	희	종성-종성-초성
초성	ㅂ(水)	ㅁ(水)	ㅎ(土)	
종성	ㄱ(木)	ㄴ(火)		木-火-土 상생 길(吉)
이름	김	현	빈	초성-종성-종성
초성	ㄱ(木)	ㅎ(土)	ㅂ(水)	
종성	ㅁ(水)	ㄴ(火)	ㄴ(火)	木-火-火 상생 길(吉)
이름	최	유	민	초성-초성-종성
초성	ㅊ(金)	ㅇ(土)	ㅁ(水)	
종성			ㄴ(火)	金-土-火 상생 길(吉)

초성과 종성이 성씨와 상명자(중간 이름) 하명자(끝 이름)에서 상생 연결이 되고 있다.

발음 오행 상극의 예시

이름	박	형	각	
초성	ㅂ(水)	ㅎ(土)	ㄱ(木)	초성-종성 전부 상극
종성	ㄱ(木)	ㅇ(土)	ㄱ(木)	
이름	송	가	영	
초성	ㅅ(金)	ㄱ(木)	ㅇ(土)	초성-종성 전부 상극
종성	ㅇ(土)		ㅇ(土)	

초성과 종성이 성씨와 상명자(중간 이름) 하명자(끝 이름)에서 상극 연결이 되고 있다.

3) 발음오행의 해석

성씨부터 시작에서 이름의 끝까지 각각이 가지고 있는 오행이 상생의 구조가 되면 길한 이름이고, 상생이 안 되면 흉한 이름이라고 해석한다.

해석의 방법은 성명이 '성+이름'으로 구성이 되는 데 있어서, 성씨에서 이름의 첫 글자 사이를 초년과 중년의 내용으로 해석하고, 이름 첫 글자와 이름 끝 글자 사이를 중년과 말년 운으로 해석하게 된다.

초년	중년	말년
성씨	상명자	하명자

오행의 상생이 순방향이 되면 조상의 음덕을 입을 수 있고, 역방향이면 본인의 적덕이 보다 강화되는 성명이 된다. 이것이 상생의 구조로서 막힘없이 잘 통하고 상생하는가가 해석의 핵심이 된다.

예로 상생의 연결인 김성주라는 이름을 가지고 해석을 해보자.

김	성	주
木(초성) 水(종성)	金(초성) 土(종성)	金(초성)

水←金←金으로 초년의 '수'와 중년의 '금'이 상생을 이루어 초년과 중년으로 연결되는 시기에 길하다고 얘기할 수 있고, 중간 이름과 끝 이름이 금-금은 같은 오행이나 초년의 수와 상생으로 연결되니 말년까지 이어지는 좋은 이름이 된다. 역순으로 상생되니, 조상의 음덕보단 본인 적덕의 힘이 보다 강화되는 이름이다.

이에 대한 해석으론 입신양명격(立身揚名格)이라 하며 "지혜와 의로움을 바탕으로 만인의 칭송을 받고 입신출세하며 성공과 행복한 삶을 이룬다. 초년 운이 안정되어 중년에 대업을 완성하고 한평생 부귀장수를 누린다. 인덕도 좋고 가정 운도 좋아서 부부간에 화평하며 자손도 효도하니 말년에 안락하다."라고 해석을 할 수 있다.

다른 예로 상극인 구세나라는 이름을 해석해 보자.

구	세	나
木(초성)	金(초성)	火(초성)

木→金←火으로 초년의 '목'과 중년의 '금'이 상극을 이루어 초년과 중년으로 연결되는 시기에 풍파가 있음을 얘기하고, 중간 이름과 끝 이름이 금-화로 또한 상극이니 말년까지 풍파가 있음을 얘기하는 것이라 발음오행 연결 상에는 좋지 않은 이름이 된다.

이에 대한 해석으론 풍비박산격(風飛雹散格)이라 하며 "매사에 장애와 고통이 따르고 이루어진 것도 흩어져 버리니 허무하기만 하다. 노력의 대가가 따르지 않으니 경제적 고충도 이루 말할 수 없다. 부모·형제 운도 약하고, 가정 운도 나빠 배우자와 자식도 걱정거리만 주게 된다. 한평생 안정되지 못하여 삶이 공허하기만 하니 말년이 외롭다."라고 해석을 한다.

단, 상극의 구조로 나쁜 의미가 있더라도, 사주팔자에 좋은 기운과 복을 주는 기운으로 오행이 있으면, 나쁜 의미는 상쇄된다. 즉, 파란은 있으나 결과는 얻게 되는 새옹지마의 의미로 변화될 수 있는 것이다.

그리고 상생의 구조로 좋은 의미가 있더라도, 사주팔자에 좋지 않은 기운으로 오행이 있으면, 상생의 좋은 의미가 퇴색(退色)된다. 발음오행의 상생 구조를 가지면서, 사주팔자에 좋은 기운을 주는 오행으로 배치된다면 금상첨화이다. 이러한 배치 작업이 작명, 개명에 들어가야 좋은 것이다.

발음오행의 해석은 오행을 기초로 각 인생사의 시기별로 대입, 역술적인 내용으로 풀이해 놓았다. 다른 오행 간의 상생 및 상극 간의 내용을 찾아서 살펴보면 된다.

※ 발음 오행 작명 기준

1. 사주팔자를 보고, 필요한 오행을 선택한다.
2. 선택된 오행을 바탕으로 성을 포함한 이름 끝 자까지 초성, 종성이 발음오행 상생이 되게끔 자음을 배치한다.
3. 성과 이름 상명자에서 상극이 된다고 하더라도 이름(상명자+하명자)만큼은 발음오행 상생이 되도록 한다.
4. 필요오행 및 보충오행 참고 시, 초성과 종성을 각각 함께 참고할 수 있다.

---

2. 자원오행(字源五行)

발음오행이 우리나라 한글을 토대로 했다면, 자원오행은 한자(漢字)를 토대로
한다. 한자의 발전 과정 중 진시황이 있던 시대에 과거의 고대 한자가 현재에 쓰
고 있는 한자 서체의 기본 원형을 제공하는 획기적인 변화가 있었다. 점(양)과 선
(음)이라는 음양의 개념이 서체 속에 녹아들어가 표의문자인 한자를 더욱 가치
있게 만들어 주는 일이 있었는데, 전설적인 내용이지만 이 한자의 기본 원형을
제공한 사람은 왕차중(王次仲)이며, 이 글자를 만들고 새가 되어 하늘로 높이 날
아갔다고 한다.

한자는 단순히 손 가는 대로 만들어진 글자가 아니라, 음양의 사상적 배경을
토대로 점과 선, 획수와 글자 자의(뜻)를 담아낸 글자다. 표의문자(表意文字)이면서

각 글자에 뜻과 의미, 그리고 오행과 기(氣)를 담아내고 있는 것을 바탕으로 하여 한자의 자원 오행을 살펴보게 된다. 자원오행은 사주팔자에 필요한 오행의 기를 보충해 주기 위함이다.

1) 한자의 오행

한자의 오행은 한자 의의(意義)와 부수(部首)에 따라 오행이 결정되는데, 이를 통상 자원(字源)오행이라고 칭한다.

한자는 상형자, 지사자, 회의자, 형성자 등으로 구성원리를 가지고 있다. 상형은 말 그대로 구체적 사물의 모양을 한 글자이고, 지사는 추상적인 것을 점과 선으로 표시를 한 글자이며, 회의는 글자의 뜻을 합쳐서 새로운 글자로 만든 것이며, 형성은 뜻 부분과 음 부분의 글자를 결합한 글자이다. 추가로 중국 외 우리나라에서만 쓰는 우리나라에서 만든 한자도 있고, 일본에서 만든 한자도 있다.

이러한 한자 구성원리에 한자의 자의와 부수로 오행의 기를 부여할 수 있는데, 대부분의 한자의 오행은 부수에서 결정이 나지만, 부수의 오행이 있더라도 자의에 의해서 오행이 다르게 설정될 수 있으며, 부수 자체가 어떠한 의미부여가 안되는 글자는 자의로서 오행이 설정되기도 한다. 더불어 지사문자나 회의문자의 경우는 한자 내에 구성된 글자로 오행이 설정될 수 있다.

예로 力(힘 력)은 상형자이고 부수가 力인데, 자원오행은 土가 된다. 이를 위의 내용으로 자원 오행이 다르게 설정될 수 있다.

力(힘 력) / 부수(力) / 자원오행(土) 예시

부수로서 나타내는 것	務 힘쓸 무(力)-土, 助 도울 조(力)-土 등
부수가 있지만 의의로 나타내는 것	加 더할 가(力)-水, 勁 굳셀 경(力)-金 등
한자 내 글자로 나타내는 것	勞 일할 노(力)-火, 勒 굴레 륵(力)-金 등

위의 예시처럼 부수로 기준하면 자원오행상 土이지만, 자의(字意) 등으로 자원오행을 다르게 설정할 수 있다. 몇몇 한자들이 그러한데, 가령 尸(주검 시)의 경우는 설문해자나 상형자로서 보면 죽은 시체를 뜻하는데 죽음을 뜻하는 자원오행상은 水가 된다. 하지만 居(거주할 거), 局(관청 국)처럼 건물을 상징하는 뜻의 글자에서는 木 오행으로 설정되는 것이다.

한자의 특성상 뜻과 음을 빌려 만든 형성자가 전체에서 거의 80%를 차지하는데, 대부분의 뜻은 부수의 뜻을 가져오지만, 측자·파자하여 세부내용으로 보면 다른 글자에서도 기(氣)의 존재를 헤아릴 수 있다.

성씨인 노(盧)의 경우 파자(분해)하면, '虍 + 田 + 皿'이 되는데, 부수는 皿(그릇 명)이 되어 자원오행은 金로 되겠지만, 자의상 黑(검을 흑)의 내용으로 자원 오행은 水로 설정한다. 그럼에도 불구하고 한자 안의 글자들을 보면 虍(호피 무늬 호)는 호랑이를 뜻하기도 하기 때문에 土 오행 또는 木 오행의 기운을 가지고 있고, 田(밭 전)은 土의 기운을 가지고 있는 것이다.

이러한 내용은 한자가 가지는 특성 때문인데, 작명의 전문적 분야로 깊게 들어가면 한자 자체의 측자·파자를 통해 오행의 기를 작명으로 활용할 수도 있다. 이는 다방면으로 유용하게 활용할 수 있음이니 좋은 것으로 이해하면 된다.

하지만, 일부 작명가들 사이에선 이러한 자원오행이 일부 다르게 설정됨으로 인하여 자원오행이 "맞지 않네.", "잘못되었네."라는 것으로 설왕설래(說往說來)하거나, 백가쟁명(百家爭鳴)이 되기도 한다.

본 책에 수록된 인명용 한자사전은 설문해자(한자 원형), 강희자전(현재 우리나라에서 쓰고 있는 한자의 원형과 뜻의 기준)을 전부 비교·검토하고, 현재 성명학에서 쓰고 있는 자원오행들 간의 비교·검토를 통해 충분히 고찰된 내용으로 자원오행을 설정하였다. 물론 설문해자와 강희자전에도 없는 일부 글자(현대에 만들어지거나 속자, 우리나라에서 만든 한자, 일본에서 만든 한자)들도 있지만, 설정기준에 따라 자원오행을 배치하였다.

자원오행 설정기준	① 부수를 기준으로 자원 오행 설정 ② 부수보다 자의가 우선 시 자의로 자원오행 설정 ③ 부수와 자의가 모호한 글자는 대표 글자로 자원 오행 설정

기존 성명학에서 활용하는 자원오행들도 전부 고찰(考察)했기 때문에 기존에 활용하여 적용한 자원오행과 차이점은 별로 없다. 때문에 작명가나 전문가를 포함한 일반인들이 작명함에 있어서 현 책에 있는 인명용 한자사전의 자원오행을 그대로 활용함에 문제가 없겠다(인명용 한자사전에서 한자별 자원오행을 적시해 놓았으니 참고).

작명이나 개명 시 자원오행은 글자 순서 간에 오행의 상생을 적용하지 않는다. 자원오행도 앞서 발음오행에서 언급한 것처럼 상대적 개념으로 보는 것이지, 절대적 개념으로 적용하는 것은 많은 오류를 낳게 된다. 자원오행의 기는 상생과 관계없이 사주팔자의 기운에 도움과 발복(發福)의 기운으로 각각 적용하면 된다.

2) 한자와 관련된 내용들

한자와 관련하여 성명학에서 파생적으로 나온 내용들이 있는데, 참고할 내용도 있고, 참고하지 않아도 되는 그런 내용들이 있다. 바로 불용문자, 사용에 주의가 필요한 문자, 분파가 그것이다. 이 내용들을 참고해 보자.

① 불용문자

한자에는 글자 자체의 의의(意義)가 있는데, 좋은 의미를 담고 있는 것이 있고, 나쁜 의미가 있는 것이 있다. 이 중 나쁜 의의가 있는 한자는 성명학에서는 배제하는 것이 좋고 당연히 쓰기에 부적합한 문자가 되겠다.

예로 아래의 내용을 보자(그 외 성명으로 쓰기엔 부적절한 의미가 있는 한자가 많이 있지만, 부록에 있는 인명용 한자 사전에서 참고할 것).

假 거짓 가	姦 간음할 간	痢 설사 이	魔 마귀 마	鳴 울 명
犯 범할 범	腐 썩을 부	悲 슬플 비	貧 가난할 빈	邪 간사할 사
喪 잃을 상	消 사라질 소	獸 짐승 수	屎 똥 시	餓 굶주릴 아
疹 홍역 진	痴 어리석을 치	謔 희롱할 학	刑 형벌 형	禍 재앙 화
患 근심 환	戱 희롱할 희			

위의 표에 있는 자의가 나쁜 글자만 보아도, 도저히 성명으로 쓸 수 없는 그런 의미를 가지고 있는 한자인데, 이러한 한자는 성명학에서는 절대 쓸 수 없는 한자가 되겠다. 왜냐하면 발음오행이 좋고, 뒤에 나올 수리가 아무리 좋다고 한들 이름이 가지는 뜻이 나쁘면 결코 좋은 이름이라 할 수 없기 때문이다. 그러므로 이러한 의미가 나쁜 의미의 문자는 불용(不用)문자가 되겠다.

한자는 글자로 쓰이지 않는 이상에는 알 수는 없지만, 성명에서 '환희'라는 이름으로 불리는데, 쓰이는 한자가 患(근심 환), 戱(희롱할 희)가 된다면, 이는 성명으로 매우 부적절한 것이다. 의외로 이런 한자의 다양한 의미나 뜻을 몰라 부적절한 한자를 쓰는 경우가 성명에서 많이 있는데 이런 경우는 개명하는 게 옳고, 자원의 좋은 의미를 담을 수 있도록 성명을 작명하는 것이 좋다.

또한 성명학에서는 나쁜 의미의 불용문자 이외에 성명학이라는 틀에서 사용해서는 안 되는 문자라는 것이 있는데, 이 불용문자가 성명에 들어가 있으면 문자 나타내는 의미를 떠나 아주 안 좋은 역할을 한다는 내용이 있다. 개중엔 좋은 의미와 하등의 문제가 없음에도 불구하고, 불용문자라고 해서 쓰지 않는다는 문자가 있는데 그 내용을 보자.

ㄱ순	
甲 갑옷 갑	관재구설과 파란이 많다.
庚 별 경	고독과 허례허식, 배우자 복이 박하다.
光 빛 광	부모·형제 덕이 없고 배우자 복이 박하다.
鑛 쇳돌 광	뜻 자체가 강해서 고독, 고뇌, 고난하게 된다.
龜 거북 구	거북의 특성이 반대가 되어 단명한다.
九 아홉 구	9라는 수가 종말이란 뜻을 가지고 있어 불길하다.
國 나라 국	허약, 조난, 요절 등이 있고 실패와 배신을 당한다.
菊 국화 국	고독하고 일이 안 풀린다.
貴 귀할 귀	천하며 부모 덕이 없고 불운, 병고를 암시한다.
極 극진할 극	모자람보다 못하다고 부모 덕이 없고 지극히 가난하다.
錦 비단 금	고독, 고난, 삶이 거칠다.
吉 길할 길	길한 의미가 이름에선 오히려 반대로 흉하다.
ㄴ순	
男 사내 남	배우자 덕이 없고, 가정불화가 잦다.
南 남녘 남	허영과 배우자 복이 박하고 여자에게 쓰면 더 불길하다.
女 여자 녀	천하고 고독하고 부모·형제, 배우자가 박복하다.
ㄷ순	
德 큰 덕	뜻과 반대로 덕이 없게 된다.
桃 복숭아 도	배신을 당하고 배우자 덕이 박하다.
挑 돋을 도	의미가 반전되어 박약, 질병으로 고생한다.
乭 이름 돌	글자 모습에 풀 위에 돌이 있어 빈곤, 단명한다.
東 동녘 동	방위를 나타내어 이름에 맞지 않고 근심, 걱정, 수심이 는다.
冬 겨울 동	삶 또한 겨울처럼 매섭고 매사 막힘이 많다.
童 아이 동	아이처럼 우매하고 천하고 덕이 부족하다.

ㄹ 순	
蘭 난초 란	난초의 기상과 반대로 변덕이 심하고 배우자 덕도 없게 된다.
良 어질 량	뜻과 반대로 어질지 못해 풍파가 많다.
了 마칠 료	종말을 암시하므로 흉하다.
龍 용 룡(용)	허상을 좇고 귀천의 성패가 많다.
留 머무를 류	뜻처럼 발전이 없다.
ㅁ 순	
馬 말 마	동물인데 천하고 부산해서 실속이 없다.
滿 찰 만	처음은 가득 차지만 나중엔 넘쳐 없어지니 말년엔 빈곤하다.
末 끝 말	종말을 의미함으로 흉하다.
梅 매화 매	화류계로 진출하여 천하고 배우자 운이 박하다.
命 목숨 명	단명과 고독과 재액이 따라 좋지 않다.
明 밝을 명	뜻과 반대로 어둡고, 실패와 단명으로 흉하다.
文 글월 문	고지식한 빈곤한 선비로 글만 파고드니 가정이 불화하다.
美 아름다울 미	좋은 의미가 퇴색해 허영과 사치로 천하게 된다.
敏 민첩할 민	뜻과 반대로 되는 일이 없고 단명한다.
ㅂ 순	
法 법 법	고지식하고 관재구설 및 풍파가 많다.
福 복 복	뜻과 반대로 빈천하게 된다.
富 부유할 부	뜻과 반대로 빈천하고 고초가 많다.
鳳 봉새 봉	허상을 좇고 배신과 관재구설이 많다.
分 나눌 분	과부가 되는 경우가 많다.
粉 가루 분	과부가 되는 경우가 많다.
ㅅ 순	
四 넉 사	숫자의 의미가 불길해 좋지 않다.
糸 실 사	가늘고 길게 고독하고 박복하게 된다.
山 뫼 산	강한 형상인데 반대의 의미로 변덕이 심하고 풍파가 많다.
上 윗 상	뜻의 의미가 반대로 하극상이다. 고초가 많다.
霜 서리 상	용두사미로 실속이 없고 되는 일이 없다.
石 돌 석	하는 일마다 실패를 하고 부모 유산을 탕진하는 등 박복하다.
雪 눈 설	일생이고 독하고 외롭다.
星 별 성	허황되고 헛수고만 하고 고독하고 단명한다.

笑 웃음 소	뜻과 반대로 웃음 지을 일이 없고 천하다.
松 소나무 송	재물손실이 많고 실패가 많다.
壽 목숨 수	재해가 뒤따르고 단명한다.
順 순할 순	눈물 흘릴 일이 많고 배우자 복이 박복하다.
勝 이길 승	뜻과 반대로 되는데, 재물 복이 없고, 부모의 도움도 없다.
新 새 신	허영심이 많고 고독하고 병약하다. 가정불화가 잦다.
伸 펼 신	뜻과 반대로 매사 장애가 많다.
實 열매 실	이성 문제가 많고, 관재구설 및 결과가 부실하다.
心 마음 심	자존심이 강하고 인정도 없다. 재물 복도 박하다.
ㅇ 순	
愛 사랑 애	이성 문제로 고초가 심하고 부부지간 이별 수가 있다.
榮 영화 영	재난과 재앙으로 고초가 많고 수심이 많다.
玉 구슬 옥	실패와 산재가 있고, 고독하고 불행하다.
完 완전할 완	아랫사람이 사용하면, 윗사람이 불행하다.
隅 모퉁이 우	가정 운이 좋지 않고, 고독하고 재난을 당한다.
雲 구름 운	재물이 분산되고, 고통이 많다.
元 으뜸 원	아랫사람이 사용하면, 윗사람이 불행하고 자손이 불화한다.
月 달 월	되는 일이 없고, 유산을 탕진하고 외롭다.
銀 은 은	가정에 풍파가 많고 일생이 고독하다.
伊 저 이	일본에서 쓰는 글자다.
仁 어질 인	융통성이 없고, 박복하며 고난과 질병이 따른다.
寅 범 인	오만불손하고 고독하다.
日 날 일	매사 되는 일이 없고, 질병으로 고생한다.
ㅈ 순	
子 아들 자	허영심이 많고 천학하며 불화가 많다.
長 길 장	아랫사람이 사용하면 윗사람에게 좋지 않다.
柱 기둥 주	육친의 덕이 박하고 고생이 많다.
竹 대 죽	하는 일에 장애가 많고 박복하다.
地 땅 지	재액과 재난이 따르고 단명한다.
眞 참 진	허영과 허세가 많고 가정사에 고난이 많다.
珍 보배 진	자손이 불화하고 여자에겐 과부가 많다.
進 나아갈 진	매사 막힘이 많고 고난이 뒤따른다.

ㅊ 순	
千 일천 천	인덕이 없고 재물손실이 많으며 불운하다.
川 내 천	산재가 있으며 관재구설로 고생하며 재복이 없다.
天 하늘 천	남녀 공히 빈천하고 배우자 복이 없다.
鐵 쇠 철	실패와 손재, 부부가 생이별한다.
初 처음 초	나태하고 이성 문제가 많으며 관재구설이 뒤따른다.
秋 가을 추	인덕이 없고 불운하여 고독하다.
春 봄 춘	불운이 함께하고 이성 문제가 많고 여자에겐 과부가 많다.
治 다스릴 치	매사 되는 일이 없어 불행하다.
ㅌ 순	
泰 클 태	아랫사람이 사용하면 윗사람의 운이 막힌다.
ㅍ 순	
平 평평할 평	삶에 역경이 많고 풍파로 고생을 많이 한다.
豊 풍년 풍	재산 손실이 많다.
風 바람 풍	재산이 일시에 사라진다.
ㅎ 순	
夏 여름 하	재산을 탕진하고 배신이 뒤따르며 이성 문제가 많다.
鶴 두루미 학	천하며 유산을 탕진하며 박복하다.
韓 나라 한	파란이 많고 단명한다.
海 바다 해	삶의 모습이 성난 파도와 같다.
虎 범 호	오만불손하고 빈천하다.
好 좋을 호	매사 장애가 많고 고난하다.
紅 붉을 홍	경박하고 매사 막힘이 많으며 단명하기도 한다.
花 꽃 화	화류계로 진출하여 천하게 되며 패가망신한다.
孝 효도 효	불효하고 조실부모에 단명한다.
輝 빛날 휘	매사 막힘이 많아 불행하다.
喜 기쁠 희	반목이 많고 자손이 불화하며 단명한다.
姬 여자 희	독선적이고 이기적이며 부모 덕도 약해 불행하다.

상기 외, 또 다른 불용문자가 현시점에서 또 만들어졌을 수도 있겠다. 이러한 불용문자가 나오게 된 배경은 1960년대 및 1980년대를 거쳐 오면서 역술가나 작명가들 사이에서 사람의 명운을 상담했을 적에 이름에 위의 글자로 이름을 가진 사람들이 위의 불용문자의 내용처럼 "불행한 삶을 살고 있었다."라는 것에서 기인하고 있다고 추정된다. 그리고 이 내용이 구전이나 작명 책에 내용이 올려 지면서 일부 작명가들에게 절대적 가치로 받아들여져 "흉하네.", "개명해야 하네."라는 식으로 현재까지 쓰이고 있는 것이 작고의 현실이다.

물론 '과유불급(過猶不及)'이라고, 지나침이 모자람보다 못하다는 것인데, 이해할 수 있는 내용이지만, 글자 때문에 위에서 소개한 내용처럼 삶에 영향을 받는다는 말은 '어불성설(語不成說)'이며, 고전에서도 성명을 작명할 때에 나라 이름이라든지, 강이나 산의 이름 등으로 짓지 말라고 얘기하고 있는 것에서도 불용문자라는 것이 존재는 했지만, 그 면을 보면 아주 옛날 본인의 나라를 피해 도망을 칠 경우, 이름 속에 본인이 있던 나라 이름이 이름 속에 있으면 죽임을 당할 수 있다든지, 강이나 산 이름 등은 본인의 출신을 나타낼 수 있어 죽임을 당하거나 위험해 질 수 있다는 정도로 이해할 수는 있겠으나, 현시대에는 전혀 맞지 않는 얘기다.

가령 2010년도에 가장 많이 작명되었다고 하는 이름 민서(珉瑞)가 있다고 할 때, 瑞(상서 서)가 아주 좋은 의미가 있는 길한 글자임에도 불구하고, 시간이 흘러 이러한 이름을 가진 이가 불행한 삶을 살고 있다고 한다면, 위에서 참고로 본 珍(보배 진)처럼 瑞(상서 서)도 불용문자가 될 수도 있다. 그러면 이름에 瑞(상서 서)를 사진 사람은 불용문자를 이름에 가지고 있는 개명 대상의 흉한 이름의 소유자가 되는 어처구니없는 일이 발생할 수도 있는 것이다.

실질적으로 과거 성명을 대해온 이들이 "이런 글자가 성명에 있으면 좋지 않았다."라는 '~카더라.'인 것뿐이었지, 절대성은 없다. 왜냐하면 소개된 불용문자를 가지고 있는 사람도 이름값을 하며 충분히 행복한 삶을 영위하는 경우도 있고, 불용문자의 뜻처럼 안 좋게 되는 경우도 있기 때문이다.

이러한 경우는 성명학에서 글자 자체의 길흉을 따지는 것이 아니라, 명리학적 접근에 '길흉화복'을 찾아야지 '글자 때문에'라는 것은 전혀 맞지 않는 얘기이다.

그래서 위에서 소개한 불용문자는 성명학적 활용에 대해 보편타당성을 가지고 적용하기엔 무리가 있으며, 현 작명계에선 위의 불용문자들이 잘못되었다는 것이 정론화되어 있는 만큼 무리 없이 사용해도 되겠다.

단, 잘못된 내용이라고 소개되고 있는 현시대이지만, 일부 혹세무민(惑世誣民)의 잘못된 이름 상담으로 본인 이름에 쓰인 불용문자가 나를 힘들게 한다는 트라우마가 있는 경우, 어쩔 수 없다. 아무리 좋은 의미의 글자라 하더라도 본인이 이미 마음에서 떠났고, 불용문자로 인식하고 있다면 그 사람에게는 불용문자의 나쁜 의미가 평생을 따라 다닐 수 있다. 이때는 불용문자를 참고해서 작명이나 개명을 해야 한다. 그리고 당연히 의미가 나쁜 한자는 불용문자가 맞다.

② 작명 시 참고해야 하는 사용에 주의가 필요한 글자

• 사주팔자와 상충이 되는 글자

사주 명리학에서 지지(地支) 상충(相沖)이라는 것이 있는데, 子-午, 丑-未, 寅-申, 卯-酉, 辰-戌의 6가지다. 보통 작명엔 위의 글자들을 단독으로 잘 사용하지는 않지만(더 좋은 의미의 좋은 한자들이 많기 때문), 한자의 부수와 글자가 합쳐진 상태에서는 위의 12글자가 들어있기 때문에 주의가 필요하다. 단, 성씨는 예외로 한다. 우선 사주팔자에 위와 상충이 되는 글자는, 성씨를 제외한 이름에서만큼은 되도록 피한다. 예로 다음의 내용을 보자.

時 日 月 年 丁 壬 壬 庚 未 申 午 申	이와 같은 사주를 사람이 있다고 한다면, 이름을 작명할 때, 演(펼 연) 자를 쓰지 않는다(寅-申 충).
時 日 月 年 庚 丙 辛 己 寅 寅 未 卯	이와 같은 사주를 사람이 있다고 한다면, 이름을 작명할 때, 伸(펼 신) 자를 쓰지 않는다(寅-申 충).

時 日 月 年 丁 甲 戊 丙 卯 戌 戌 申	이와 같은 사주를 사람이 있다고 한다면, 이름을 작명할 때, 辰(별 진) 자를 쓰지 않는다(辰-戌 충).

이는 전문 작명가가 작명할 적에 참고하는 내용인데, 한자 글자에도 기(氣)가 있는 만큼 한자 선택에도 참고할 필요가 있는 내용이다. 상충이 되는 글자를 되도록 피하는 이유는 서로 상극이 되는 관계에서 충(沖)이라는 의미가 변화와 변동의 기운을 강하게 내포하고 있는데, 작명을 통한 성명이 주는 안정감을, 일부러 충을 두어 불안정감을 줄 필요는 없기 때문이다.

성씨에서 예외로 둠은 이미 작명(이름)을 짓기 전에 태어날 때부터 가지고 있는 것이고, 성씨 자체가 사주팔자와 상충이 될 때는 상충이 되는 글자가 역동적으로 움직일 수 있는 발전적 의미로 다가오는 만큼, 음양의 이치상 성씨 이외 이름에서는 안정적이게 글자를 선택하는 것이다.

앞서 언급한 것처럼 일부러 재차 역동적이고, 변화와 변동성을 주어 뿌리를 흔들 필요가 없는 것이 성씨를 예외로 두는 이유다(이 내용은 위에서 참고로 봤던 불용문자와 다르다. '~카더라' 내용이 아니고 글자 자체의 기로서 보는 것에서 차이가 있다).

· 자녀의 서열(序列)상 참고해야 하는 글자

성명학의 내용에서 자녀 서열에 따라 주의가 필요한 글자라는 것이 있다.

첫째 자녀	弟(아우 제), 下(아래 하), 後(뒤 후), 小(작을 소) 등
둘째 자녀	兄(형님 형), 上(윗 상), 初(처음 초), 大(큰 대) 등

위의 예시처럼 서열에 따라 글자 선택을 해야 한다는 것인데, 이 부분은 작명하는 당사자의 취사선택(取捨選擇)이다. 내용인즉슨, 둘째가 高(높을 고)와 같은 위나 윗사람을 상징하는 글자를 이름에 쓰게 되면 첫째 자녀를 앞서서 크게 되어 첫

째 자녀에게 좋지 않게 된다는 것이다.

해결점은 둘 다 큰 사람이 되라는 좋은 의미로 작명하면 되는 것인데, 굳이 자녀의 서열을 두어 둘째는 첫째 자녀에 비해 좋은 의미의 한자를 쓰면 안 된다는 것으로 적용하고 이해가 된다면 다소 문제가 있다.

이때는 사주팔자 및 교육(인성)에서 더 참고할 필요가 있는 것이지. 첫째 자녀가 둘째 자녀보다 무조건 나으리라는 법은 없고, 가령 둘째가 잘되어서 형제자매(첫째)에게 도움을 줄 수도 있는 것이며, 오히려 좋은 인성교육으로 형제 자매간의 우애(友愛)를 좋게 하는 것이 더 좋은 것이라 필자는 생각한다. 작명은 좋은 의미와 좋은 기운을 담고, 사주팔자의 명운에 도움이 되도록 작명하는 것이 우선이다.

③ 한자의 분파

한자로 작명할 때, 글 모양의 분파 여부를 보는 방법이 있다.

· 분파된 자원

朴 성씨 박	→	木	卜	자원의 뜻도 좋고 발음오행상도 좋지만, 자원이 성씨를 포함한 이름까지 분파되고 있어 길함이 분파될 가능성이 있다.
炡 빛날 정	→	火	正	
炫 빛날 현	→	火	玄	

· 분파 안 된 자원

李 성씨 이	→	李		자원의 뜻도 좋고 발음오행상도 좋은데, 이름은 분파되고 있지만 성씨에서는 분파되지 않고 있다.
現 옥돌 현	→	玉	見	
相 서로 상	→	木	目	

위의 성명처럼 한자가 "좌, 우 또는 위, 아래 분리되어 있으면 좋지 않다."라는 것이 자원의 분파 여부를 보는 것인데, 내용도 작명가마다 차이가 많다. 가령 珵(패옥 정)의 경우 '王 + 呈' 이렇게 나눠서 분파된다고 하는 경우도 있으며, 呈(드릴 정)이 '口 + 壬'으로 분리되어 珵(패옥 정)은 '王 + 口 + 壬'으로 구성되어 분파가 아니라는 경우도 있다.

한자 글자체에 분파는 글자 구성요소가 한자 자체의 특성이 글자 간 상호 결합하는 것이 대부분이라 너무 분파 여부에 집착하게 되면 좋은 자원도 놓칠 수 있게 된다.

물론 의미상 분파와 분리가 좋은 의미는 아니지만, 역으로는 분리·변화·발전의 시작을 의미하기도 하기 때문에 한자의 분파 여부는 작명의 핵심 참고사항이 아니다. 작명하는 사람의 취사선택(取捨選擇) 문제다. 한자의 자원오행은 사주팔자와의 연관성으로 오행 및 좋은 기와 좋은 뜻이 핵심이다.

※ 자원 오행 작명 기준

1. 사주팔자를 보고, 필요오행과 보충오행을 선택한다(한자들 오행간의 상생은 적용하지 않는다).

2. 오행을 우선시 하여 한자를 선택하고, 뜻이 좋지 않으면 제외한다.

3. 사주팔자와 상충이 되는 글자는 피하고(성씨 예외), 사주팔자가 편고(偏枯-한쪽으로 치우치거나 약한 것)하거나 사주팔자 자체에 상충이 있는 경우는 한자와 관련된 내용들을 참고하여 작명한다.

3. 수리(數理)

1) 수리의 이해

수리(숫자)에게도 기(氣)가 있다. 즉 숫자 각각에 기운이 있어, 우리의 삶에 영향을 줄 수 있는 내용이 성명학에서 수리를 대하는 접근 방법이다. 현재 성명학에선 81수라고 해서 1에서 81까지의 수리에는 각각 영동(靈動)한 의미가 있기 때문에 이 영동한 의미로 수리에 길흉이 정해지고 그 수리의 의미한 내용으로 성명의 주인공에게 영향을 준다고 설명하고 있다.

그럼 이 81수는 어디서 나온 것일까? 81수리의 역사적 배경은 남송(宋)시대의 대 유학자인 채침(蔡沈)이라는 인물을 통해 그 근본을 찾을 수 있다고는 하지만, 사실 현재 성명학에서 통용되고 있는 81수는 이전의 81수와 전혀 관계가 없다. 혹자에서는 채침이 팔십일수원도(八十一數原圖)를 통해 81수를 설명했다고는 하지만, 잘못된 내용이고 채침은 구구원수도(九九圓數圖)를 통해 81개의 수를 얘기하면서 81개의 주역 괘(卦) 설명처럼 설명만 했다.

구구원수도(九九圓數圖)표

數	1	2	3	4	5	6	7	8	9
1	11	21	31	41	51	61	71	81	91
2	12	22	32	42	52	62	72	82	92
3	13	23	33	43	53	63	73	83	93
4	14	24	34	44	54	64	74	84	94
5	15	25	35	45	55	65	75	85	95
6	16	26	36	46	56	66	76	86	96
7	17	27	37	47	57	67	77	87	97
8	18	28	38	48	58	68	78	88	98
9	19	29	39	49	59	69	79	89	99

구구원수도(九九圓數圖)는 원 모양으로 주역 64괘를 설명하는 것처럼 되어 있지만, 이해를 돕기 위해 위의 표를 제시하였고, 주역의 효(爻)처럼 수와 결합한 형태를 취하고 있는데 이 효의 개수가 81개이지, 81수가 존재한 것은 아니다. 엄밀히 말하자면 지금의 성명학에서 말하는 81수가 아니라 99수가 맞는 표현이다.

수리에 대한 기본 원류와 역사적 배경이 후대로 거쳐 오면서 탐독되고 연구되면서 역학의 분야로 자리매김하고 있을 때쯤, 후대 일본의 웅기건옹(熊崎健翁)이 의해 일대의 변화를 일으키게 되는데, 바로 1에서 9까지의 기본수에 0이라는 수를 대입하여 81수로 확장, 숫자 자체로서의 의미를 부여하였다.

성명학에서 취용하고 있는 수리의 체계는 바로 웅기건옹(熊崎健翁)이 1929년에 '성명의 신비(姓名の神秘)'를 발표하면서 3~4자(字)로 구성된 일본인의 한자 성명 풀이를 위해 81수를 사용한 것이 시초가 되었고, 현재 우리나라 작명계도 이 수리를 취용하고 있다.

81수리

일본에서 나온 수리의 원리를 우리나라 자체의 수리원리로 가져올 필요가 있다. 즉, '온고지신(溫故知新)' 하여 우리만의 수리체계를 완성하는 것이 후대를 위한 현 학자의 의무이기도 하다. 이 수리의 원리는 현 책에서 최초로 소개되는 것이며, 이 내용이 차후 성명학 발전에 기여되길 희망하며 내용을 이어간다.

2) 수리의 원리

수리원리는 음양 이원론적 관점과 天·地·人 삼재(三才), 시(始)·중(中)·종(終)이라는 삼원(三元)적 관점, 『태현경』, 『천부경』의 기초 세계관을 취합하여 이를 바탕으로 한 수(數) 본연의 의미와 기(氣)로 재해석하였다.

① 수리원리

○ 無	天	地	人
天	1	4	7
地	2	5	8
人	3	6	9

○ 無	始(시)	中(중)	終(종)
始(시)	天	地	人
中(중)	地	人	地
終(종)	人	天	天

- 무(無) 0에서 1이 생성되니 기본은 天이 되고 1이며 양이 된다. 1-天-陽이 2-地-陰으로 분열되고, 3-人-陰陽으로 응집된다.
- 3에서 4로 전환되면서, 기본은 地가 되고 4-地-陰으로 분열된다. 4-地-陰은 5-人-陰陽으로 응집되고, 다시 6-天-陰으로 분열된다.
- 5人이 7人으로 전환하면서 기본은 人이 되고, 7-人-陰陽으로 응집된다. 8-地-陰陽으로 분열되고, 9-천-陰陽으로 응집된다. 그리고 무(無) 0으로 돌아가고 무한 반복된다.

- 시(始)는 시작이고 탄생이며, 분열의 전 단계이다.
- 중(中)은 진행이고 발전이며, 응집의 전 단계이다.
- 종(終)은 완성이고 종료이며, 응집과 분열의 전 단계이다.

이러한 내용을 상(象)으로 표현하면 아래와 같이 표현할 수 있다.

○ 無	天	地	人
始	○	· · ○ ○	○ ○ △ △ △ · ·
中	· ·	· · △ ○ ○	○ ○ △ △ △ · · ·
終	○ △ ·	△ △ ○ ○	○ ○ ○ △ △ △ · · ·

상(象) 표현에 대한 설명은 0은 無이고 원점으로서의 수 본연의 의미를 지니며, 1에서 9까지 변화과정을 거치면서 1은 최초 시작의 의미를, 9는 종료의 의미를 담고 있다. 천·지·인(天·地·人)이라는 순서와 시·중·종(始·中·終)의 순서를 동시에 가지게 되는데, 음양이원적인 관점에서 응집과 분열의 과정을 거치며, 1에서 3은 천(天)에 대한 변화과정을 시·중·종(始·中·終)으로 설명할 수 있고, 4에서 6까지는 지(地)에 대한 변화과정을 시·중·종(始·中·終)으로 설명할 수 있다. 이것이 인(人)에서 다시 시·중·종(始·中·終)으로 변화과정을 거치는데, 이후 0으로 다시 회귀하여 무한 진행됨을 의미한다. 즉, 수리는 시작이 없는 0에서 끝이 없는 무한 사이에 있는 것이다.

② 수리 의미

이로써 숫자는 각각의 의미를 지니게 되는데, 기본이 되는 0에서 9까지의 각 수리의 의미는 다음과 같다.

• 0 수리의 의미

　0은 1의 기본수와 9의 기본수를 연결하는 수로서 아무것도 없는 무(無)를 의미한다. 태초의 우주가 탄생하기 전의 상태로 비유할 수 있고, 시작과 종료의 만물 순환법칙에 가장 중심에 있는 수리이자 무한(無限)을 의미한다. 아무것도 없는 무의 상태이니 공허(空虛)함과 허무(虛無)를 특성으로 한다.

• 1 수리의 의미

　1은 0의 무에서 새로운 탄생의 시작이니 음양으로는 양(陽)에 해당하고 天·地·人 삼재(三才)의 첫 시작인 天에 해당하며, 수리의 기본수(基本數)로서 1이 된다. 모든 수리의 시작이니 출발의 의미와 근본, 새로움, 생명력을 부여하는 근본(根本)이란 특성을 가진다.

• 2 수리의 의미

　2는 1의 새로운 시작에서 생명을 부여하기 위한 분열단계로 진행시키는 기본수로서 음양으로는 음(陰)에 해당하고 天·地·人 삼재(三才)인 天에서 분열한 地에 해당하며, 수리의 기본수(基本數)로서 2가 된다. 근본인 1에서 파생된 것이니 분리이고, 분열(分裂)이라는 특성을 가진다.

• 3 수리의 의미

　3은 1에서 2로 분열된 것을 다시 합치는 응집의 단계로 天·地·人을 하나로 묶는 기본수로서 음양을 함께 가지며 인(人)의 요소를 함께 가진다. 음양으로는 양(陽)수에 해당하지만 음양을 동시에 가지고 있으며, 天·地·人 삼재(三才)인 天에서 분열한 地가 人으로 다시 완성되는 수리의 기본수(基本數)로서 3이 된다. 1, 2, 3의 天에 해당하는 수리가 시·중·종(始·中·終)을 거치면서 하나의 天으로 완성이 되는 것이니 3은 완성(完成)이라는 특성을 가진다.

• 4 수리의 의미

천(天)으로 완성된 3의 수가 다시 지(地)의 시작으로 변화하여 기본수 4가 된다. 음양으로는 음(陰)수에 해당하지만 음양을 동시에 가지고 있으며, 天·地·人 삼재(三才)에서 지(地)로 새롭게 변화하는 시(始) 단계이니 수리의 기본수(基本數)로서 4가 된다. 3으로 천(天)이 완성된 것을 지(地)로서 시작과 함께 변화한 것이니 변화(變化)라는 특성을 가진다.

• 5 수리의 의미

天·地·人 삼재(三才) 중 지(地)에서 변화된 4에서 응집과정을 통해 생성된 수로 기본수(基本數)로 5에 해당되며, 지(地)의 중(中)에 해당하며 인(人)의 요소를 함께 가진다. 음과 양이 변화된 형태에 인(人)이라는 구성요소를 포함하기 때문에 조율(調律)이라는 의미를 가지게 되고, 변화가 조율되어 안정적이게 되니 안정(安定)이란 특성을 가진다.

• 6 수리의 의미

5의 안정이라는 단계에서 다시 분열되어 생성된 수로서 기본수 6에 해당한다. 4, 5, 6은 지(地)에 해당하는데 지(地)의 종(終)에 해당하면서 천지인(天·地·人)이 대칭을 한다. 음수에 해당하지만 음양을 동시에 가지고 있으며, 안정에서 변화된 형태로 과도기(過渡期)를 의미하며 개혁(改革)이란 특성을 가진다.

• 7 수리의 의미

7은 6의 과도기적 특성을 다시 응집하여 생성된 수로서 기본수 7에 해당한다. 7은 천지인(天·地·人) 중 인(人)에 해당하고 인(人)에서의 시(始)에 해당하기 때문에 인간의 탄생에 비유할 수 있다. 양(陽)수에 해당하지만 음양을 동시에 가지고 있으며, 과도기를 거친 인(人)의 새로운 시작(始作)을 의미하기에 독립(獨立)이란 특성을 가진다.

• 8 수리의 의미

7의 새로운 시작이란 의미에서 다시 분리 진행된 수로서 기본수 8에 해당한다. 인(人)의 중(中)으로서 진행단계이면서 지(地)의 속성도 가지게 되며, 도모라는 의미를 가지고 인간사(人間事)의 왕성한 활동에 비유할 수 있다. 음(陰)수이지만 양(陽)의 속성도 가진 발달(發達)이란 특성을 가진다.

• 9 수리의 의미

9는 분리되었던 8에서 다시 응집을 통해 결합한 수로서 기본수 9에 해당한다. 7, 8, 9는 인(人)에 해당하는데 인(人)의 종(終)에 해당하면서 천지인(天·地·人)이 3개가 하나로 모인 형태를 갖춘다. 이로써 1에서 진행과 변화를 거쳐 온 수리는 9에서 완성이 되는데, 인간사(人間事)로 말하면 말(末)년에 해당하고 왕성한 활동 끝에 오는 휴식에 해당하는 의미를 가지게 된다. 양(陽)수에 해당하지만 천지인(天·地·人) 모두가 결합되어 있는, 음양의 조화가 완성된 수라 얘기할 수 있다. 발달이란 과정을 거쳐 와 마지막이라는 종료(終了)라는 특성을 가진다.

이러한 수의 특성을 다시 살펴보면 1은 근본, 2는 분열, 3은 완성, 4는 변화, 5는 안정, 6은 개혁, 7은 독립, 8은 발달, 9는 종료, 0은 무라는 일련의 진행을 거쳐 오는 걸 알 수 있는데 음양의 특징, 천지인(天·地·人) 삼재, 시·중·종(始·中·終)의 흐름 등을 모두 함축하여 가지고 있고, 수리(數理) 본연의 의미와 기(氣)를 가지게 된다.

3) 수리의 해석

수리 본연의 의미에는 길(吉)과 흉(凶)으로 나누어지지 않고, 수리 본연의 의미로만 가지고 있을 뿐이지만, 각각의 수리의 관계에서 인생사(人生事)의 향방에 의미를 부여하게 되면 길(吉)과 흉(凶)으로 구분 지을 수 있게 되는데, 이것이 수리의 해석방법으로 얘기할 수 있다.

가령 예를 들면 6이라는 수리(數理)를 인생의 초(初)년, 중(中)년, 말(末)년(또는 元亨利貞)에 대입하여 볼 때, 6은 개혁(改革)이라는 특성을 가지고 있으니, 초년엔 개혁이라는 의미로 많은 풍파가 있지만 혁신을 이끌어낼 수 있고, 중년엔 혁신을 통해 결과를 이끌어낼 수도 있지만, 역시 개혁에 대한 고충은 있게 되겠고, 말년엔 개혁이란 바탕 하에 고진감래의 결과를 가져올 수 있으니 6의 수리는 인생사에서는 전화위복의 길(吉) 수가 되는 것이다.

다른 예로 26이라는 수리는 2의 분열(分裂)과 6의 개혁(改革)이 함께 하는 것이니, 인생의 초년엔 분열로 인한 불안과 개혁이라는 고충이 따르는 결과이며, 성숙함으로 다가올 수도 있지만, 중년의 분열과 개혁은 오히려 안정감을 줄 수 없어 불안하며, 더불어 말년까지 분열과 개혁으로 몸서리친다면 26의 수리는 인생사에 있어서 결코 좋은 수리라 할 수 없는 수에 해당하는 것이다.

이러한 수 본연의 의미에 각각의 수리들을 의미를 포함해 인생사(활동, 가정사, 건강 등)로 해석하는 것이 수리의 해석방법이며, 각 수리의 기(氣)로 얘기할 수 있다.

따라서 이러한 토대로 수리의 해석을 도출해 낸 것이 신(新) 수리원리이자 해석방법이고, 기존 81수리와 차별화를 가진 우리나라만의 수리원리이다.

※ 참고사항

신 수리원리가 "기존의 81수리와 차이가 있는가?"라는 의문이 들 수 있는데, 결론적으로는 81수리와 대동소이, 내용은 유사하다.

일본의 '웅기건옹'이란 성명학자가 우리의 수리원리와 방법은 달랐겠지만, 내용적으로 보았을 때 수리원리에 가깝게 접근했음을 알 수 있다. 기존의 81수리와 신 수리원리는 함께 통용하여 살펴볼 수 있다.

4) 81수리 / 신 수리 비교표

수	81수	길흉	길흉	신 수리	수
1	기본격(基本格)	吉	吉	근본격(根本格)	1
2	분리격(分離格)	凶	凶	분열격(分裂格)	2
3	명예격(名譽格)	吉	吉	완성격(完成格)	3
4	부정격(不定格)	凶	凶	변화격(變化格)	4
5	복덕격(福德格)	吉	吉	안정격(安定格)	5
6	계승격(繼承格)	吉	吉	개혁격(改革格)	6
7	독립격(獨立格)	吉	吉	독립격(獨立格)	7
8	전진격(前進格)	吉	吉	발달격(發達格)	8
9	궁박격(窮迫格)	凶	凶	종료격(終了格)	9
10	공허격(空虛格)	凶	凶	근본, 공허격(根本, 空虛格)	10
11	신성격(新成格)	吉	吉	쌍근본격(雙根本格)	11
12	박약격(薄弱格)	凶	凶	근본, 분열격(根本, 分裂格)	12
13	지모격(智謀格)	吉	吉	근본, 완성격(根本, 完成格)	13
14	이산격(離散格)	凶	凶	근본, 변화격(根本, 變化格)	14
15	통솔격(統率格)	吉	吉	근본, 안정격(根本, 安定格)	15
16	덕망격(德望格)	吉	吉	근본, 개혁격(根本, 改革格)	16
17	건창격(健暢格)	吉	吉	근본, 독립격(根本, 獨立格)	17
18	발전격(發展格)	吉	吉	근본, 발달격(根本, 發達格)	18
19	고난격(苦難格)	凶	凶	근본, 종료격(根本, 終了格)	19
20	허망격(虛妄格)	凶	凶	분열, 공허격(分裂, 空虛格)	20
21	두령격(頭領格)	吉	吉	분열, 근본격(分裂, 根本格)	21
22	중절격(中絶格)	凶	凶	쌍분열격(雙分裂格)	22
23	공명격(功名格)	吉	吉	분열, 완성격(分裂, 完成格)	23
24	입신격(立身格)	吉	吉	분열, 변화격(分裂, 變化格)	24
25	안전격(安全格)	吉	吉	분열, 안정격(分裂, 安定格)	25

수	81수	길흉	길흉	신 수리	수
26	영웅격(英雄格)	吉凶	凶	분열, 개혁격(分裂, 改革格)	26
27	대인격(大人格)	凶	凶	분열, 독립격(分裂, 獨立格)	27
28	파란격(波瀾格)	凶	凶	분열, 발달격(分裂, 發達格)	28
29	성공격(成功格)	吉	吉	분열, 종료격(分裂, 終了格)	29
30	부침격(浮沈格)	凶	凶	완성, 공허격(完成, 空虛格)	30
31	융창격(隆昌格)	吉	吉	완성, 근본격(完成, 根本格)	31
32	요행격(僥倖格)	吉	吉	완성, 분열격(完成, 分裂格)	32
33	왕성격(旺盛格)	吉	吉	쌍완성격(雙完成格)	33
34	파멸격(破滅格)	凶	凶	완성, 변화격(完成, 變化格)	34
35	평안격(平安格)	吉	吉	완성, 안정격(完成, 安定格)	35
36	시비격(是非格)	凶	凶	완성, 개혁격(完成, 改革格)	36
37	인덕격(人德格)	吉	吉	완성, 독립격(完成, 獨立格)	37
38	복록격(福祿格)	吉	吉	완성, 발달격(完成, 發達格)	38
39	장성격(將星格)	吉	吉	완성, 종료격(完成, 終了格)	39
40	무상격(無常格)	凶	凶	변화, 공허격(變化, 空虛格)	40
41	대성격(大成格)	吉	吉	변화, 근본격(變化, 根本格)	41
42	고행격(苦行格)	凶	凶	변화, 분열격(變化, 分裂格)	42
43	산재격(散財格)	凶	凶	변화, 완성격(變化, 完成格)	43
44	파멸격(破滅格)	凶	凶	쌍변화격(雙變化格)	44
45	현달격(顯達格)	吉	吉	변화, 안정격(變化, 安定格)	45
46	부지격(不知格)	凶	凶	변화, 개혁격(變化, 改革格)	46
47	출세격(出世格)	吉	吉	변화, 독립격(變化, 獨立格)	47
48	복덕격(福德格)	吉	吉	변화, 발달격(變化, 發達格)	48
49	흥망격(凶妄格)	凶	凶	변화, 종료격(變化, 終了格)	49
50	부몽격(浮夢格)	凶	凶	안정, 공허격(安定, 空虛格)	50

수	81수	길흉	길흉	신 수리	수
51	성패격(成敗格)	凶	吉凶	안정, 근본격(安定, 根本格)	51
52	능통격(能通格)	吉	吉凶	안정, 분열격(安定, 分裂格)	52
53	불화격(不和格)	凶	吉凶	안정, 완성격(安定, 完成格)	53
54	패망격(敗亡格)	凶	凶	안정, 변화격(安定, 變化格)	54
55	불안격(不安格)	吉凶	吉凶	쌍안정격(雙安定格)	55
56	빈궁격(貧窮格)	凶	凶	안정, 개혁격(安定, 改革格)	56
57	봉시격(逢時格)	吉	吉	안정, 독립격(安定, 獨立格)	57
58	선곤격(先困格)	吉凶	吉	안정, 발달격(安定, 發達格)	58
59	재화격(災禍格)	凶	凶	안정, 종료격(安定, 終了格)	59
60	동요격(動搖格)	凶	凶	개혁, 공허격(改革, 空虛格)	60
61	이지격(理智格)	吉	吉	개혁, 근본격(改革, 根本格)	61
62	고독격(孤獨格)	凶	凶	개혁, 분열격(改革, 分裂格)	62
63	길상격(吉祥格)	吉	吉	개혁, 완성격(改革, 完成格)	63
64	고행격(苦行格)	凶	凶	개혁, 변화격(改革, 變化格)	64
65	행복격(幸福格)	吉	吉	개혁, 안정격(改革, 安定格)	65
66	우매격(愚昧格)	凶	凶	쌍개혁격(雙改革格)	66
67	영달격(榮達格)	吉	吉	개혁, 독립격(改革, 獨立格)	67
68	명재격(名財格)	吉	吉	개혁, 발달격(改革, 發達格)	68
69	전락격(轉落格)	凶	凶	개혁, 종료격(改革, 終了格)	69
70	적막격(寂寞格)	凶	凶	독립, 공허격(獨立, 空虛格)	70
71	현룡격(見龍格)	吉凶	吉	독립, 근본격(獨立, 根本格)	71
72	상반격(相半格)	凶	凶	독립, 분열격(獨立, 分裂格)	72
73	평길격(平吉格)	吉凶	吉	독립, 완성격(獨立, 完成格)	73
74	불능격(不能格)	凶	凶	독립, 변화격(獨立, 變化格)	74
75	정수격(靜守格)	凶	吉	독립, 안정격(獨立, 安定格)	75

수	81수	길흉	길흉	신 수리	수
76	후길격(後吉格)	凶	吉凶	독립, 개혁격(獨立, 改革格)	76
77	불성격(不成格)	吉凶	凶	쌍독립격(雙獨立格)	77
78	선길격(先吉格)	吉凶	吉凶	독립, 발달격(獨立, 發達格)	78
79	불행격(不幸格)	凶	凶	독립, 종료격(獨立, 終了格)	79
80	종말격(終末格)	凶	凶	발달, 공허격(發達, 空虛格)	80
81	환희격(歡喜格)	吉	吉	발달, 근본격(發達, 根本格)	81
			凶	발달, 분열격(發達, 分裂格)	82
			吉	발달, 완성격(發達, 完成格)	83
			吉凶	발달, 변화격(發達, 變化格)	84
			吉	발달, 안정격(發達, 安定格)	85
			吉凶	발달, 개혁격(發達, 改革格)	86
			吉凶	발달, 독립격(發達, 獨立格)	87
			吉凶	쌍발달격(雙發達格)	88
			吉凶	발달, 종료격(發達, 終了格)	89
			凶	종료, 공허격(終了, 空虛格)	90
			吉	종료, 근본격(終了, 根本格)	91
			凶	종료, 분열격(終了, 分裂格)	92
			吉	종료, 완성격(終了, 完成格)	93
			凶	종료, 변화격(終了, 變化格)	94
			吉	종료, 안정격(終了, 安定格)	95
			凶	종료, 개혁격(終了, 改革格)	96
			吉凶	종료, 독립격(終了, 獨立格)	97
			吉	종료, 발달격(終了, 發達格)	98
			吉凶	쌍종료격(雙終了格)	99
				100, 101, 102 ······· 무한 연결 (∞)	

신 수리에 대한 해석내용은 수리해설에서 설명하도록 한다.

5) 한자의 획수

수리는 우주만물의 법칙을 담고 있다. 자원오행에서 간략히 언급했는데, 한자의 획수가 단순히 만들어진 것은 아니다. 규칙성과 함께 한자 자체가 오행과 기로 연결되기 때문이다. 한자 하나에 점 하나 추가하거나, 선 하나를 추가하면 완전히 다른 글자가 되는 것처럼 획수가 한자에 있어서 아주 중요한 부분이다.

① 획수의 중요성

수리는 한자의 획수를 가지고 살펴보는데 한자 점과 선 획수로 구성되는 것에 있어 이 획수가 많은 것을 의미하고, 단순히 만들어진 것은 아니라는 것이다. 단, 부수의 변만큼은 예외로 둔다.

현대 성명학에 있어서 이 수리에 대한 내용은 아주 중요한 부분으로 여겨지고 있고, 또한 성명의 작명에 많이 활용하는 원리이다. 성명에 수리를 적용하는 방법은 한자의 획수를 구하는 것에서 시작하는데, 한자의 획수를 보는 방법은 원획법으로 한다.

※ 참고사항

1. 원획(原劃)법: 한자에 포함되어 있는 부수를 한자 원형대로의 획수로 정하는 방법(예 시: 삼수변(氵) 3획은 水의 원형이 축소되어 있기 때문에, 원형의 획수인 4획으로 적용 하여 획수를 정하는 획수 법)
2. 필획(筆劃)법: 실제 한자를 쓸 때 한 획 한 획 식의 붓 움직임을 바탕으로 획수를 정 하는 법(예시: 한자사전 등에 등재되어 있는 획수 법)

② 부수의 원획

부수	필획	획수	원획	획수
삼수 변	氵	3	水	4
마음심 변	忄	3	心	4
좌방 변	扌	3	手	4
개사슴록 변	犭	3	犬	4
우부방 변	阝(右)	3	邑	7
좌부방 변	阝(左)	3	阜	8
살육 변	月	4	肉	6
초두 변	++	4	艸	6
책받침 변	辶	4	辵	7
임금왕 변	王	4	玉	5
보일시 변	礻	4	示	5
늙을노 변	耂	4	老	6
그물망 변	罒	5	网	6
옷의 변	衤	5	衣	6

③ 숫자의 원획

一	二	三	四	五	六	七	八	九	十
1획	2획	3획	4획	5획	6획	7획	8획	9획	10획
百(6획), 千(3획), 萬, 億 등의 문자는 획수 그대로 계산함									

※ 참고사항

　　부수 원획법의 예시로, 漢(물 맑을 영)의 경우에 삼수변(氵)과 초두변(艹)이 있지만, 부수는 삼수변(氵)에 해당한다. 여기서 초두변(艹)을 원획으로 하지 않는다. 부수가 기준이 된다. 부수가 한자의 주 뜻이 되기 때문이다(옥편 필획: 12획/작명 원획: 13획).

6) 획수의 조합(格)

　　한자가 정해지면 각 글자의 획수를 조합하여 글자에서 나오는 수리를 살펴보게 되는데, 글자 획수의 조합으로 길흉을 따져보는 것이 수리를 통한 성명을 보는 기본 바탕이 되지만, 실질적으로 살펴보는 핵심은 "수리 간의 균형이 잘 잡혀 있는가."에 있다.

　　획수의 조합은 글자 획수의 합을 얘기함인데 글자 획수 자체로 보지 않고 합이 된 수리를 보는 이유는 글자 횟수 상호 간의 연결성에서 그 답을 찾을 수 있다.

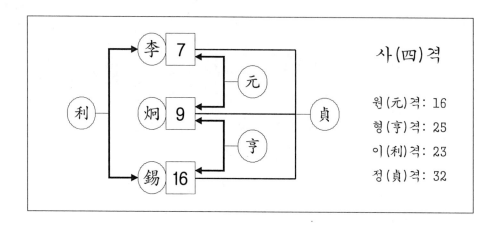

- 원형이정(元亨利貞)의 사(四)격 내용

위 내용과 같이 성씨와 상명자의 획수 합은 원(元), 상명자와 하명자의 획수 합은 형(亨), 성씨와 하명자의 획수 합은 이(利), 성씨와 상명자, 하명자 전체 획수 합은 정(貞)으로 사격을 구성할 수 있다. 사격의 내용은 다음과 같다.

• 원격(元格)

성씨와 이름 상명자 사이를 합한 수를 원(元)격이라고 하고, 연령별로는 1세부터 25세 전후를 아우르는 초년의 시기로 보며, 환경, 부모 간의 정 유무, 학업의 성취도 내용으로 참고할 수 있다.

• 형격(亨格)

이름 상명자와 하명자 획수를 합한 수를 형격이라고 하고, 연령별로는 25세 전후부터 50세 전후까지 청년, 중년의 시기로 보며, 사회 전반의 활동과 부부간 사이의 내용으로 참고할 수 있다.

• 이격(利格)

성씨와 이름 하명자 획수를 합한 수를 이격이라고 하고 연령별로는 50세 전후부터 말년까지의 장년의 시기로 보며, 가정 운과 자녀 운의 내용으로 참고할 수 있다.

· 정격(貞格)

성명 각각의 글자 획수를 모두 합한 수를 정격이라고 하는데, '원-형-이'격을 종합하는 인생 전반의 내용과 말년의 시기로 참고할 수 있다.

연령별로의 구분은 초년-청년-중년-말년의 큰 기준에 입각해 볼 수 있는 내용으로, 요즘 의학기술의 발달과 은퇴 시기 등의 변화로 인간의 기대여명이 많이 늘어난 만큼, 그 연령에 맞게 절충하여 보면 된다. 30세가 되어도 초년으로 볼 수 있고, 60세가 되어도 중년으로도 볼 수 있다는 얘기다. 때문에 너무 연령별, 구간별로 보는 방식에는 거리를 둔다.

- 수리 사(四)격
  · 원(元)격: 성(姓)과 이름 첫 글자(상명자)의 합수. 초년의 시기
  · 형(亨)격: 이름 첫 글자(상명자)와 끝 글자(하명자)의 합수. 중년의 시기
  · 이(利)격: 성(姓)과 이름 끝 글자(하명자)의 합수. 말년의 시기
  · 정(貞)격: 성(姓)과 이름 각 글자의 합수. 인생 전반의 시기

한자의 원획법을 기준으로 한 획수는 인명용 한자 사전에 있다.

7) 원형이정의 배치

① 성씨 1자 / 이름 2자: 박(朴 6획) / 경(耿 10획) 준(儁 15획)

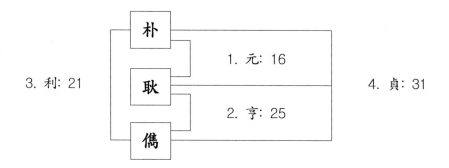

② 성씨 1자 / 이름 1자: 이(李 7획) / 훤(昍 8획)

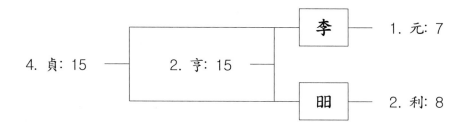

③ 성씨 2자 / 이름 2자: 제(諸 16획) 갈(葛 15획) - 합 31획 / 민(旼 8획) 호(昊 8획)

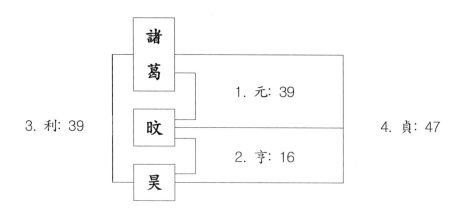

④ 성씨 2자 / 이름 1자: 독(獨 17획) 고(孤 8획) - 합 25획 / 진(鉁 13획)

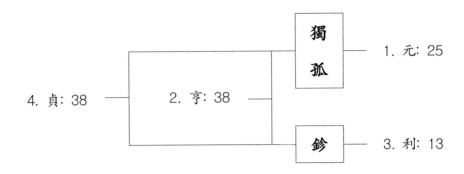

외자 이름은 상기 위와 같이 원형이정을 배치하며, 2자 성씨는 두 글자 획수를 합한 것으로 원형이정을 배치한다.

※ 참고사항 1(한자 획수 조합의 이해)

　획수를 조합하여 보는 방법은 오(五)격과 사(四)격으로 보는 큰 틀에서 두 가지로 나누어지는데, 오(五)격은 일본의 웅기건옹(熊崎健翁)식의 수리성명학의 기본이 되는 조합 방법이며, 이후 일본식 수리성명학이 중국과 한국을 통해 변형되어 통용된 것이 바로 사(四)격으로 수리를 보는 방법이 있다.

　오격과 사격에 대한 보는 방법은 다음과 같다.

- 일본식 수리 오(五)격

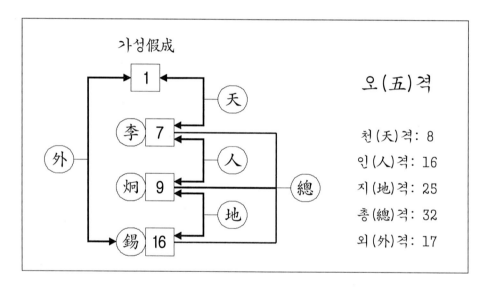

　위의 오격 구분은 일본 수리성명학에서 지금도 정설로 사용되고 있으며, 국내에서도 일부는 위의 방법을 채택하여 수리의 격을 정한다. 오격 구분은 전적으로 일본식 사(四)자 성명에 맞추어 형성된 것이라 말할 수 있다. 각 격의 설명은 다음과 같다.

• 천격(天格)

　성씨가 두 글자로 되어 있을 때는 그 두 글자의 획수를 합하지만, 성씨가 한 글자로 되어 있을 때는 그 글자의 획수에 1(가성수)을 합하고 이를 천격으로 한다. 일본의 성씨인 경우는 대부분 두 글자로 되어 있는데, 외자 성씨의 경우는 1을 더해서 천격으로 보며, 천격은 선천적인 것(부모 및 조상)으로 인생 유년 및 초년의 시기로 본다.

• 인격(人格)

가장 중요한 위치의 격이고 성씨와 이름의 첫 글자의 획수를 합한 수를 인격으로 하며, 인생의 전체적인 운명 또는 인생의 초·청년의 시기로 본다.

• 지격(地格)

이름의 두 글자를 합한 수를 지격으로 하며, 인격을 보좌하는 초년과 가정생활 등 인생의 중년까지의 시기로 본다.

• 총격(總格)

성씨와 이름 세 글자의 획수를 모두 합한 수를 총격으로 하는데 두자 성씨의 경우는 글자 획수 전부를 더하지만, 외자 성씨인 경우는 가성수 1을 뺀다. 중년 이후 인생의 시기로 본다.

• 외격(外格)

두자 성씨(남궁, 제갈 등)는 성씨 첫 글자 획수와 이름의 제일 마지막 글자의 획수를 합한 것을 외격이라 하고, 외자 성씨의 경우는 가성수 1을 합한 획수를 외격으로 한다. 외격은 가족관계 또는 본인의 사회에서의 교제능력으로 본다.

이 '天-人-地-總-外'격의 오격으로 성명의 길흉을 보는 것이 일본식 수리성명학의 구분방법이며, 이를 바탕으로 해서 성명학의 한 분야인 일본식 수리성명학으로 자리매김하고 있다. 이것 외에 사격으로 보는 방법이 있는데, 현 우리나라 작명계에서 취용하고 있는 사격이다.

- 기존 수리 사(四)격

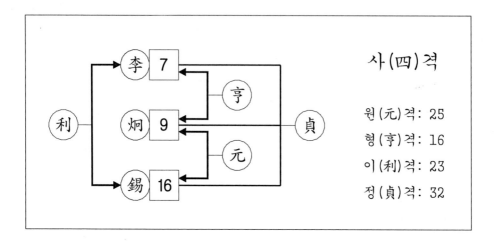

사(四)격은 일본식 오격 수리성명학이 우리나라로 넘어오면서 사격으로 자리매김한 것인데, 중국의 성명과 한국의 성명이 대부분 외자 성씨와 이름 두 자로 구성되어 있는 것이라 이에 맞게끔 개량 변형된 것으로 이해할 수 있다.

하지만, 오(五)격에서 사(四)격으로 변형을 주는 것에 있어서 이치에 합당하게 변형시켜야 하는데, 일본식 수리성명학 오격의 원 형태를 유사하게 따라 하면서 다소 납득하기 어려운 내용이 생기게 되었다. 따라서 이를 바르게 볼 필요가 있는데, 이 내용을 설명하기에 앞서 기존 수리 사격을 보는 방법에 대해 설명해 본다.

- 기존 사격의 내용

• 원격(元格)

성씨를 뺀 이름 두 글자의 합수를 원격이라 하고, 초년의 시기로 본다. 연령별로는 1세부터 20세 전후를 아우르는 기초가 되는 시기로 볼 수 있다.

- 형격(亨格)

  성씨와 이름 첫 글자 획수를 합한 수를 형격이라고 하는데, 각 격 중에서 영향력을 발휘하는 격이며 20세 전·후부터 40세 전·후까지 중년의 시기로 보는데, 이 형격이 나쁘면 다른 격에서 길함이 있다 할지라도 그 길함이 가감되는 것으로 본다.

- 이격(利格)

  성씨와 이름 끝 글자 획수를 합한 수를 이격이라고 하는데, 형격과 밀접한 관계가 있으며, 40세 전후부터 60세 전후까지의 장년의 시기로 본다.

- 정격(貞格)

  성씨와 이름 각 두 글자의 획수를 모두 합한 수를 정격이라고 하는데, 60세 이후의 말년 시기로 본다. 더불어 각 글자의 획수를 종합한 것으로서 인생의 총운을 함께 본다.

이러한 사격으로의 구분은 일본의 성명의 4글자와 한국, 중국의 성명 3글자 차이에서 오는 점을 극복하고 차별화하기 위해, 일본식 수리성명학의 '천-지-인-총-외'격을 주역 괘의 의미를 가져와 '원-형-이-정'이라고 의미를 부여한 것에선 충분히 잘된 것이라 할 수 있다. 왜냐하면 일맥상통할 수 있는 내용이기 때문이다.

하지만, 그 순서에 있어서 납득하기 아쉬운 것이 있으니, 기본적으로 성명의 구성은 부모의 성을 따라 본인의 이름으로 구성되어 앞서 설명한 발음오행에서도 마찬가지로 성씨는 조상 및 부모를 의미하고, 성과 이름 사이는 부모와 나 자신을 연결하는 것이기 때문에, 이를 초년의 시기로 보는 것이 합당하다.

이에 일본 성씨의 경우 천격으로서, 성씨 두 글자나 가성수(외자 성씨일 경우)를 더해 선천적인 뿌리와 타고남을 초년으로 보는 것으로 하는데, 이는 성씨가 가지는 의미가 나 자신의 뿌리에 비유될 수 있음은 합당한 이치로서 받아들일 수 있는 내용이 된다.

그런데, '원-형-이-정'의 사격으로 연결하면서 이름 부분이 형(亨)격이 되어야 하는데 원(元)격으로 자리하고 있다. 이게 아쉬운 부분이다. 성씨의 끝 글자와 이름의 첫 글자의 결합을 인(人)격이라 하여 일본 수리성명학에서 아주 중요한 위치의 격이 되는데, 이 인(人)격을 사격의 형(亨)격으로 모사하면서, 성과 이름 첫 글자의 결합을 형(亨)격으로 지정되고 있는 것이다.

일본식 구분인 초년에 해당하는 성씨인 천(天)격과 인(人)격을 보좌해 주고 초년을 뒷받침해 청장년으로 연결 되는 지(地)격을 '원-형-이-정'으로 변경하면서 초년에 해당하는 천격은 아예 없어져 버리고, 초년에 해당하는 원격으로 지정하게 되면서 아이러니하게도 성씨가 아닌 이름 부분이 초년에 해당하는 원(元)격으로 되어 버렸다.

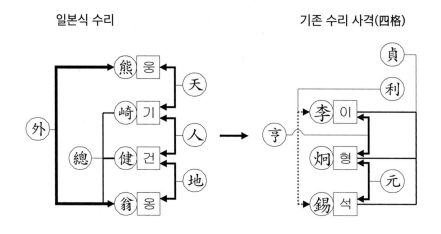

이러한 결과로 원형이정의 순서가 뒤바뀌게 되었고, 이름 두 글자 사이가 초년 시기를 나타내는 원격이 되는 다소 납득하기 어려운 내용이 되었다. 합당한 이치는 성씨와 이름 첫 글자는 원(元)격이 되는 것이 합당하며, 이름 두 글자 사이가 바로 형(亨)격이 되는 것이 합당한 것이다.

즉, 원형이정의 순서대로 보는 것이 합당한 내용이고, 이를 3글자의 성명에 수리로 격을 구분할 때 적용할 수 있으므로 보다 합당한 내용이다.

물론 수리 구성은 원형이정의 순서보단, 전체적인 구성과 조화가 더 중요하다. 원형이정의 순서로 연령별로 구분이 되지만, 수리가 전부 연결선상에 있기 때문에 비록 하나의 격이 흉수에 해당한다고 하더라도 연결되는 수가 길수가 되면 전화위복의 대발(大發)이

될 수 있음이다. 음양오행의 기가 바로 상대적인 개념이라는 것이 이것과 상통한다.

작명함에 있어 먼저 소개한 원형이정의 순서든, 기존의 원형이정의 순서든 작명가나 작명하는 사람에게 있어서 취사선택의 문제다. 어느 것으로 순서를 정해도 수리 4격의 숫자를 균형 있게 보다 길한 수리로 배치하면 되는 것이다.

상기의 내용은 읽는 독자로 하여금 참고가 되었으면 하여 내용을 소개하였다.

※ 참고사항 2(수리의 오행)

성명학에서 중요한 내용이 바로 오행인데, 일본 수리성명학에서도 수리를 얘기할 때 삼원(三元)오행이란 내용이 나오게 된다. 삼원오행이란 수리오행을 의미하는 다른 표현이고, 삼원오행이라는 것은 천·지·인(天·地·人)을 나타내는 삼재(三才)를 얘기하며, 일본식 수리성명학 기본 오격(天·人·地·總 外 格)의 천·지·인을 삼원에 포함하여 이에 대해 오행을 결부해 길흉을 설명하기도 한다.

- 수리 오행의 종류

하도(河圖), 수리오행   삼원(三元), 수리오행

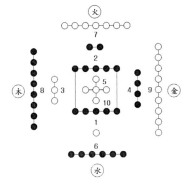 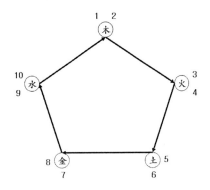

수리오행	수(水)	화(火)	목(木)	금(金)	토(土)
하도(河圖) 오행 수	1·6	2·7	3·8	4·9	5·10
삼원(天·地·人) 오행 수	1·2	3·4	5·6	7·8	9·10

이 두 가지의 수리 오행 중 작명에서는 일본식 성명학의 삼원오행을 취용하여 사용하기도 하는데, 일부 작명가들 사이에서만 쓰인다.

주류로 사용하지 않는 이유는 첫째, 발음오행과 자원오행에서 오행을 작명에 적용하고 있으며, 둘째, 수리는 숫자 자체의 기운으로 작명에 반영하고 있으며, 셋째, 획수 조합과 적용방식이 일본 방식 또는 적용하는 사람으로 하여금 다양한 방법으로 취용되기 때문에 일관성이 없기 때문이다. 현재 작명계에서는 소수만 사용하고, 대부분 적용을 하고 있지 않다. 필자도 작명에 적용하지 않으며, 참고하지 않는다.

일본식 수리성명학을 한국식으로 가져와, 천-지-인 삼원(三元)을 '원-형-이-정'으로 변화 발전시킴에 있어, 굳이 수리에 오행을 부여하겠다면, 하도(河圖) 오행의 수리를 적용하는 것이 맞는 내용이다. 과거의 학문적 내용을 온고지신(溫故知新)함에 있어 잘못 활용된 폐단의 한 부분으로 이해하면 되겠다.

수리는 수리 본연의 기(氣)로서만 참고하면 좋겠다.

- 삼원오행 적용 예시

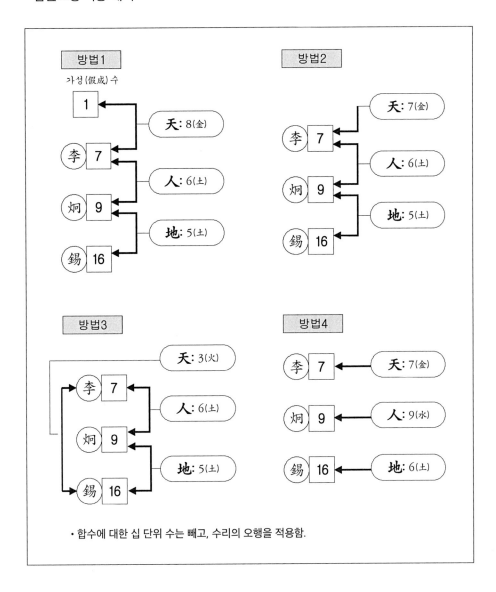

해석방법은 오행 간 상생이 되면 길하고, 상극이면 흉하다고 풀이한다. 발음 오행 해설 내용과 통용해서 쓸 수 있다.

※ 참고사항 3(성명학상의 한자 획수 논란)

- 여성의 성명에 쓰기엔 너무 강한 기운의 획수

성명학의 수리 구성에서 여성의 이름에 쓰기엔 좋지 않은 수리라는 내용이 있다. 이 내용도 역시 앞서 자원오행 부분에서 언급한 불용문자의 '~카더라.' 하는 내용과 상통한다.

> 여성 이름의 한자 획수 조합 중, 21수 / 23수 / 32수 / 33수 / 39수는 강한 기운으로 인해 "당사자가 파란 및 부부불화 등 고충이 많다."라는 얘기가 있다.

가령, 32수의 경우 "타고난 능력이 뒷받침되어 초년에 성공의 기반이 되고, 본인의 능력을 널리 전파하여 만인의 존경을 한몸에 받게 되는데, 주변의 도움이 기대되고 분명한 목표의식이 가정과 사회 안팎 번창함에 좋은 영향을 줄 수 있음을 암시하는 길함이 강화되는 수리다."가 수리의 해설인데, 이 수리의 적용 여부는 역시 취사선택의 문제가 되겠다.

작명하는 사람의 가치관이나 자녀에게 바라는 모습은 각각 다를 수 있다. 현숙하고 여성스러운 그런 기운을 넣어주길 원한다면, 위의 수리는 피하면 되는 것이고, 능력을 펼치고 현시대의 커리어우먼이 되길 바란다면, 위의 수리를 배치해주면 좋은 기운을 줄 수 있는 것이다.

하지만 위의 수리 때문에 팔자가 세질 수 있다는 것은 맞지 않는 얘기고, 이는 사주팔자와 인성(人性)에서 보는 게 더 좋겠다. 좋은 획수도 쓰기 나름이다.

- 작명계의 작명가들 사이에서 한자 획수의 논쟁

성명학에서 쓰고 있는 인명용 한자들은 거의 강희자전(康熙字典)의 부수와 획수 내용을 따른다. 강희자전의 한자들이 현재 우리나라에서 쓰고 있는 해서체(楷書體)의 원형을 가지고 있고, 현재의 옥편(한자사전)들도 강희자전의 내용을 거의 참고하고 있다고 해도 무방하다.

그런데, 현대에 쓰고 있는 한자의 획수와 강희자전의 한자의 획수 중, 극히 일부가 차이 나는 것이 있다. 가령, 泰(클 태)의 경우 강희자전에서는 획수가 9획으로 되어 있지만, 현재의 획수는 10획으로 되어 있다. 이러한 이유는 부수의 획수를 4획으로 본 것과 5획으로 본 것에서 차이가 발생했다. 강희자전에는 泰(클 태)의 부수가 水(물 수)로 되어 4획으로 구분해 나머지 획수인 5획을 포함 9획으로 되었지만, 실제 부수는 물 수가 아래 변으로 오면서 氺(아래물 수)로 글자가 변형되어 5획이 되고 나머지 획수 5획을 포함 10획이 되었다.

이런 차이가 발생하는 인명용 한자 중, 氺(아래물 수)를 부수로 하는 한자는 求(구할 구), 滕(물 솟을 등), 泰(클 태) 이렇게 3개가 있다.

이러한 차이는 위와 같은 특수한 경우에 원획법과 필획법을 적용함에 기준 설정이 없었기 때문인데, 결론적으로 성명학에서 원획법의 기준은 획수가 한자 모양과 구성을 위해 축소된 부수의 변을 원획으로 기준함에 있어서, 水→氺로 획수가 1획 증가에 대한 내용을 기준 마련하지 못한 아쉬움 때문이다.

그리고 강희자전도 사람이 만든 것이다 보니, 약간의 오차 범위는 존재한다. 또 다른 예로 表(겉 표)의 경우 강희자전에서는 9획으로 되어 있는데, 같은 글자 表(9획)에 亻(사람인 변-2획)을 붙인 亻+表 = 俵(나누어줄 표)는 11획이 아니고 10획으로 강희자전에 명시되어 있다. 실제 획수로 한자를 써보면 10획이 맞다.

강희자전의 한자가 전부 오차 범위에 있는 것은 아니다. 극히 일부, 약 전체 한자 내용 중 0.5% 내외에서 이러한 내용을 찾아볼 수 있다.

필자는 이런 아쉬운 부분이 있지만, 획수는 위의 특수한 한자의 경우 둘 다 각각의 획수로 구분하고 각각 조합해 적용해도 문제가 없겠다고 보는 입장이다.

다시 말해 작명가나 작명을 하는 이가 실제 한자를 직접 획수의 원칙에 따라 泰(클 태)를 9획으로 쓰이고, 쓰고 싶다면 9획으로 삼으면 되는 것이며, 10획으로 쓰이고 10획으로 쓰고 싶다면, 10획으로 수리를 반영하면 되는 것이다.

이렇게 획수를 적용해도 작명에서 쓰는 원획법 기준과도 어긋남이 없고, 한자 획수의 가치에도 부합된다. 그리고, 한자도 한·중·일 3국의 한자의 획수도 이체자나 간자체, 쓰는 습관(속자) 등 한자의 변형으로 3국의 한자 획수가 조금씩 차이 나는 것도 많이 있다. 많이 사용하는 인명용 한자인 熙(빛날 희)의 경우도 마찬가지인데, 획수가 사람의 쓰는 습관에서 획수가 다르다. 쓰는 습관에 따라 13획, 14획, 15획(일본)으로 쓰일 수도 있다.

이러한 점에서 우리나라는 한자 원형에 가까운 강희자전을 기준 삼고 있는 만큼, 한자의 원형 획수를 그대로 적용하고 있는 이점을 십분 활용하되, 다소 각주구검(刻舟求劍)과 같은 자세는 지양하면 된다.

즉, 획수를 수리로 반영함에 내용을 확실히 인지하고 적용하면 되는 것이다. 현 책에 수록된 인명용 사전에는 위와 같이 혼선을 줄 수 있는 한자들에 뜻 뒤에 [신]-현재 많이 쓰이는 획수 / [구]-강희자전의 획수로 구분, 내용을 인지하고 작명에 활용될 수 있도록 표기해 놓았다. 작명에 도움되길 바란다.

※ 수리 작명 기준

1. 원형이정 4격에 따른 한자 획수 조합을 바탕으로 길한 의미의 수리를 배치한다.
2. 혼선이 있는 일부 한자를 쓸 적엔, 한자를 직접 써보고(인터넷 한자 사전의 내용을 참고해도 됨. 단, 원형에서 축소 변형된 부수는 안내되어 있는 원획법 기준에 따름), 본인에게 맞는 획수를 선정하고 기준으로 삼는다.

제 **3** 장

사주팔자와
오행

사주팔자(四柱八字)

사주팔자는 태어난 생년월일시를 말한다. 정통 역법(달력)에 의한 간지(干支)를 배속하여 4개의 주(柱-기둥 주)와 8자의 글자(八-8)를 표기할 수 있는데 이것을 사주팔자라고 지칭한다.

예로 2016년 10월 19일 06:00분에 태어난 사주를 보자.

사주(4주)	시주	일주	월주	년주	간지
	6시(오전)	19일	10월	2016년	년월일시
팔자(8자)	丁	甲	戊	丙	천간(天干)
	卯	戌	戌	申	지지(地支)

사주팔자는 오른쪽에서 왼쪽으로 내용을 쓴다(관습: 아주 옛날부터 이렇게 쓰여 왔음). 사주팔자를 구성하는 천간과 지지는 60자로 구성되는데, 천간(甲, 乙, 丙, 丁, 戊, 己, 庚, 辛, 壬, 癸) 10자로 구성되며, 지지(子, 丑, 寅, 卯, 辰, 巳, 午, 未, 申, 酉, 戌, 亥) 12자가 간지로 구성(10×12=60)이 되어, 이를 60진법의 육십갑자(六十甲子)라고 칭한다.

육십갑자(六十甲子)

甲子	乙丑	丙寅	丁卯	戊辰	己巳	庚午	辛未	壬申	癸酉
甲戌	乙亥	丙子	丁丑	戊寅	己卯	庚辰	辛巳	壬午	癸未
甲申	乙酉	丙戌	丁亥	戊子	己丑	庚寅	辛卯	壬辰	癸巳
甲午	乙未	丙申	丁酉	戊戌	己亥	庚子	辛丑	壬寅	癸卯
甲辰	乙巳	丙午	丁未	戊申	己酉	庚戌	辛亥	壬子	癸丑
甲寅	乙卯	丙辰	丁巳	戊午	己未	庚申	辛酉	壬戌	癸亥

1) 육십갑자 오행

육십갑자를 구성하는 천간과 지지에는 오행이 배속되는데 그 내용은 아래와 같다.

천간

천간	甲 (갑)	乙 (을)	丙 (병)	丁 (정)	戊 (무)	己 (기)	庚 (경)	辛 (신)	壬 (임)	癸 (계)
오행	木	木	火	火	土	土	金	金	水	水
음양	양	음	양	음	양	음	양	음	양	음

지지

지지	子 (자)	丑 (축)	寅 (인)	卯 (묘)	辰 (진)	巳 (사)	午 (오)	未 (미)	申 (신)	酉 (유)	戌 (술)	亥 (해)
오행	水	土	木	木	土	火	火	土	金	金	金	水
음양	양	음	양	음	양	음	양	음	양	음	양	음
월 (月)	11월	12월	1월	2월	3월	4월	5월	6월	7월	8월	9월	10월

오행표

배속	木	火	土	金	水
천간(天干)	갑(甲) 을(乙)	병(丙) 정(丁)	무(戊) 기(己)	경(庚) 신(辛)	임(壬) 계(癸)
지지(地支)	인(寅) 묘(卯)	오(午) 사(巳)	진(辰) 술(戌) 축(丑) 미(未)	신(申) 유(酉)	자(子) 해(亥)
방위(方位)	동	남	중앙	서	북

계절(季節)	춘(春)	하(夏)	사계(四季)	추(秋)	동(冬)
오색(五色)	청(靑)	적(赤)	황(黃)	백(白)	흑(黑)
오상(五常)	인(仁)	예(禮)	신(信)	의(義)	지(智)
오장(五臟)	간(肝)	심(心)	비(脾)	폐(肺)	신(腎)
육부(六腑)	담	소장	위	대장	방광

2) 사주팔자 보는 법

사주팔자는 만세력을 보고 찾을 수 있다. 만세력엔 태어난 연(年)도에 배속된 천간과 지지를 볼 수 있고, 월(月)에 따른 천간과 지지, 일(日)에 따른 천간과 지지를 찾아볼 수 있다. 만세력엔 없는 것은 바로 시(時)에 따른 천간과 지지인데 보는 법은 다음과 같다.

시주(時柱)표

시간 일간	23:30 ~ 01:30 子時	01:30 ~ 03:30 丑時	03:30 ~ 05:30 寅時	05:30 ~ 07:30 卯時	07:30 ~ 09:30 辰時	09:30 ~ 11:30 巳時	11:30 ~ 13:30 午時	13:30 ~ 15:30 未時	15:30 ~ 17:30 申時	17:30 ~ 19:30 酉時	19:30 ~ 21:30 戌時	21:30 ~ 23:30 亥時
甲己	甲子	乙丑	丙寅	丁卯	戊辰	己巳	庚午	辛未	壬申	癸酉	甲戌	乙亥
乙庚	丙子	丁丑	戊寅	己卯	庚辰	辛巳	壬午	癸未	甲申	乙酉	丙戌	丁亥
丙辛	戊子	己丑	庚寅	辛卯	壬辰	癸巳	甲午	乙未	丙申	丁酉	戊戌	己亥
丁壬	庚子	辛丑	壬寅	癸卯	甲辰	乙巳	丙午	丁未	戊申	己酉	庚戌	辛亥
戊癸	壬子	癸丑	甲寅	乙卯	丙辰	丁巳	戊午	己未	庚申	辛酉	壬戌	癸亥

위의 표로 시주를 세워 사주팔자를 볼 수 있다. 기본적으로 만세력은 시중에 책으로 나와 있는 것을 활용할 수 있는데, 그중 대운만세력(진산)이 필자가 보기에 알아보기 쉽고 잘 되어 있다. 만세력을 참고하는 것에는 인터넷에도 많은 만세력 프로그램이 나와 있으니 참고하면 된다.

※ 사주팔자 보는 법

1. 각종 포털 사이트: '만세력'이란 검색어를 입력하면, 여러 관련 사이트들이 나오며 이 사이트에서 생년월일시를 입력하면 사주팔자의 내용을 확인할 수 있다(추천: 사주링크, 사주매니아 만세력, 사주팔콤 등).
2. 스마트폰 어플: '만세력'이란 검색어를 입력하면, 여러 관련 어플들이 나오며, 어플을 다운받은 후, 생년월일시를 입력하면 사주팔자의 내용을 확인할 수 있다.

현 책에서는 사주팔자(명리학) 내용을 주로 담는 것이 아니므로, 사주팔자에 대한 내용은 오행을 배속 배치하는 방법만 간단히 언급함을 양해 드린다.

※ 참고사항 1(시주에 대한 이해)

사주팔자를 보기 위해 각종 사이트나, 어플을 이용할 시, 시간 부분을 입력하는 데 있어서 한국시(韓國時), 동경시(東京時), 야자시(夜子時)와 조자시(朝子時)를 접하게 된다. 이에 대한 간략한 설명을 아래의 표로 살펴보자.

한국시 (韓國時)	우리나라 위치상의 경도(127° 5′)가 동경시(표준시)와 경도(135°)에 따른 시간 차이를 127° 5′에 맞추어 표준시보다 30분 늦게 설정하여 시주(時柱)를 보는 방식
동경시 (東京時)	세계 공용의 표준시를 그대로 바탕 하여, 본래의 시간을 가지고 시주(時柱)를 보는 방식 (예: 동경시 子시 23:00~01:00 / 한국시 子시 23:30~01:30)

야자시(夜子時) 조자시(朝子時)	날짜가 다음날로 넘어가는 자시(子時)의 분기점을 00시(24시)로 잡아, 23:50경 출생자는 당일의 일주를 기준 삼는 것을 야자시라고 하고, 00:10경 출생자는 다음날의 일주를 기준 삼는 것을 조자시 하여 사주를 보는 방식

이러한 시간에 대한 구분이 발생하는 이유는 시간에 대한 관점의 차이에서 발생하게 된다. 명리학(사주팔자)에는 시간이 가지는 의미가 아주 크다. 시간 차이로 인해 사주팔자의 구성과 사주팔자의 내용이 완전히 달라지기 때문이다.

각각의 내용을 좀 더 설명하면, 한국시의 경우 지구 자전에 따라 정오(正午-12시)가 되면 태양의 위치가 머리 위에 정확히 위치해야 하는데, 우리나라의 표준시(동경시)로 보면 12:30분이 되어야 태양의 위치가 머리 위에 위치한다. 이러한 차이는 표준시가 경도 135°가 우리나라 실제 경도인 127° 5′에서 7° 5′가 차이가 차가 발생하기 때문에(경도상 시간의 차이는 15°에 1시간씩 차이가 난다-그리니치 천문대 기준) 30분을 추가로 늘어서 시간을 보는 것이다. 그러나 동양의 시간적 관념에서 시간의 구분은 두 시간 단위(예: 11시~13시)로 본다.

즉, 세계표준을 따르느냐, 한국 자체의 경도로 시간을 따르느냐의 차이에서 한국시와 동경시의 시간 기준이 달라진다. 이러한 문제의 해결점은 기준을 한국시로 보되, 동경시를 기준하여 30분 차이가 발생하는 경계상에 태어난 사람의 경우는 경계시간 상의 시주를 둘 다 참고하면 된다.

필자의 경우는 경계상에 태어난 사람은 두 가지의 시간대를 두고 사주팔자의 내용을 보는데, 경험상은 현재 표준시가 좀 더 우세에 있다고 판단이 들지만, 경험은 경험이지 절대적이지는 않다. 음양오행은 상대적 개념이라는 것을 명심할 필요가 있다. 경계상의 시간인 경우, 가령, 11시 15분에 태어난 사람이 있다고 한다면 巳시로도 보고, 午시로도 보아 당사자의 시간을 보다 정확히 찾아주면 된다.

그러나 현재 주류로 보는 것은 한국시이기 때문에, 작명에서는 한국시를 기준으로 사주팔자를 보고 오행을 살펴보면 되겠다. 이와 별개로 야자시와 조자시로 구분되는 것이 있는데, 쉽게 설명하면 서양적 시간 개념과 동양적 시간 개념에서 차이가 발생하는 것에서 나온 근대 역학자의 개인 개념에서 출발했다.

서양의 시간 개념은 밤 12시(24시 및 00시)가 다음날로 넘어가는 기준이 되는데, 이를 동양의 시간 개념에 포함을 시켜서 시간을 구분해 놓은 것이다. 이를 절대적 개념으로 받아들이면 안 되겠다. 동양철학의 음양오행 시간적 개념은 공간적 개념이기 때문에, 자시 전체를 새로운 날짜의 시작시간으로 보는 것이, 보다 합당한 얘기가 된다. 즉, 야자시, 조자시 구분은 다소 혼선을 야기할 수 있는 개념으로 이해하면 되겠다.

야자시나 조자시로 구분되어 있는 사이트나 어플인 경우엔, 출생자가 2017년 3월 3일 23:40분일 때에는 2017년 3월 4일로 입력하고, 정자시(한국시 기준 23:30~01:30)로 입력 선택하면 된다.

시간	표준시(동경시)	한국시
자시(子時)	23:00 ~ 01:00	23:30 ~ 01:30
축시(丑時)	01:00 ~ 03:00	01:30 ~ 03:30
인시(寅時)	03:00 ~ 05:00	03:30 ~ 05:30
묘시(卯時)	05:00 ~ 07:00	05:30 ~ 07:30
진시(辰時)	07:00 ~ 09:00	07:30 ~ 09:30
사시(巳時)	09:00 ~ 11:00	09:30 ~ 11:30
오시(午時)	11:00 ~ 13:00	11:30 ~ 13:30
미시(未時)	13:00 ~ 15:00	13:30 ~ 15:30
신시(申時)	15:00 ~ 17:00	15:30 ~ 17:30
유시(酉時)	17:00 ~ 19:00	17:30 ~ 19:30
술시(戌時)	19:00 ~ 21:00	19:30 ~ 21:30
해시(亥時)	21:00 ~ 23:00	21:30 ~ 23:30
※ 작명에는 한국시를 기준으로 오행을 본다.		

3) 사주팔자의 오행 배치

앞서 사주팔자 보는 법과 참고사항에서 본 내용처럼 사주팔자를 도출하게 되면 오행을 배치할 수 있다. 글자를 보고 배치해도 되고, 사이트나 어플에서 보여주는 글자의 색깔을 보고 배치해도 된다.

배속	木	火	土	金	水
천간(天干)	갑(甲) 을(乙)	병(丙) 정(丁)	무(戊) 기(己)	경(庚) 신(辛)	임(壬) 계(癸)
지지(地支)	인(寅) 묘(卯)	오(午) 사(巳)	진(辰) 술(戌) 축(丑) 미(未)	신(申) 유(酉)	자(子) 해(亥)
오색(五色)	청(靑)	적(赤)	황(黃)	백(白)	흑(黑)

① 오행 배치 예시

예로 2016년 10월 19일 06:00분에 태어난 사주를 보자.

사주(4주)	시주	일주	월주	년주	간지
	6시(오전)	19일	10월	2016년	년월일시
팔자(8자)	丁(火)	甲(木)	戊(土)	丙(火)	천간(天干)
	卯(木)	戌(土)	戌(土)	申(金)	지지(地支)

오행	火	木	土	火	천간(天干)
	木	土	土	金	지지(地支)

위의 표와 같이 오행을 배치할 수 있다. 이렇게 배치된 오행을 개수를 보면 다음과 같다.

金	水	木	火	土
1	0	2	2	3

위와 같이 표시하면, 사주팔자 속의 오행의 종류와 개수를 파악할 수 있으며 부족한 오행이 무엇이고 필요한 오행이 무엇인지 알 수 있다. 그리고 사주팔자에서 주인이 되는 글자와 오행은 일간(日干)인데, 일간을 중심으로 보고 다른 오행들 간의 관계를 살핀다.

오행들 간의 관계는 기본적으로 상생 및 상극으로 보며, 일간을 중심으로 일간을 강하게(도움을 주는 것) 하는 오행, 일간을 약하게(기운을 소모하거나 극하는 것) 하는 오행을 기준으로 신강(身强) / 신약(身弱)으로 오행들 간의 관계를 살필 수 있다.

② 오행들 간의 관계

앞서 오행의 상생과 상극에 대한 내용을 살펴보았다. 이들 간의 관계를 좀 더 깊게 볼 필요가 있다.

· 상생(相生)

상생은 '서로 상(相)'과 '날 생(生)'의 글자로 서로 생을 한다는 것인데, 서로가 상생 관계이지만 상생이 안 되는 경우도 있다.

목생화 (木生火)	- 나무(木)가 불(火)을 생한다. - 태양(火)은 나무(木)의 생장을 돕는다.	상생 (○)
	- 나무(木)가 너무 많으면 불(火)을 꺼트린다. - 불(火)이 너무 많으면 나무(木)는 타버린다.	상생 (×)

화생토 (火生土)	- 불(火)이 쇠하면 재가 되어 흙(土)을 생한다. - 땅(土)은 불(火) 피울 자리를 마련해 준다.	상생 (○)
	- 불(火)이 너무 많으면, 땅(土)은 생명이 살 수 없는 땅이 된다. - 흙(土)은 방화사로, 불(火)을 꺼트린다.	상생 (×)
토생금 (土生金)	- 흙(土)이 오랜 시간 열과 압력을 받으면 암석(金)이 된다. - 입자가 작은 돌(金)들은 흙(土) 속에 있어 숨 쉬는 땅을 만든다.	상생 (○)
	- 흙(土)이 너무 많으면 보석(金)은 묻혀 빛을 못 본다. - 암석(金)이 너무 많으면 흙(土)의 기반이 없어진다.	상생 (×)
금생수 (金生水)	- 깊은 산골 암석(金)에서, 물(水)이 생긴다. - 흐르는 물(水)로 돌(金)을 씻어 빛나게 한다.	상생 (○)
	- 쇳가루(金)가 너무 많으면, 녹물(水)이 되어 버린다. - 물(水)은 금속(金)을 부식시켜 약하게 한다.	상생 (×)
수생목 (水生木)	- 물(水)은 나무(木)의 생장을 돕는다. - 나무(木)는 물(水)을 먹음으로써 정화작용(순환)을 한다.	상생 (○)
	- 물(水)이 너무 많으면, 나무(木)가 썩는다. - 나무(木)가 너무 많으면, 물(水)이 남아나지 않는다.	상생 (×)

오행들 간의 관계를 쉽게 설명하고자 사물에 대비했지만, 궁극적으로는 **오행은 보이지 않는 기(氣)의 형태이다.** 서로 간의 기들이 아주 밀접한 관계에 있다는 것과 상생이라고 해서 무조건 좋은 것은 아니라는 것을 꼭 참고할 필요가 있다. 이에 상극도 마찬가지다.

· 상극(相剋)

상극은 '서로 상(相)'과 '이길 극(剋)'의 글자로 서로 극을 한다는 것인데, 서로가 상극 관계이지만 상극이 안 되는 경우도 있다.

목극토 (木剋土)	- 나무(木)가 흙(土) 속에 뿌리를 내린다. - 산사태(土)로 나무(木)를 무너트린다.	상극 (○)
	- 나무(木)는 뿌리 내릴 땅(土)이 없으면 존재할 수 없다.	상극 (×)
토극수 (土剋水)	- 제방(土)은 흐르는 물(水)을 가두어 놓는다. - 불어난 물(水)은 제방(土)을 무너뜨린다.	상극 (○)
	- 땅(土)은 물(水)을 머금고, 물길을 만들어 생명수로 쓰일 수 있게 한다.	상극 (×)
수극화 (水剋火)	- 물(水)은 타오르는 불(火)을 끈다. - 불(火)은 물(水)을 증발시킨다.	상극 (○)
	- 열기(火)와 냉기(水)가 만나 바람을 만들고, 구름을 만들어 자연을 순환케 한다.	상극 (×)
화극금 (火剋金)	- 불(火)은 쇠(金)를 녹인다. - 화로(金)는 불(火)을 조절한다.	상극 (○)
	- 광석(金)이 제련(火)되어 좋은 금속, 물건으로 만들어져 유용하게 쓰인다.	상극 (×)
금극목 (金剋木)	- 도끼(金)는 나무(木)를 찍는다. - 크고 재질이 강한 나무(木)는 도끼(金)의 날을 상하게 한다.	상극 (○)
	- 가위(金)는 가지치기를 통해 나무(木)를 잘 자라게 한다.	상극 (×)

오행의 상극에 대한 이해를 돕기 위해 인위적인 내용을 덧붙여 보았다. 핵심은 각각의 오행들이 상호 간에 밀접한 관계를 형성한다는 것이다. **이렇듯 오행은 상생과 상극을 통해 생극제화(生剋濟化)하여 세상 만물을 유지·구성하고 있고, 이것이 음양오행의 핵심이며, 음양오행의 기가 '상대적인 개념'이라는 것을 보여주는 내용이 된다.**

사주팔자를 본다는 것은 위에서 알아본 천간과 지지의 음양오행 배치를 통해, 이 오행들의 기(氣)가 시간의 연속 상에 있는 운로(運路)에 서로 작용하는 것을 술수(術數)적 내용과 함께 운기(運氣) 변화 흐름을 보는 것이다. 이 운기 속의 길흉화복(吉凶禍福)을 읽어낸다.

이때 좀 더 있어 줬으면 하는 오행이 있겠고, 있는 오행을 없앨 수는 없으니, 불필요한 오행은 기운을 쇠(약하게)하게 하는 오행이 있으면 좋겠다 등 이것을 작명을 통해 보충해 주고, 좋게 해주어 사주팔자의 주인공에게 복(福)이 가까이 임할 수 있도록 만들어주는 것이 바로 작명인 것이다.

앞서 본 사주팔자 상의 오행 개수를 도출한 것을 다시 보자.

金	水	木	火	土
나를 극하는 것	나에게 도움을 주는 것	나 자신과 나와 같은 것	나 자신이 기운을 주는 것	나 자신이 극할 수 있는 것
金生水	水生木	木生火	火生土	土生金
金剋木	水剋火	木剋土	火剋金	土剋水
1	0	2	2	3

나 자신(日干) 목(木)과 나를 도와주는 수(水)를 기준으로 화(火), 토(土), 금(金)의 오행이 더 많다면, 이는 나의 기운을 소모하거나 나의 기를 써서 대응해야 하는 것이니 나 자신이 힘이 부치게 된다. 이때를 통상 명리학 용어에서는 신약(身弱)하다고 하여 나에게 필요한 기운을 보충해 준다.

이를 작명에서 위에서 부족한 수(水) 오행을 우선적으로 필요하며, 나를 극하는 기운이지만 나에게 도움을 주는 수(水)를 생하여 주는 금(金) 오행을 고려할 수 있게 된다.

다른 예시를 보자.

사주팔자 時 日 月 年 辛 庚 己 癸 巳 戌 未 亥	오행배지 金 金 土 水 火 土 土 水

火	土	金	水	木
나를 극하는 것	나에게 도움을 주는 것	나 자신과 나와 같은 것	나 자신이 기운을 주는 것	나 자신이 극할 수 있는 것
火生土	土生金	金生水	水生木	木生火
火剋金	土剋水	金剋木	水剋火	木剋土
1	3	2	2	0

나 자신(日干) 금(金)과 나를 도와주는 토(土)를 기준으로 수(水), 목(木)의 오행이 적다. 이는 나의 기운이 왕성하여 충분히 나의 기운을 소모하고, 나의 기를 써서 대응해야 하는 것이 가능하다. 이때를 통상 명리학 용어에서는 신강(身强)하다고 하여 나의 기운이 쓰일 수 있는 오행을 보충해 준다. 이를 작명에서 위에서 부족한 목(木) 오행이 우선적으로 필요하며, 다음으로 수(水) 오행을, 그다음으로 화(火)를 고려할 수 있게 된다.

명리학(사주팔자)에서는 천간(天干)과 지지(地支), 오행의 음(陰)과 양(陽), 일간을 기준으로 오행들의 위치 등 각각에 따라 오행들 간의 힘의 크기가 차이가 있다. 이러한 내용을 전부 고려한다는 것은, 처음 접하는 사람이나 전문적으로 보는 사람이 아닌 일반인이 보기엔 다소 힘들 수 있다.

사주팔자의 오행 배치를 통해 오행의 개수를 보는 목적은, 오행의 과부족 상태를 파악하여 작명에 반영하기 위함이다. 즉, 균형 있는 오행 배치가 목적이다. 쉽게 얘기하면, 사주팔자에서 오행을 도출할 수 있는 것이 8개, 작명에서 발음오행, 자원오행에서 대표 오행으로 각각 3개씩(6개), 총 14개 오행이 나오는데, 균형 있게 오행을 배치하면 된다. 그렇게 해야 작명에서 사주팔자를 참고하는 큰 틀이 벗어나지 않으며, 음양오행의 이치에도 부합된다.

오행을 균형 있게 배치함에 있어서, 사주팔자 자체에 특정 오행이 4개 이상 배치되는 경우도 있게 된다. 즉 오행이 한쪽에 치우쳐 있다는 것인데, 위에 소개한 오행 배치표를 참고하여 내용을 보고, 나 자신을 기준으로 신강(나를 도와주는 기운이 많은 것)인지, 신약(나의 기운을 약하게 만드는 것이 많은 것)인지를 분별하여, 균형을 갖출 수 있도록 오행을 배치해주면 된다(특정 오행이 한쪽으로 치우친 사주팔자의 경우는 전문가의 도움을 받아 보는 것이 좋겠다. 물론 위의 내용을 참고하여도 되나, 배치함에 판단하기 어려운 경우도 있을 수 있다. 이때는 작명에서 배치해주는 특정 오행이 아주 귀하게 쓰일 수 있는 만큼 보다 좋은 배치를 위해 조언을 받고 작명에 임하면 효율적이겠다).

4) 사주팔자 오행과 작명 오행의 배치

앞서 사주팔자에 오행을 배치하는 것을 살펴보았다. 사주팔자 오행 배치를 통해 작명에서 배치할 수 있는 오행을 기준을 통해 적용할 수 있다.

① 사주팔자와 작명오행의 오행 배치 기준

- 개별 적정 오행은 개수는 2~4개이다.
- 개별 오행 중 1개 이하는 부족한 상태이니, 보충할 수 있는 오행을 배치한다.
- 개별 오행 개수가 4개 이상의 경우는 오행 구성을 보고, 필요한 쪽으로 배치한다.
- 나 자신(日干)의 기준 오행에서 균형을 우선한다.

적용 예시

사주팔자	오행	火	土	金	水	木
時 日 月 年 辛 庚 己 癸 巳 戌 未 亥	사주오행	1	3	2	2	
	발음오행	1			1	1
	자원오행	1				2
	오행개수(합)	3	3	2	3	3

　　사주오행과 작명오행 간 기준에 따른 오행을 배치한 내용이다. 적절한 배치이지만 발음의 생상구조상(발음오행의 구조는 상생의 구조를 따름) 다르게 배치될 수도 있고, 자원오행도 다르게 배치될 수 있다. **더불어 발음오행은 초성과 종성(받침)이 있기 때문에 각각의 오행들도 참고가 될 수 있다**(예: 성씨 박 ㅂ-水, ㄱ-木).

사주팔자	오행	金	水	木	火	土
時 日 月 年 丁 甲 戊 丙 卯 戌 戌 申	사주오행	1		2	2	3
	발음오행			1	1	1
	자원오행	1	2			
	오행개수(합)	2	2	3	3	4

　　위와 같이 오행을 배치할 수 있겠다. 기준이 절대성은 없지만, 최소 2개만 되면 부족한 것을 충족한다고 얘기할 수 있다.

　　경우의 수는 많이 있다. 가령 아래의 경우를 보자.

사주팔자	오행	土	金	水	木	火
時 日 月 年 戊 癸 癸 癸 午 丑 亥 亥	사주오행	2		5		1
	발음오행	1			1	1
	자원오행	1			1	1
	오행개수(합)	3	0	5	2	3

나 자신과 같은 기운이 많은 경우엔, 나를 도와주는 기운이 없다고 해서 굳이 넣을 필요가 없다. 위의 구성으로 나 자신(日干)과 균형이 된다. 아래의 예도 마찬가지다.

사주팔자	오행	土	金	水	木	火
時 日 月 年 乙 壬 壬 壬 巳 戌 子 申	사주오행	1	1	4	1	1
	발음오행	1			1	1
	자원오행	1			1	1
	오행개수(합)	3	1	4	2	3

위와 같이 금(金) 오행이 1개라고, 부족한 오행이라 넣을 필요는 없다. 나 자신(日干)이 충분히 강하기 때문이다.

사주팔자	오행	木	火	土	金	水
時 日 月 年 壬 己 癸 癸 申 巳 亥 亥	사주오행		1	1	1	5
	발음오행		1	2		
	자원오행	2			1	
	오행개수(합)	2	2	3	2	5

위와 같은 경우는 한쪽으로 치우친 오행이 있어도, 위와 같이 균형을 갖추어 배치할 수 있다.

기준에서 제시한 바처럼, 부족한 오행을 보충할 때에는 최소 2개, 4개 이상의 오행은 굳이 같은 오행을 넣을 필요가 없다는 것을 기준하여 오행을 배치하면 균형을 갖출 수 있다.

※ **사주팔자의 오행과 작명오행 배치 기준**

1. 일간(日干)의 오행을 기준으로 균형을 우선한다.
2. 개별 적정 오행은 개수는 2~4개이다.
3. 개별 오행 중 1개 이하는 부족한 상태이니 보충할 수 있는 오행을 배치하되, 일간을 기준 일간의 힘이 충분할 경우 추가로 보충하지 않는다.
4. 개별 오행 개수가 4개 이상의 경우는 오행 구성을 보고, 필요한 쪽으로 우선 배치한다.

그 외, 판단이 어려운 경우는 전문가의 조언을 받는 것이 좋겠다.

※ 참고사항 2(오행과 건강)

사주팔자를 살펴보면 오행 간의 관계들과 오행의 과부족 상태를 보고, 당사자의 건강 상태를 가늠해 볼 수 있다.

오행	木	火	土	金	水
오장(五臟)	간(肝)	심(心)	비(脾)	폐(肺)	신(腎)
육부(六腑)	담	소장	위	대장	방광
오행 과부족 및 상극에 따른 질병 유발 부위	간 관련 쓸개 관련 신경계 관련 통증 관련	심장 관련 소장 관련 혈압 관련 시력 관련	비장 관련 위장 관련 당뇨 관련 피부 관련	폐장 관련 대장 관련 호흡기 관련 근골 관련	신장 관련 방광 관련 순환기 관련 생식기 관련

음양오행을 신체의 오장육부에 대비한 내용인데, 오행들 간의 관계에 따라 어떤 부위가 어약한지, 문제의 소지가 있는지 가늠할 수 있다. 가령 사주팔자 내에 목(木) 오행이 없으면, 간 관련 부위가 많이 약하여 쉽게 피곤하게 되고, 신경이 날카롭게 될 수 있는 소산이 있게 된다. 또 토(土) 오행이 많을 경우, 위장 장애와 피부트러블 등에 쉽게 노출될

수 있다는 것으로 볼 수 있다. 다른 오행들도 과부족에 따라 마찬가지로 본다.

오행의 과부족은 사주팔자 내에서 오행의 수가 1~2개 적정하며, 1개 이하는 부족, 3개 이상은 많은 것으로 대비하여 보면 되겠다. 오행 1개의 경우는 오행들 간의 상호 관계에 약하게도 적정한 수준으로도 나뉘어 볼 수 있는데, 상극의 구조로 오행이 1개로 구성되면 이때는 부족한 오행이 되며 문제의 소지를 가지게 되는 오행이 된다.

한의학(韓醫學)의 뿌리도 음양오행사상에 있다. 약의 처방이나 치료에도 음양오행의 기는 아주 밀접하게 관련되어 있고, 식생활 음식 등에도 음양오행의 기운을 참고한다. 일부에서는 선천적인 소질의 문제를 사주팔자에서 참고하기도 하는데, 선천적 생리와 병리를 가늠해서 후천적(생활습관 및 현재 건강 상태) 생리와 병리에 반영하여, 보다 포괄적인 진단과 치료로 연결하기도 한다.

작명할 때에도 특별한 경우를 제외하곤 사주팔자의 오행과 건강을 참고해 작명 오행을 배치할 수 있다. 단, 참고한다는 정도이지, 절대적이지는 않다. 왜냐하면 사주팔자 내에 오행이 한쪽으로 치우쳐 있는 경우라면 이미 사주팔자 상에서의 오행 구성으로 문제의 소지를 가지고 있는 것이 때문에. 작명오행으로 이를 해소한다는 것은 무리가 있는 얘기가 된다. 더불어 건강이라는 것이 사주팔자의 선천적인 내용도 있겠지만, 가족력이나 생활습관, 당사자가 처해 있는 환경 등에서 영향을 더 받을 수 있는 점도 참고해야 한다.

명리학에서 사주팔자를 보는 것이 추길피흉(追吉避凶-좋은 것은 따르고, 나쁜 것은 피한다)하기 위함인데, 사주팔자를 통해 가늠해 볼 수 있는 약한 곳이 있다면, 사전에 건강관리에 신경 쓰면 질병을 예방하는 데 더 도움이 되는 것으로 이해하면 좋겠다. 그럼에도 불구하고, 특별한 경우를 제외하고는 앞서 제시된 사주오행과 작명오행 배치 기준은 참고해도 된다. 음양오행 균형을 반영한 내용이기 때문이다.

※ 참고사항 3(사주팔자오행과 작명오행 배치의 다른 관점)

사주팔자에서 필요한 오행을 찾는데, 명리학 용어 중 하나인 용신(用神)과 희신(喜神)을 우선해서 작명에 반영해야 한다는 것이 있다. 쉽게 설명하면 통상 용신이라는 것은 사주팔자에서 꼭 필요하고, 발복(發福) 즉 좋은 기운을 주는 것을 용신이라고 한다. 희신은 용신을 도와 길함을 주고, 사주팔자 내에서 흉함을 제하여 주는 것을 희신이라고 한다. 이와 반대로 기신(忌神)과 구신(仇神)이라는 것이 있는데, 사주팔자에 좋지 않은 기운을 주는 것이 있다. 물론 각각의 내용에는 다양하게 적용하고 설명할 수 있는 내용들이 많이 있지만, 단편적으로는 이와 같이 얘기할 수 있다.

그런데, 사주팔자에서 좋은 글자와 오행이라는 것이 사주를 보는 사람으로 하여금 차이가 날 수 있다. 그 이유는 사주팔자를 보는 관점과 사주팔자의 이론의 차이에서 용신과 희신이라는 것이 다르게 제시될 수 있기 때문이다.

그럼에도 불구하고, 부족하고 필요한 것을 채우는 것에서는 일맥상통한다. 위에서 제시한 기준으로도 특별한 경우를 제외하고는 충분히 과부족을 해소하는 데 기여할 수 있다.

제 **4** 장

작명과
개명

성명학이란 내용에서 성명의 가치, 동양철학의 음양오행의 기에 대하여 알아보았고, 성명학의 원리에서 발음오행, 자원오행, 수리에 대해서 알아보았다. 그리고 사주팔자와 오행에서 오행을 배치하여 작명에 반영하는 방법도 살펴보았다.

실제 앞서 본 성명 원리만으로도 작명은 할 수 있지만, 사주팔자의 오행을 참고하는 것은 성명과 사주를 잘 맞추기 위함이다. 아무리 작명 상 좋은 이름이라고 하더라도, 사주팔자와 맞지 않으면 한여름에 두꺼운 점퍼를 입고 있는 거와 마찬가지다.

성명학상 아주 좋은 이름이라고 하더라도 앞서 비유처럼 한여름엔 아주 좋은 기능성 점퍼는 무용지물인 것이다.

작명의 행위를 의상 디자이너로 비유할 수 있겠다. 사람의 몸 치수를 재고(사주팔자 오행), 거기에 잘 맞는 옷감(오행)을 선택하고, 멋지게 옷을 디자인(발음오행 및 자원오행, 수리 배치)한다. 모델(당사자)에 따라 좀 더 어울리는 옷(성명)이 있을 수 있겠고, 개개인마다 체형이나 분위기(전체적인 조화)가 다를 수 있다, 더불어 의상 디자이너(작명하는 사람)의 스타일(취향과 방법)도 달라 작명은 아주 다양하게 제시될 수 있다.

때로는 모델 자체가 너무 좋아(작명의 대상자) 좋지 않은 옷(성명학상 좋지 않은 이름)을 입고 있다고 하더라도 사람으로 하여금 옷(성명)이 빛나기도 한다. 그럼에도 불구하고 작명한다는 것은 작명 대상자에게 좋고 훌륭한 기운(옷)으로 옷 태를 제대로 살려 사람을 더욱 빛나게 해주는 것이니, 쉽게 접근할 부분은 아니다. 신중함과 많은 노력, 책임감을 바탕으로 작명하는 것이 좋다.

1. 작명의 진행 방법 예시

실제 작명을 해보자. 아래에 제시되는 순서와 방법은 좀 더 효율적으로 작명할 수 있는 방법이다.

1) 사주팔자 오행 도출

작명하기 전 제일 먼저 선행되어야 하는 일이다. 만세력을 통해 사주팔자를 도출하고, 오행의 구성 상태를 파악한다.

2016년 10월 19일(양력) 06:00분에 태어난 사주를 예시로 들어보자.

사주팔자 오행 도출

사주팔자	오행	金	水	木	火	土
時 日 月 年 丁 甲 戊 丙 卯 戌 戌 申	사주오행	1		2	2	3
	발음오행					
	자원오행					
	오행개수(합)					

위와 같이 사주팔자와 오행을 도출하면, 어떤 오행이 필요하고, 보충할 것인지를 검토한다(필요한 오행과 보충할 오행은 최소 2개라는 기준을 정하고, 오행을 검토하면 좀 더 용이하다 - 사주팔자 오행과 작명 오행 배치 내용 참고).

2) 발음오행 도출

발음오행을 배치하기 전, 사전에 검토해야 하는 내용이 두 가지가 있다.

첫째, 항렬자(行列字) 다른 표현으로 돌림자를 적용해야 하는지 여부이다. 종손이나 집안의 내력을 중요시하는 가풍에서는 필히 집안 서열을 위해 항렬자를 배치해줘야 한다.

둘째, 친인척의 이름을 파악하고 있어야 한다. 최소 현재 살아 계신 집안의 어르신이나 친척분들과 이름이 같으면 곤란하다. 아버지의 성을 따르기 때문에 직계존속의 이름이나 함자가 동일한 이름이 되지 않도록 해야 한다. 이를 간과하면 자칫 호적이나 족보에 이름을 올릴 때 곤란한 상황이 생길 수 있다. 최소 직계의 조부(祖父-할아버지) 때까지는 검토하는 것이 좋다. 물론 사전에 파악하는 것은 힘들 수 있기 때문에 우선 작명을 하고, 비교를 통해 같은 이름이 있는지 파악해도 된다. 오히려 이게 더 효율적일 수 있다.

사전 검토가 선행되면, 사주팔자 오행을 바탕으로 발음오행을 검토해 볼 수 있는데, 우선 성씨의 오행이 무엇인지를 보고, 성씨 오행을 기준으로 상생되도록 배치하며, 다음으로 보충과 필요오행을 배치해 본다.

가령, 박(朴)의 성씨라고 한다면, 발음오행은 초성 'ㅂ' - 水와 종성 'ㄱ' - 木 두 가지이며, 보충 및 필요 오행상 금(金)-수(水)-목(木)이기 때문에 이를 상생시킬 수 있는 오행을 검토할 수 있다.

발음 오행 도출 예시

사주팔자	오행	金	水	木	火	土
時 日 月 年 丁 甲 戊 丙 卯 戌 戌 申	사주오행	1		2	2	3
	발음오행		1(초성)	1 (종성)		
성명후보: 박 미 진	자원오행					

수리배열	오행개수(합)					

발음오행 기준표를 보면, 필요한 오행과 초성과 중성, 종성을 포함에 이름을 살펴볼 수 있다.

발음오행(모음을 결합한 자음의 초성과 종성)					
오행	木	火	土	金	水
자음	ㄱ, ㅋ	ㄴ, ㄷ, ㄹ, ㅌ	ㅇ, ㅎ	ㅅ, ㅈ, ㅊ	ㅁ, ㅂ, ㅍ

사주팔자의 당사자가 남성인지, 여성인지에 따라 발음오행을 선택할 때 선택 방향이 다를 수 있다. 가령 여성일 경우로 본다면, 좀 더 여성스러운 어감이 될 수 있도록 발음오행을 선택할 수 있다.

여성이라고 할 때, 발음오행 조합에 따라 여러 이름이 만들어질 수 있다. 많은 이름 중 우선 필요오행이 금(金), 수(水)이기 때문에 미(ㅁ-水), 진(ㅈ-金, ㄴ-火)으로 했 다고 한다면, 성씨를 발음오행 기준으로 성씨 초성(ㅂ-水) - 상명자 초성(ㅁ-水) - 하 명자 초성(ㅈ-金)으로 水-水-金의 상생으로 배치되었다. 더불어 필요한 오행도 보 충될 수 있게 된다. 성씨 종성도 마찬가지인데, 종성(ㄱ-木)으로 기준해도 木-水- 金로 상생 배치가 된다. 초성이든 종성이든 상생의 연결이 되면 된다.

위의 내용으로 성명 박미진이라는 사주팔자 오행과 발음오행을 기준으로 이 름을 도출할 수 있다.

3) 수리배열표 참고

다음으로 성씨 획수를 기준으로 한 수리를 검토한다. 길한 수리를 배치하여 성명의 좋은 균형과 좋은 기(氣)를 주기 위함이다. 박(朴) 씨 성씨는 획수 6이다.

이 6획수를 기준으로 원-형-이-정의 획수가 전부 길한 수로 연결되는 수리는 아래와 같다.

6	6	6	6	6	6	6	6	6
1 10	1 17	1 32	2 5	2 9	2 15	2 23	2 27	2 29
10 1	17 1	32 1	5 2	9 2	15 2	23 2	27 2	29 2

6	6	6	6	6	6	6	6	6
2 33	5 10	5 12	5 18	5 26	5 27	7 10	7 11	7 18
33 2	10 5	12 5	18 5	26 5	27 5	10 7	11 7	18 7

6	6	6	6	6	6	6	6	6
7 25	7 26	7 32	9 9	9 23	9 26	9 32	10 15	10 19
25 7	26 7	32 7	9 9	23 9	26 9	32 9	15 10	19 10

6	6	6	6	6	6	6	6	6
10 23	10 25	10 29	11 12	11 18	12 17	12 19	12 23	12 27
23 10	25 10	29 10	12 11	18 11	17 12	19 12	23 12	27 12

6	6	6	6	6	6	6	6
12 29	15 17	15 18	15 26	17 18	18 23	25 32	29 32
29 12	17 15	18 15	26 15	18 17	23 18	32 25	32 29

성씨 한자의 획수가 6획이면, 상명자(중간 글자)의 한자 획수, 하명자(끝 글자)의 한자 획수로 나열되어 있다. 상기 표를 보고 앞서 발음오행으로 선택된 이름인 미-진의 한자 위주로 한자를 선택한다. 인명용 한자의 획수를 전부 검토해도 되지만, 다소 비효율적일 수 있으므로 한자 분포는 5~20획까지가 대략 70% 이상 차지하기 때문에 5~20 획수 사이의 구성을 위주로 한자를 찾으면 좀 더 효율적이겠다. 즉, 인명용 한자사전에서 한글 '미' 자를 찾아서 길한 수리를 위주로 찾고, '진' 자를 찾아서 길한 수리를 위주로 찾는다.

4) 자원 오행 및 자의(字意) 검토

인명용 한자사전에 획수에 따른 한자를 검토해 보고, 자원오행과 한자의 글자 의미는 무엇인지 살펴본다.

자원 오행 도출 예시

사주팔자	오행	金	水	木	火	土
時 日 月 年 丁 甲 戊 丙 卯 戌 戌 申	사주오행	1		2	2	3
	발음오행	1	2			
성명후보: 박 미 진	자원오행	1	1	1		
수리배열: 6 18 15	오행개수(합)	3	3	3	2	3

발음오행에서 최소 2개의 오행이 배치되어 필요충분을 확보했다. 자원오행은 보다 다양하게 적용시킬 수 있다. 사주팔자 자체에 없는 오행과 부족한 오행이 수(水)와 금(金)이기 때문에 이를 위주로 검토할 수 있다.

수리배열표를 참고하여 '미' 자를 찾아본 결과 18획에 해당하는 미(瀰-물 가득할 미) 도출했고, '진' 자를 찾아본 결과 15획에 해당하는 진(瑨-아름다운 돌) 도출했다.

성씨 박(朴)은 자원오행이 목(木)이고, 미(瀰)는 자원오행이 수(水), 진(瑨)은 자원오행이 금(金)이 된다(인명용 한자 사전 참고).

상기와 같이 발음오행을 선택하고, 수리를 배열하고, 자원오행을 찾아 배치함으로써 성명학적으로 아주 적합한 작명을 할 수 있게 되었다. 미진(瀰瑨)이라는 이름이 한자의 자의가 물이 가득하고, 아름다운 돌인데 이름 뜻으로는 물속의 아름다운 돌이 햇살에 더욱 빛나듯, "세상에서 빛을 내는 귀한 사람이 되라."는 뜻으로 이름을 풀이할 수 있다. **제시한 2), 3), 4)의 방법을 계속 반복하면서, 다른 이름들을 검토할 수 있다.**

※ 작명 진행 요령
- 사주팔자의 오행을 도출한다.
- 발음오행을 사주팔자의 필요오행 기준으로 최대한 다양하게 도출한다(사전 검토 - 집안의 돌림자, 친인척 이름 파악 선행).
- 수리배열표를 참고하여, 획수와 같은 한자를 검색 및 검토한다(성씨별 수리배열표 참고).
- 사주팔자 오행 및 발음오행으로 보충한 내용을 참고하여 자원오행을 검토한다(자의가 좋은 것을 우선한다).
- 좋은 이름을 도출하기 위해, 2번, 3번, 4번의 내을 반복 진행하여 다양한 이름을 도출한다.

※ 참고사항

제시된 작명요령을 바탕으로 작명하면 좀 더 효율적으로 할 수 있다는 이점이 있다. 그중 추가로 참고할 수 있는 내용이 있어 소개한다.

- 발음오행 관련

성씨가 기준이 되기 때문에, 성씨 기준으로 상생 배열을 검토하게 되면 상명자(중간 이름)에 매우 제한적인 배치가 될 수밖에 없다.

가령 김씨(초성 ㄱ-木, 종성 ㅁ-水)의 경우, 상명자에 초성에 ㅇ, ㅎ-土와 같이 배열은 상극이라 꺼리는 구조가 된다. 물론 종성에 상생 배열(ㄴ, ㄹ 또는 ㄱ)의 오행을 넣어줄 수 있으나, 발음상 어렵거나 어감이 좋지 않을 수도 있기 때문에 이런 경우는 土 오행이 꼭 필요한 경우라면 하명자(끝 이름)에 배치하는 방법을 검토할 수 있다.

예로, '희주'라는 이름이 있다고 한다면 김희주(초성 木-土-金)는 발음오행 상생배열상 맞지 않은 이름이지만, 상명자와 하명자의 위치를 바꾸어주면 김주희(종성 水-金-土)로 상생 배열을 할 수 있다. 상명자와 하명자의 위치를 바꾸어가면서 검토할 수 있는 것이다.

추가로 필요오행을 기준을 발음오행에서 우선 할 필요는 없다. 발음오행상 상생의 구조를 주는 이유는 발음상 꺾임 없이 자연스러운 연결구조에 있기 때문에, 필요오행을 기준으로 발음오행을 기준할 시, 오히려 어감이 좋지 않게 될 경우의 수가 생기게 된다. 필요오행은 자원오행에도 충분히 검토할 수 있으니, 발음오행의 작명 기준상 필요오행으로 작명 시 어감이 자연스럽지 못할 경우 상생 배열을 우선하여 작명하는 게 효율적일 수 있다.

- 필요오행 보충 관련

사주팔자 오행과 발음오행 및 자원오행을 배치함에 있어서, 최소 2개의 기준도 좋은 방법이지만, 경우에 따라서 1개 내지 0개로 배치할 수도 있다.

이는 이러한 배치는 전문가의 영역인데, 사주팔자 오행의 위치 구성상 사주팔자의 주인이 되는 일간(日干)의 힘이 충분히 강한 경우가 있다. 사주팔자의 용어에서는 이를 인성(印星)과 비겁(比劫)이라고 하는데, 이것이 월지와 시지로 위치가 구성되고, 이를 상생해주는 구조가 되는 경우는 최소 2개의 기준을 검토하지 않고 오행을 배치할 수 있다.

예시

시	일	월	년	내용
○	壬(水)	○	○	상기와 유사한 형태로 배치되면, 수(水) 오행을 꼭 2개
○	申(金)	申(金)	辰(土)	기준으로 배치할 필요가 없다.

    상기와 같이 사주팔자 구성이 된다고 하면, 水 오행 1개만으로도 충분하기 때문에 작명오행에서 水 오행을 검토하거나 배치하지 않아도 된다. 물론 金 오행도 충분하기 때문에 추가로 배치하지 않아도 된다(관련 사주팔자 오행과 작명오행 배치 내용 참고). 특별한 경우를 제외하고는 먼저 제시한 내용을 참고하면 된다. 두루 포괄하여 적용할 수 있는 내용이기 때문이다.

2. 실제 작명 예시

앞서 본 내용을 바탕으로 한 실제 작명 내용을 참고로 보자. 사주팔자 당사자의 개인 정보 상(Privacy) 생년월일, 사주팔자 정보는 공개하지 않음을 양해 드린다.

1) 사주분석 및 오행 도출

사주팔자(여아)	오행	火	土	金	水	木
時 日 月 年 水 金 木 水 火 水 土 火	사주오행	2	1	1	3	1
	발음오행					
성명: 성씨 김(金)	자원오행					
수리:	오행개수(합)					

작명의 당사자가 김씨(金氏)이고, 여자이다. 앞서 본 내용과 같이 작명을 한다. 우선 사주의 분석을 하게 되는데, 사주의 분석 내용은 아래와 같다.

똑똑하고 총명하며 다재다능한 재주가 많아 그 재주를 잘 살려 재물로 만드는 능력이 탁월한 사주로, 창의력이 돋보이며 계획력 또한 좋으니 사회에서 아주 촉망받는 인재로 잘살 수 있음이 엿보이는 부(富)함과 귀(貴)함을 동시에 찾아볼 수 있는 사주로 분석된다.

이에 따라 사주 당사자에게 좋은 오행의 기는 '목(木)-화(火)-수(水)'인데, 水 오행은 사주 상에 충분히 있음으로 작명을 할 적에 작명오행으로 꼭 목(木)-화(火) 오행이 들어가는 방향을 잡을 수 있다. 위 사주에서 목(木)-화(火) 오행은 부(富)함과 귀(貴)함을 나타내는 것으로 이 오행이 성명에 들어가게 하여, '부귀지명(富貴之名)'의 좋은 이름이 될 수 있도록 구성하는 것이 작명의 key-point가 된다. 그리고 작명 기준에서 제시한 내용도 함께 참고한다.

2) 발음오행을 검토한 이름

성씨가 김(초성 ㄱ-木, 종성 ㅁ-水) 씨이기 때문에 상생이 되는 구조가 되는 이름들을 검토해 본다.

발음오행 상생에 입각한 검토 및 도출된 이름	김도연(木-火-土), 김보경(木-水-木), 김지우(水-金-土), 김리나(木-火-火), 김리아(木-火-土), 김서희(水-金-土), 김지영(水-金-土), 김민정(木-火-土) 등

상기와 같이 상생의 배열이 되면서 다양한 이름들을 도출할 수 있다. 이들 중 '김도연'이라는 성명을 기준하여 다음 내용을 보도록 하자.

3) 수리의 배열

김(金)의 한자 획수는 8획이다. 9획에 대한 길한 수리 배합은 아래와 같다.

8		8		8		8		8		8		8		8		8	
3	5	3	10	3	13	3	21	3	30	5	8	5	10	5	16	5	24
5	3	10	3	13	3	21	3	30	3	8	5	10	5	16	5	24	5

8		8		8		8		8		8		8		8		8	
7	8	7	9	7	10	7	16	7	17	7	24	7	30	8	9	8	13
8	7	9	7	10	7	16	7	17	7	24	7	30	7	9	8	13	8
8		8		8		8		8		8		8		8		8	
8	15	8	17	8	21	8	23	8	25	8	29	9	15	9	16	9	24
15	8	17	8	21	8	23	8	25	8	29	8	15	9	16	9	24	9
8		8		8		8		8		8		8		8		8	
9	30	10	13	10	15	10	21	10	23	10	27	10	29	13	16	13	24
30	9	13	10	15	10	21	10	23	10	27	10	29	10	16	13	24	13
8		8		8		8		8		8		8					
15	16	15	24	16	17	16	21	16	23	24	33	27	30				
16	15	24	15	17	16	21	16	23	16	33	24	30	27				

　인명용 한자 사전을 보면, '도' 자에 대한 한자들과 획수들이 명시되어 있기 때문에 보다 쉽게 찾을 수 있다. 더불어 '연' 자에 대한 한자들과 획수들을 위의 표에 나와 있는 배합과 부합이 되는지를 살펴본다.

4) 자원오행과 자의 검토

　인명용 한자 사전에서 찾아본 결과 8-9-16획에 따른 도(度 법도 도-9획-자원오행 木), 연(燕 제비/연나라 연-16획-자원오행 火)을 확인하고 도출할 수 있다.

5) 검토 내용 확인

　이와 같이 도출된 '김도연'이라는 이름이 어떻게 사주팔자와 구성되고, 오행과 배치가 되며, 수리와 부합이 되는지를 보자.

사주팔자	오행	火	土	金	水	木
時 日 月 年 水 金 木 水 火 水 土 火	사주오행	2	1	1	3	1
	발음오행	1	1			1

김(金) 도(度) 연(燕)	자원오행	1		1		1
8 - 9 - 16	오행개수(합)	4	2	2	3	3

우선 발음오행의 구성이다.

ㄱ ㅣ	ㄷ	ㅇ ㅕ	ㄱ: 木, ㄷ: 火, ㅇ: 土
ㅁ	ㅗ	ㄴ	木 → 火 → 土: 상생

상생의 구조가 되면서 필요한 오행을 배치되었다. 발음 오행의 이름 풀이로는

木-火-土 : 욱일승천격(旭日昇天格)

매사 자연스럽게 성취해 나가며, 원만한 성품을 바탕으로 융통성과 처세술이 능해 하는 일을 성공으로 이끈다. 부모의 덕이나 상사의 도움으로 성공 발전을 누리게 되며 좋은 배우자와 자녀를 얻게 된다. 부귀영화가 뒤따르고 건강과 장수를 누린다.

다음 획수(수리)와 자원 오행이다. 획수를 바탕으로 자원오행을 찾았는데, 찾은 결과의 내용이다.

度 법도 도 – 9획 – 자원오행 木
燕 제비 연 – 16획 – 자원오행 火

수리배열에 따른 원-형-이-정의 내용을 보자.

'김 도 연' 수리 내용

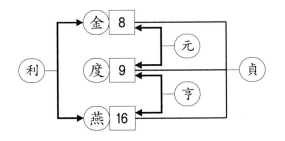

원(元): 8+9 = 17

형(亨): 9+16 = 25

이(利): 8+16 = 24

정(貞): 8+9+16 = 33

- 원(元): 17수 - 초년을 의미: 제세지재지상(濟世之才之象)

일찍이 뜻을 세워 의지가 강하며 어려운 일을 극복하며 강한 자신감으로 자립 대성하여 만인의 존경과 존중을 받을 수 있는데, 자주성이 좋지만 주변의 시기를 조심해야 함을 염두에 둬야 한다. 성공이 뒤따라 부귀 영달할 수 있음을 암시하는 좋은 수리다.

- 형(亨): 25수 - 청·중년을 의미: 원화소복지상(遠禍召福之象)

타고난 능력과 초년의 고생은 중년 이후의 성공에 확실한 밑거름이 되어 삶을 성공으로 이끌어낼 수 있고, 꾸준한 노력으로 만인에게 칭송받으며, 매사 진중하니 안팎으로 안정을 찾을 수 있다. 가정과 자손에게도 좋음을 암시하는 길한 수리다.

- 이(利): 24수 - 노·장년을 의미: 무망지복지상(毋望之福之象)

처음은 매사 안정되지 못하고 변화를 추구하지만, 타고난 능력을 바탕으로 우연한 기회를 잡아 성공으로 이끄는 묘한 수가 있을 수 있고, 성공 이후에도 의외의 행운이 함께해서 좋을 수 있지만, 만일 정도를 지키지 않으면 결국 허사가 될 수 있으므로 주의만 한다면 좋음을 암시하는 길한 수리다.

• 정(貞): 33수 - 말년 및 인생 총운을 의미: 욱일승천지상(旭日昇天之象)

타고난 능력을 바탕으로 매사 과감하고 결단성으로 성과를 이끌어내니 만인의 부러움과 함께 성공할 수도 있고, '과유불급'만 주의하면 아주 좋으며, 주변과의 소통에도 신경 써주면 좋다. 부귀 영달하니 가정과 자손에게도 좋은 영향을 줌을 암시하는 길한 수리다.

이와 같이 발음오행, 자원오행을 균형 있게 배치함과 동시에 수리도 좋은 배치를 하였다. 여기에 이름이 가지는 뜻도 좋아야 하니 그 내용을 보자.

• 이름 뜻(字意)

度(법도 도)는 뜻처럼 법칙과 규범, 규정, 규율 등 반듯하고 모든 것의 기준이 됨을 의미한다. 여기에 燕(제비 연)은 날아다니는 새 제비(길조)의 의미도 있지만, 중국의 춘추전국시대의 '연나라'라는 국호에서도 그 한자의 기원을 찾을 수 있다. 전국 7웅이라는 큰 영향력을 가지는 나라였는데, 그 연나라의 모습이 아름답고 살기 좋은 곳이었으나, 진시황제에게 병합되는 역사적 사실을 가지고 있는바, 진시황제는 법가의 사상을 기준으로 나라를 정비하여 나라를 부강하게 한 만큼, 연나라가 법의 기준을 보다 강화했다면 진시황의 진나라에 버금가는 아주 좋은 나라가 되었을 것이라고 볼 수 있기에 그 찬란한 나라에 좋은 법이 함께 함으로 보다 좋은 나라, 그리고 이름의 뜻도 만인에게 모범이 되는 훌륭한 사람이 되는 의미로 설명할 수 있게 된다.

그래서 연나라의 아름다움이란 뜻과 함께 함께 있어 만인을 감싸주는 규율을 얘기하는바, "만인에게 모범이 되는 아름다운 사람이 되라."는 의미가 되는 것이다. 이와 같이 작명을 할 수 있다. 더불어 위의 도연(度燕)이라는 이름은 스토리(story)가 있는 이름이기 때문에 더욱 특별하다.

이름의 당사자인 도연이가 앞으로 성장함에 다양한 진로와 사회의 중추적 역할을 하는 인재로 거듭나는 데 있어서, 만일 중국과 국제적 교류를 한다면, 중국에서 비즈니스적인 일을 수행할 때 본인의 이름으로 이야기를 풀어 갈 수도 있을 것이다.

한자를 본인이 직접 멋지게 써나가면, 그 글자를 보는 사람이 이름의 뜻을 물어볼 수도 있을 텐데, 연(燕)이라는 글자가 제비 길조(吉鳥)의 의미와 연경(燕京 베이징의 옛 이름)의 대도시의 글자라는 것으로 이름 하나만으로 이야깃거리를 들 수 있고, 거기에 도(度)라는 모범이라는 글자까지 더 하니, "만인에게 모범이 되는 아름다운 사람이 되라."는 뜻으로 지어진 이름이라고 얘기한다면, 공감대와 함께 이름 하나로 다른 사람에게 강하게 어필되는 것이다. 잘 지어진 이름(작명)은 두루두루 가치 있게 쓰일 수 있으며, 이름의 당사자를 더욱 빛나게 한다.

3. 개명

개명(改名-이름을 바꾸는 짓)한다는 것은 최초의 이름이 문제가 있어서 새롭게 작명을 한다는 것인데, 개명의 이유도 다양하게 있을 수 있다.

통상 개명을 하게 되는 이유는 놀림감이 되는 이름이라 실생활에서 본인의 이름을 떳떳하게 말하지 못하는 경우와 본인의 이름이 마음에 들지 않아서, 성명학상 좋지 않은 이름에 해당해서, 개인 사정 등 크게 서너 가지의 경우다.

물론 본인의 이름이 부모님이나 조부모님 등 집안의 어르신이 각별히 신경 써 주신 이름도 있겠지만, 김샌다. 조진년, 강도야, 인분, 피바다 등의 이름은 납득하기 어렵고, 왜 이런 이름으로 지어 주었을까 생각이 든다.

특별한 경우를 제외하고 보통의 사람들은 본인이 위의 이런 놀림감이 되는 이름이라면 당당히 내세울 수는 없을 것 같다. 이런 이름들은 당연히 개명을 검토해 봐야 하는 이름이다.

본인의 이름이 마음에 들지 않는 이유는 대부분 놀림감이 되는 어감의 이름이라든지, 발음이 어려운 경우와 성명학상 좋지 않은 경우를 포함하는 것이 대부분이다.

당연히 본인의 이름이 너무 마음에 들지 않는다면 이런 경우에는 개명하는 것이 옳다. 왜냐하면 평생을 가지고 있어야 하는 이름을 본인이 잘 쓰지 않고, 본인 스스로가 내버려 놓는 이름이라면 있으나 마나 하기 때문이다. 그런데 역술가나 타인이 본인의 이름에 "좋지 않네, 나쁘네." 하여 정말 내 이름이 나쁜 건가 하는 생각이 들어 고민되는 상황이라면, 이는 충분히 내용을 인지하고 개명을 검토해야 한다.

이런 경우에 검토할 수 있는 개명을 조건을 제시해 본다. 물론 설명할 내용이 절대적이지는 않다. 필자의 개인적 판단을 기준으로 얘기하는 것이기 때문에 개명을 검토하고 있다면 충분히 내용을 살펴보고 판단하여 행하였으면 한다.

개명은 쉽게 볼 문제가 아니다. 더불어 본인 마음 상태만으로도 바꾸고 할 문제도 아니다. 개명하기 전의 살아온 이름을 버리고 새것으로 바꾸는 것이고 완전히 다른 사람으로 태어나는 것과 마찬가지이기 때문에, 지금까지 기존 본인의 이름으로 인증해온 모든 것들을 완전히 바꾸어야 하며, 개명하게 되면 법원의 인가도 받아야 한다. 그럼에도 불구하고 개명을 하고자 한다면, 개명의 효과를 꼭 누릴 수 있도록 해야 하고, 신중과 함께 많은 검토를 해야 한다.

> 개명의 효과: 자신감이 생기고, 답답했던 운이 좋게 열린다.

1) 본인에게 맞추어진 이름

성명학상 일부의 결점이 있는 이름이라고 하더라도 본인에게 맞추어져 있는 경우라면 개명까지는 검토하지 않는 것이 좋겠다.

가령 이름을 옷으로 비유할 때 지금의 이름이 반팔 티셔츠에 구멍이 난 옷이라고 하자. 물론 일반 반팔 티셔츠에 비하면, 당연히 결점이 있고 불량품의 옷이지만, 입는 사람이 인물도 좋고, 옷 태가 좋아 구멍 난 티셔츠가 오히려 멋있어보이는 경우가 있다. 이런 건 본인이 이름을 빛나게 하는 경우에 해당한다.

성명학상 이름의 결점이라고 함은 발음오행의 구조가 상극의 구조이거나, 한자의 획수 배열이 흉한 수리배열일 때, 사주팔자와 작명오행이 조화되지 않을때를 말한다.

그림의 경우와 같이 결점이 있는 옷이지만, 사람으로 하여금 가치 있게 빛나고있다면, 설사 성명학상 나쁜 이름에 해당한다고 하더라도 본인이 이름을 빛나게하고 있기 때문에 개명하지 않는 것이 좋다. 오히려 평범한 반팔 티셔츠로 바꾸어서 기존의 특별함을 잃어 기존보다 못한 경우나 개명의 효과를 못 보는 경우가 생기기 때문이다.

성명학상 좋지 않아도 본인에게 맞추어진 경우

- 발음오행이 상극 구조이나, 발음오행 구성이 사주팔자와 잘 부합이 될 때
- 자원오행이 사주팔자와 잘 부합이 될 때
- 수리가 흉수를 포함하나 3개 이상 길수로 연결될 때
- 자의가 본인의 일과 잘 부합이 될 때

여러 가지 변수가 있을 수 있다. 개명을 검토하고자 한다면 다음에 제시하는 개명을 조건을 검토해 보고 개명하는 것이 좋을지, 지금의 이름을 계속 쓰는 것이 좋을지를 판단해 보자.

4. 개명의 조건

아래의 개명 조건에 점수를 배정해 보고, 50점 이하가 되면 개명을 검토해 볼 수 있다.

항목	점수 배정	세부사항
발음오행	15점	사주팔자 부합: 7.5점 / 발음오행 상생 여부: 7.5점
자원오행	10점	사주팔자 부합: 10점
발음 편의성 및 자의	10점	한글 이름 발음의 용이성: 5점 이름이 가지는 의미와 뜻: 5점
수리배열	15점	원형이정 길수 4개 15점 / 원형이정 길수 3개 10점 / 원형이정 길수 2개 5점 / 원형이정 길수 1개 이하 0점
본인 의사	50점	본인 이름이 마음에 들 때 50점 / 만족도 아니고 불만도 아닌 상태 25점 / 마음에 들지 않을 때 0점
점수 합계	100점	성명학적 내용 50점 + 본인 의사 50점 = 합계 100점

각각의 항목에 점수배정은 절대성을 지니고 있지는 않고, 어디까지나 참고로만 볼 수 있는 내용이다. 본인 의사에 가장 큰 비중인 50점을 배정하는 이유는 성명학상 아무리 좋은 배치이고, 좋은 이름이라고 하더라도 본인 마음에 들지 않아 잘 쓰지 않는 이름이 된다면 성명학상 좋은 의미는 퇴색되어 버린다.

각 항목의 내용들을 세부적으로 보자.

1) 발음오행

총 15점을 배정하고 사주팔자의 오행과의 부합성을 약 7.5점으로 배정, 발음오행 상생 여부에 약 7.5점을 배정한다. 여기서 사주와의 부합성은 앞서 작명 예시에서 오행 도출을 통해 오행 배치를 통한 균형 있는 배치인지를 보고 판단할 수 있다.

자원오행과 함께 균형 있는 오행 배치가 된다면 7.5점을 부여하고, 균형이 되지 못할 경우는 점수를 가감하되, 편의상 0점으로 배정할 수 있다(초성과 종성 모두 포함하여 참고할 것).

발음오행 상생 여부는 상명자(중간 이름)와 하명자(끝 이름)가 상생할 경우는 4점을 부여하고, 전부 상극일 경우는 0점으로 배정한다.

오행 도출표 예시

	오행	金	水	木	火	土
사주팔자	사주오행					
	발음오행					
	자원오행					
	오행개수(합)					

2) 자원오행

발음오행과 함께 균형 있는 오행 배치가 된다면 15점을 부여하고, 균형이 되지 못할 경우는 점수를 가감하되, 편의상 0점으로 배정할 수 있다.

3) 발음의 편의성 및 자의

발음의 편의성은 한글의 음운규칙에 따른 두음법칙, 연음법칙, 자음동화, 비음화 등 현상으로 명확한 이름 전달이 안 되는 경우에 점수를 가감한다. 본인 이름을 남에게 알려줄 때 한 번에 못 알아들으면 발음의 편의성이 다소 떨어지는 것으로 보면 되겠는데, 가령 본인의 이름이 '최민아'라고 하면, 발음하는 사람에 따라 들리는 사람에게는 '채미나'라고 들릴 수 있다. 최고할 때 '최', 대한민국할 때 '민', 아이 할 때 '아'라고 해야 '최 민 아'로 알아듣는 경우를 예로 들 수 있겠다. 하지만 정확한 발음을 구사하면 정확히 최민아로 들린다. 이는 어디까지나 발음하는 사람의 언어습관에 달려있다. 이는 본인 판단하에 점수를 배정하면 되겠다.

자의는 이름이 가지는 뜻인데, 한자의 뜻이 여러 가지를 내포하고 있다. 내포하고 있는 뜻 중 기본적으로는 좋은 뜻을 취용하여 이름의 뜻으로 본다. 가령 민(忞-힘쓸 민)의 경우 대표적인 뜻은 힘쓰다, 노력하다 이지만, 어둡다, 잘 이해되지 않는다 등의 의미도 가지고 있다. 일부러 나쁜 뜻을 가지고 자의를 해석할 필요는 없다. 목표나 좋은 곳에 힘쓰고 노력하는 의미로 보면 된다.

그런데 이 민(忞-힘쓸 민)에 아(兒-아이 아)를 붙여서 쓴다면 이거는 좋은 자의를 표현하기엔 다소 무리가 있다. 아(兒)는 아이, 아기, 어린 사람, 연약한 등의 뜻인데, 민아(忞兒)는 '힘쓰는 아이, 용쓰는 아이, 어둔한 아이'로 뜻할 수밖에 없다.

그러나 이름을 작명한 사람이 아이 아(兒)를 순수(純粹-섞임이 없는 깨끗한)한 사람이라고 의미를 정하고, '순수함에 힘쓰는 사람'이라 하여, '민아'라고 작명을 했다면, 그때는 이 뜻을 받아들이면 된다.

한자는 여러 가지 뜻이 있으니, 여러 가지로 이름 뜻을 헤아려보고, 좋고 나쁨으로 점수를 배정한다. 자의는 기본적으로 긍정적이고 좋게 보는 것이 우선이다.

4) 수리배열

　수리배열의 원-형-이-정(수리 내용 참고)의 수리배열이 하나가 흉한 수리에 해당한다고 하더라도, 나머지 수리가 길한 수리면 하나의 흉수는 흉함이 가감된다. 즉 전화위복(轉禍爲福)의 흉변길(凶變吉)이 되는 것이다.

　단, 총운에 해당하는 '정'(성씨+상명자+하명자 합수)이 흉수라면 나머지 '원-형-이' 수리가 길수라고 하더라도 흉함이 증감될 수 있음은 감안할 필요는 있다. 이런 경우엔 5점을 배정할 수 있다. 그 외는 제시한 기준을 참고하면 된다.

5) 본인 의사

　실질적으로 본인 의사가 가장 중요하다. 성명학적으로 좋지 않다고 하더라도 본인이 마음에 들고, 부모님이나 집안 어른이 심사숙고해 지어 주신 이름이라 자부심이 있다면 성명학적 내용에 얽매일 필요가 없다. 앞서 언급한 본인에게 맞추어진 이름이기 때문이다. 본인 이름의 만족도를 점수에 배정한다.

　위와 같이 점수를 배정해 보면 보통은 50점 이상 점수가 배정될 것이다. 만일 50점 이하로 배정된다면 전문가의 도움을 받아 충분히 협의해보고 개명을 검토해 보면 좋겠다.

5. 개명의 효과

통상 성명학적으로 좋지 않은 이름이 되면 이름의 좋지 않은 기운을 계속 받고 있는 것이라 본인 스스로가 이름에 대한 만족도가 떨어진다. 물론 개인마다 정도의 차이는 있다. 인지를 못하는 경우도 있고, 직접적으로 절감하는 경우도 있다.

인지를 못하고 있다는 것은 성명의 좋지 못한 기운 때문에 나 자신이 안 좋은 것인지, 운(運) 때가 맞지 않아서 안 좋은지 구분이 안 되는 경우다. 이때는 성명학적 접근보단 사주팔자와 현재의 운, 현재의 상황을 먼저 검토할 필요가 있다. 그리고 성명학적 내용을 살펴보아 경중을 헤아려보는 것이 좋다.

직접적으로 안 좋음을 절감하는 경우라면 사주팔자와 현재의 운, 현재의 상황을 검토해 보아, 이것이 전혀 문제가 되지 않는 상황에서 좋지 않음이 몸소 느껴지는 상황이라면 성명에서 주는 영향이 크다고 볼 수 있다.

이런 경우에 성명학적 내용을 살펴보고 좋은 방향으로 개명하게 되면, 개명의 효과를 크게 누릴 수 있다. 하지만 개명의 효과를 누리지 못하는 경우도 있다. 즉, 개명할 필요성까지는 없었는데 개명하고 개명의 효과를 못 누리는 경우다.

1) 개명의 효과를 못 누리는 경우

- 기존 성명이 앞서 언급한 이미 본인에게 맞추어진 상태에서 일부만 수정해 개명할 때
- 성명의 기운보단 사주팔자의 운(運) 때의 영향을 더 받는 상황에서 개명할 때
- 기존의 개명 전 성명과 개명 후 성명을 혼용해서 쓰는 상황일 때

쉽게 말하면, 개명의 필요성이 떨어지는 가운데, 이름보단 사주팔자의 운기를 더 영향을 받고, 본인이 스스로가 능동적(적극적)이지 못한 상황(이것도 아니고 저것도 아닌)이라면 개명을 해도 개명의 효과를 누리지 못한다.

2) 개명의 효과를 누리는 경우

- 사주팔자의 운(運) 때보다 성명의 나쁜 기운을 더 받는 상태에서 개명할 때
- 기존의 폐단 등을 버리고, 새롭게 시작하고자 하는 의지가 강한 상태에서 개명할 때
- 개명한 이름을 본인과 주변에서 적극적으로 불러줄 때

본인을 나타내는 가장 중요한 요소인 이름을 바꾸는 것이 완전히 기존과 다른 사람으로 탈바꿈 것인데, 좋은 기운을 활용하고 본인 스스로가 적극적으로 변화하여 본인의 이름을 어필한다면 기존의 이름은 사라지고 새로운 이름의 사람으로 다시 태어나는 것과 마찬가지이므로 개명의 효과를 크게 누릴 수 있다.

사주팔자의 천운(天運)을 볼 때도 중요한 요소인데, "하늘은 스스로 돕는 자를 돕는다."고 개명도 마찬가지다. 본인의 적극성이 따라주면 좋다.

※ 개명 검토 시 참고사항
- 사주팔자의 운(運) 때를 우선 참고한다.
- 개명 조건에 점수배정을 해보고, 성명학적 내용을 참고한다.
- 사주팔자 운 때와 성명학적 내용을 종합해 개명 판단과 진행 시기, 방법 등을 조율한다.
- 본인에게 맞추어진 이름이라면, 적극적으로 개명을 검토할 필요는 없다.
- 그럼에도 불구하고 개명을 진행할 시, 개명의 효과를 볼 수 있도록 본인 스스로가 적극적으로 노력한다.

※ 참고사항

- 순우리말 한글 이름 작명

본 책에서는 한글과 한자를 결합한 성명에 대한 내용을 위주로 설명되어 있다.

※ 순우리말 한글 작명 기준

- 순우리말의 뜻에 오행의 기(氣)가 있다. 이를 참고하여 사주팔자에 필요한 오행을 기준으로 순우리말을 선택한다(앞서 살펴본 한자의 자원오행 개념이다).
- 발음오행의 필요보충 오행 기준을 우선하고, 상생기준을 다음으로 참고한다(필요보충오행이 충족하면서, 상생기준이 되면 금상첨화이다).
- 한글은 획수를 고려하지 않는다(한글은 발음과 소리문자이기 때문에 한자와는 다르게 획수에 의미를 두지 않는다).

작명하는 사람의 기준으로 순우리말로 작명을 원하는 경우도 있을 수 있기 때문에 순우리말 작명에 대한 설명을 소개한다.

순우리말 이름의 작명도 작명 기준에 따른다. 이름 선택에 있어서 상생의 기준에 부합이 되는 않는 경우도 있을 수 있는데, 너무 상생 배열에 얽매일 필요는 없다. 앞서 발음오행과 작명, 개명의 내용에서 언급한 바처럼, 이름에 있는 발음오행과 자의의 오행이 잘 어울리고 조화되는 것이 더 중요한 것이다.

가령, 마루(산등성이나 높은 곳, 꼭대기 등을 의미)는 순우리말 이름을 보자. 발음오행상 마(ㅁ-水), 루(ㄹ-火)의 상극 배열이지만, 사주팔자의 오행과 대비하여 水, 火 오행이 필요한 경우라면 충분히 검토할 수 있다.

이름의 뜻(자의)이 높다, 높은 곳을 의미하기 때문에 자의 상의 오행은 火와 土의 오행의 기운을 가진다. 즉, 마루에 담긴 작명 오행은 수(水), 화(火), 토(土)가 있게 되는데, 이 오행이 사주팔자 오행과 잘 부합이 되는 오행이라면 마루는 좋은 이름 선택이 되는 것이다.

순우리말 이름 뜻(자의)에 따른 오행

오행	자의	예시
목(木)	청(靑), 푸른색, 식물 관련, 생명 관련, 의복 관련, 바람 관련, 인(仁-어질 인) 관련 등	바름 - 어짊을 의미 푸름 - 청색을 의미
화(火)	적(赤), 붉은색, 빛 관련, 따뜻함 관련, 날개(비상) 관련, 높음과 관련, 예(禮-예도 예) 관련 등	나래 - 비상이라는 의미 빛나 - 밝음이라는 의미
토(土)	황(黃), 노란색, 지역이나 지명 등의 땅 관련, 중심 관련, 성실함 관련, 신(信-믿을 신) 관련 등	가온 - 중심이라는 의미 누리 - 세상, 세계를 의미
금(金)	백(白), 흰색, 보석 관련, 예리함 및 집중 관련, 강인함 관련, 의(義-옳을 의) 관련 등	힘찬 - 강인함을 의미 세찬 - 힘이 센 것을 의미
수(水)	흑(黑), 검은색, 물 관련, 시원함 관련, 심오함 관련, 지혜와 관련, 지(智-슬기 지) 관련 등	슬기 - 지혜를 의미 이슬 - 물을 의미

위의 표와 같이 자의를 가지고 오행을 지정할 수 있다. 물론 위의 내용이 전부는 아니다. 다양하게, 복합적으로도 자의에 따라 오행이 나올 수 있다.

가령, '해솔'이라는 이름의 경우는 태양을 나타내는 '해'와 소나무를 나타내는 '솔'이 결합한 경우인데, '해솔'의 자의상 오행은 화(火) 오행와 목(木) 오행이 결합되어 있는 것이다. 또 다른 예로는 '미르'라는 이름의 경우는 용(龍)을 뜻하는데 용은 자의상 오행은 토(土)가 된다(한자 자원오행 참고). 위의 내용 이외에도 오행은 다양하게 도출될 수 있다.

이와 같이 순우리말 이름으로 작명하고자 할 경우, 한글사전이나 순우리말 사전 등을 참고해서 좋은 의미를 지닌 순우리말을 찾아 이름으로 삼을 수 있다.

- 상호(商戶) 작명

사업을 목적으로 하는 사업장의 이름도 지금까지 살펴본 내용을 바탕으로 작명할 수 있다. 상호를 작명하기 위해선 마케팅 요소와 사업 아이템을 고려하고 사업을 영위하는 대표자의 사주팔자의 기운을 고려해 작명한다.

성명학적 내용을 바탕으로 상호를 작명할 수 있으나, 전문성을 가지고 상호를 작명할 때에는 사주명리학에 쓰는 용어로 '재기통문호(財氣通門戶)'라 하여 "재물의 기운이 집문으로 통한다." 즉, 재물이 나에게로 들어오게 하는 오행을 기준으로 상호를 작명한다.

이러한 작명은 전문가의 영역이라, 전문가에게 위임하고 작명된 내용에 대한 설명을 듣는 것도 좋은 방법이지만, 본인이 직접 작명하고자 할 경우 '재기통문호'가 되는 오행이 무엇인지를 상담을 통해 파악하고, 작명의 기준에 따라 상호작명을 하면 된다.

※ 상호 작명 기준
- 사업을 영위하는 대표자의 사주팔자 분석을 통해 '재기통문호(財氣通門戶)'가 되는 오행을 파악한다.
- 파악된 오행을 기준으로 발음오행과 자원오행(자의)을 바탕으로 작명한다.
- 발음오행과 자원오행(자의)을 검토할 시, 사업 아이템과 연관성이 있는 것을 위주로 한다.
- 한자 상호일 경우 수리의 내용도 함께 참고한다.
- 영어 상호도 발음오행과 자의(자원오행)를 참고하여 작명한다.

한글이나, 한자를 포함하는 상호로도 작명할 수 있는데, 영어 이름도 상호로 작명할 때 참고할 수 있다.

가령, 사업 대표자가 재물과 관련 오행이 화(火)와 관련이 있다고 한다면 영어로는 하이(high: 높은)와 탑(TOP: 최고)과 같은 단어 등을 선택할 수 있고, 재물과 관련된 오행이 목(木)과 관련되어 있다면 블루(blue)나 그린(green)과 같은 단어 등을 선택해 상호에 반영할 수 있다.

더불어 사업 아이템과 사업업종에 따른 발음오행과 자원오행을 검토하여 상호에 반영할 수 있다.

- 아호(雅號)와 예명(藝名) 작명

호(號)는 학인이나 문인, 예술가, 저명인사 등 특정 분야에서 존경받는 위치에 오른 사람이 가지는 영예(令譽)인데, 높여 부르는 말이 아호(雅號)이다. 통상 호(號)는 필명(筆名)이라고도 하고, 흔히 인터넷에서 쓰는 닉네임과 본인 이름 이외 쓰는 예명도 일종의 호라 할 수 있다.

호는 타인이 붙여 주기도 하지만, 본인 스스로가 자작(自作)하기도 한다. 조선 시대의 경우는 호를 스스로 자작할 때 스스로를 낮추어 부르는 것이 보통이었고, 자신의 의지나 뜻을 반영하는 것이 대세였다. 때로는 자연이나 지역의 특성을 반영하기도 했다.

대표적인 예가 '퇴계' 선생과 '율곡' 선생이다. 퇴계(退溪)의 자의는 '시골로 물러난다.'로 중요 직책이나 명예 등에 얽매이지 않고, 귀향하여 후학 양성 및 안빈낙도의 삶을 목표로 하겠다는 의지가 반영된 아호이다.

율곡(栗谷)의 자의는 '골짜기의 밤나무'로, 고향의 지명을 나타내는 말이다. '율곡'이라는 지명의 사람이라는 지역 특성을 반영한 아호이다. 우리가 아는 율곡 이이 선생은 석담(石潭)·우재(愚齋)라는 호가 있었으며, 돌아가시고 난 후 받는 시호로 문성(文成)이 있다.

조선 시대는 통상 타인이 붙여 주는 호는 존귀함과 높임으로 짓는 것이 보통이며, 본인이 자작하는 경우는 본인 스스로를 낮추는 경우가 보통이다. 지금은 21세기이니, 조선 시대의 관습을 그대로 답습할 필요성까지는 없다고 생각한다. 자신의 뜻이나 이상 정도를 반영하여 자작해도 되겠다.

예명은 문화예술계통 분야에서 본인의 본명을 대신하는 일종의 가명(假名)인데, 보통 연예인이나 예술인들 사이에서 본인 특색을 반영하거나 특별함, 세련미, 현대적 감감 등 여러 요소를 감안하여 지어지고 불린다.

아호나 예명을 지을 때도 성명학적 내용으로 작명할 수 있지만, 권유할 수 있는 정도이지 꼭 참고해야 하는 내용은 아니다. 본인 성명이 우선이기 때문이다. 단, 본인 성명보단 호나 예명이 더 많이 불리는 경우라면 성명학적 내용을 참고하여 짓는 것이 좋다.

전제는 세상 모든 것에는 기(氣)가 있는데, 불리는 호(號)도 이러한 기(氣)를 가지고 있음이니, 이 기가 나에게 좋은 기운이나 나쁜 기운으로 다가올 수 있음이다. 앞서 언급된 작명의 내용들을 바탕으로 아호나 예명을 작명하면 된다.

제 5 장

발음 오행 및
오행 상생 해설

1. _木오행 순

1) 목-목(木-木)

① 木-木-木: 호사다마격(好事多魔格)

좋은 일이 있으면, 나쁜 일도 따르는 법이라 부모·형제간의 유정함으로 위기를 잘 극복해 성공을 이룰 수 있고, 곧은 성품으로 주위의 신망이 두터워 존경받아 입신양명할 수 있으나, 기쁨과 슬픔이 반반이다.

② 木-木-火: 자수성가격(自手成家格)

두뇌가 총명해 탄탄한 기반 위에서 순풍에 돛단 것처럼 순조롭게 성공하며 입신양명하여 만인의 부러움을 받는다. 부모의 여덕이 있고, 가정적으로도 착실한 성품이라, 자손까지 번창하는 부귀영화를 누릴 수 있다.

③ 木-木-土: 평지풍파격(平地風波格)

의지가 강건하고, 근면 성실하여 성공은 할 수 있으나, 매사에 고초와 힘이 많이 들어가고, 매사가 순조롭지 못하여 고통을 받는다. 윗사람의 도움을 기대할 수 있으나 근근득실하기 때문에 자수성가해야 하고, 중장년에 풍파가 많아 가정 운이 불안하다.

④ 木-木-金: 급전직하격(急轉直下格)

진취적인 기상이 돋보이지만, 고난이 함께하기 때문에 성공은 불확실하고, 금전적인 손실이 발생해 고통받을 수 있다. 윗사람의 도움을 기대할 수 있으나 지나친 완고함으로 무산될 수 있고, 부부간 정이 부족해 불화가 있게 되며, 이로 인해 부모·형제간의 불화도 있게 된다.

⑤ 木-木-水: 대기만성격(大器晚成格)

매사에 노력형으로 일시적인 어려움이 찾아온다 하여도 극복해 나가며 결국 성공하게 되는 대기만성형이다. 재운과 명예운도 좋아 성공과 발전이 함께한다. 부모·형제의 화목과 자손이 번창하며, 명예가 사방에 떨치고 재물을 쌓으며 일생이 평탄하다.

2) 목-화(木-火)

① 木-火-木: 입신양명격(立身揚名格)

윗사람의 신망이 두텁고, 인덕이 있어 매사에 순조롭게 발전하여 성공하며 부모·형제의 음덕이 있고 부부가 백년해로하니 일평생 부귀영화를 누린다. 만사형통이라 경영하는 일이 잘되며, 기초가 튼튼하여 입신출세하고 재물을 모아 장수하고 인생이 평탄하다.

② 木-火-火: 만화방창격(萬化方暢格)

조급함으로 일시적인 좌절이 있을 수 있으나, 그 좌절이 성공의 발판이 되어 결국 성공으로 삶을 이끈다. 부모·형제의 덕과 주변의 인덕으로 발전하며 부부 운도 평길하니 부모·형제 화목하고, 가정 운이 좋기 때문에 순조로이 발전한다.

③ 木-火-土: 욱일승천격(旭日昇天格)

매사 자연스럽게 성취해 나가며, 원만한 성품을 바탕으로 융통성과 처세술이 능해 하는 일을 성공으로 이끈다. 부모의 덕이나 상사의 도움으로 성공 발전을 누리게 되며 좋은 배우자와 자녀를 얻게 된다. 부귀영화가 뒤따르고 건강과 장수를 누린다.

④ 木-火-金: 영고성쇠격(榮枯盛衰格)

일시적으로 성공은 있으나, 의지가 약하고 지속력이 없어 그 성공을 오래 지키지 못하니 초년과 중년의 안락함이 아쉽다. 세월의 무정함에 말년이 외롭고 부모·형제, 배우자와 불화하여 삶에 풍파가 많다.

⑤ 木-火-水: 용두사미격(龍頭蛇尾格)

시작은 좋으나 끝이 좋지 않아 매사 용두사미가 되어 만족스럽지가 못하다. 한때 윗사람의 도움으로 성공할 수도 있으나 의외의 재난과 풍파로 성공을 이어갈 수 없다. 때문에 부부 운이 불화하고 자손과의 관계가 소원하게 되어 말년이 외롭다.

3) 목-토(木-土)

① 木-土-木: 풍전등화격(風前燈火格)

주변을 둘러보아도 도와줄 사람이 없고 바람 앞에 등불이니, 매사 힘들게 일을 함으로 성공하기가 쉽지 않다. 의지는 있으나 끈기가 부족하고 욕심이 많아 일의 시작은 빈번하나 결과가 없게 된다. 부모·형제의 인연이 박하고, 부부간의 인연도 없어 갈등이 많고 삶에 풍파를 많이 겪는다.

② 木-土-火: 고진감래격(苦盡甘來格)

매사 힘든 경쟁과 어려움이 있지만, 이를 넘어서면 곤궁함이 없는 여생을 보낼 수 있다. 초년 운이 고달파 부모·형제간의 인연이 적어 초년을 고독하게 보내고, 매사가 진전이 없어 힘이 들지만, 중년 이후 조금씩 나아지며 부부간의 애정이 돈독하고 자녀의 효성은 지극하다.

③ 木-土-土: 사상누각격(砂上樓閣格)

초년의 어려움으로 매사 힘든 과정 속에서 결실을 이룰 수 있으나, 이를 지키는 게 쉽지 않다. 부모·형제간의 정이 약하고 인덕이 없어 부모가 물려준 유산을 탕진할 수 있으며, 부부간의 정 또한 약해 심신이 고달파진다. 성공을 지키지 못하면 평생 금전적인 문제로 곤궁함을 면할 수 없다.

④ 木-土-金: 새옹지마격(塞翁之馬格)

부모·형제와 정이 약하여 이별하고 타지에서 고생한다. 만사가 여의치 못하고 모든 일에 장애가 생겨 뜻을 이루기 힘들지만, 중년 이후 결실을 얻을 수 있다. 대업을 성취하기에는 모자라므로 무난한 작은 성공과 작은 일상에 만족하는 편이 좋은데, 그리하면 말년의 곤궁함은 없다.

⑤ 木-土-水: 패가망신격(敗家亡身格)

매사 장애가 많고 결과가 없으니 심신이 고달프다. 윗사람의 도움도 기대할 수 없고, 의지가 약하고 끈기가 부족해 성공 운이 좋지 못하다. 가정 운이 좋지 않아 부부간의 불화가 끊이지 않고 자손이 불효하며 신체를 망치기 때문에 말년이 처량하고 불행하다.

4) 목-금(木-金)

① 木-金-木: 일엽편주격(一葉片舟格)

부모·형제간의 정도 없고 인덕도 없어서 주변의 도움을 기대할 수 없는 혈혈단신이다. 매사에 실속도 없으며, 가정 운도 좋지 않아 부부간의 불화가 있고 자손과의 정도 없다. 겉은 화려하나 매사에 실속이 없기 때문에 금전적인 손실도 많다.

② 木-金-火: 풍비박산격(風飛雹散格)

매사에 장애와 고통이 따르고 이루어진 것도 흩어져 버리니 허무하기만 하다. 노력의 대가가 따르지 않으니 경제적 고충도 이루 말할 수 없다. 부모·형제 운도 약하고, 가정 운도 나빠 배우자와 자식도 걱정거리만 주게 된다. 한평생 안정되지 못하여 삶이 공허하기만 하니 말년이 외롭다.

③ 木-金-土: 새옹지마격(塞翁之馬格)

초년 운이 부족해 매사 아쉬움과 실패를 겪을 수 있으나, 중년 이후부터는 자수성가하여 작은 성공은 이룰 수 있다. 그러나 얻는 만큼 잃는 것도 있으니, 작은 성공과 작은 일상에 만족할 줄 알아야 말년의 평탄함을 이룰 수 있다. 가정 운은 좋지만, 부모·형제간의 정이 박한 것이 말년의 외로움으로 연결된다.

④ 木-金-金: 사고무친격(四顧無親格)

주변을 둘러보아도 도와줄 사람 없어 혈혈단신으로 결과를 만들어야 하니 심신이 고달프다. 부모·형제와 윗사람의 도움을 기대할 수 없다. 노력해도 원하는 바를 이루기가 어렵고, 투쟁심으로 인해 시비와 구설로 심신이 힘들게 된다. 자손으로 인한 근심이 염려되며 재물손실과 관재수가 항상 염려된다.

⑤ 木-金-水: 고진감래격(苦盡甘來格)

초년 운이 약해 중도좌절하고 고생을 면하기 어렵다. 큰 뜻을 이루고자 노력해도 결과가 미진하니, 작은 것에서 만족하면 조금은 나아진다. 초년의 쓰고 고통스러움이 중년 이후엔 밑거름이 되어 삶이 달고 평안해질 수 있다. 가정 운은 평길이라 말년의 곤궁함은 없고, 자손은 번창한다.

5) 목-수(木-水)

① 木-水-木: 만사형통격(萬事亨通格)

매사 하는 일마다 순조롭고 발전을 이루니 만사태평하고 부함과 귀함을 동시에 얻게 된다. 인덕도 많아 하는 일에서 입신양명도 하며 명예가 사방에 떨쳐지고, 부모에게 효도하며 가정도 화목하니 자손도 번창해 말년의 행복이 후대에 이른다.

② 木-水-火: 용두사미격(龍頭蛇尾格)

초년에 일시적인 발전과 성공이 있을 수도 있으나 일시적인 성공뿐, 성공 운이 약해 오래 지속하지 못한다. 시작은 있으나 끝이 없으니 실속을 차리기가 어렵고, 부모의 유지를 이어가기가 쉽지 않다. 가정 운이 좋지 않아 근심이 많고 삶에 풍파가 많게 된다.

③ 木-水-土: 영고성쇠격(榮枯盛衰格)

초년과 중년 사이 부모·형제의 여덕으로 평안할 수 있으나 중년 이후부터는 실패가 잦고 고생이 끊이지 않는다. 가정 운이 불화하여 부모에게 불효하게 되고 처자식과 인연이 적어 결국 말년이 외롭다.

④ 木-水-金: 어변성용격(魚變成龍格)

지덕을 겸비한 온화한 성품에 합당한 사고방식과 의로움을 추구하니 입신출세하고 성공과 행복한 삶을 이룬다. 초년 운이 안정되어 중년에 대업을 완성하고 한 평생 부귀장수를 누린다. 인덕도 좋고 가정 운도 좋아서 부부간에 화평하며 자손도 효도하니 말년에 안락함을 누릴 수 있다.

⑤ 木-水-水: 입신출세격(立身出世格)

지혜가 출중하여 하는 일마다 쉽게 달성되는 길함이 있고 인덕도 좋아 순조롭게 발전하며 성공과 발전을 이루게 되니 높은 지위로 현달한다. 때문에 가업이 번장하고 가정 운도 좋게 하여 자손도 번창해 말년의 행복이 후대에 이른다.

2. 火오행 순

1) 화-목(火-木)

① 火-木-木: 입신출세격(立身出世格)

주변의 신망이 두터워 하는 일마다 쉽게 달성되는 길함이 있고 인덕도 좋아 순조롭게 발전한다. 성공과 발전으로 높은 지위로 현달하며, 가업이 번창하고 가정 운도 좋게 하여 자손도 번창해 말년의 행복이 후대에 이른다.

② 火-木-火: 만사형통격(萬事亨通格)

매사 순조롭고 하는 일마다 발전을 이루니 부함과 귀함을 동시에 얻는다. 인덕도 많고 주변에서 칭송하니 하는 일에서 입신양명도 하며 명예가 사방에 떨쳐 지고 부모에게 효도하며, 가정도 화목하여 자손도 번창해 말년의 행복이 후대에 이른다.

③ 火-木-土: 용두사미격(龍頭蛇尾格)

초년에 일시적인 발전과 성공이 있을 수도 있으나 일시적인 성공뿐, 성공 운이 약해 오래 지속하지 못한다. 시작은 있으나 끝이 없으니 실속을 차리기가 어렵고, 부모의 유지를 이어가기가 쉽지 않다. 가정 운이 좋지 않아, 근심이 많고 삶에 풍파가 많게 된다.

④ 火-木-金: 영고성쇠격(榮枯盛衰格)

초년과 중년 사이 부모·형제의 여덕으로 평안할 수 있으나 중년 이후부터는 실패가 잦고 고생이 끊이지 않는다. 가정 운이 불화하여 부모에게 불효하게 되고 처자식과 인연이 적어 결국 말년이 외롭다.

⑤ 火-木-水: 자수성가격(自手成家格)

지덕을 겸비한 온화한 성품에 합당한 사고방식으로 입신양명하고 부모에게 효도하며 성공된 삶을 이룬다. 초년 운이 안정되니 중년에 대업을 완성하고 한 평생 부귀장수를 누린다. 주변의 두터운 신망으로 존경을 받으며 가정 운도 좋아서 부부간에 화평하며 자손도 효도하니 말년에 안락함을 누릴 수 있다.

2) 화-화(火-火)

① 火-火-木: 대기만성격(大器晚成格)

매사에 노력형으로 일시적인 어려움이 찾아온다 하여도 극복해 나가며 결국 성공하게 되는 대기만성형이다. 재운과 명예운도 좋아 성공과 발전이 함께한다. 부모·형제의 화목과 자손이 번창하며, 명예가 사방에 떨치고 재물을 쌓으며 일생이 평탄하다.

② 火-火-火: 과유불급격(過猶不及格)

과하면 부족함보다 못한 것으로 부모·형제간의 유정함으로 위기를 잘 극복해 성공을 이룰 수 있는 있으나 너무 과하면 오히려 화를 당할 수 있다. 이는 가정 운으로도 연결되어 좋고 나쁨이 공존하기 때문에 삶에서의 풍파는 어쩔 수 없다. 큰 성공과 큰 실패의 반반이다.

③ 火-火-土: 자수성가격(自手成家格)

하는 일에서 성실과 예의 바름으로 초·중년을 탄탄한 기반 위에서 순풍에 돛단 것처럼 순조롭게 진행하여 성공을 이룬다. 만인의 부러움의 대상이 되고, 부모의 여덕과 함께 가정 운이 좋아 자손까지 번창하는 부귀영화를 누린다.

④ 火-火-金: 평지풍파격(平地風波格)

하고자 하는 의지는 강하나 매사에 장애와 고초가 많아 힘에 부친다. 때문에 결실을 만들기가 어렵고, 가정 운이 좋지 않으니 안정되지 못하여 가족, 형제가 뿔뿔이 흩어진다. 윗사람의 도움을 기대할 수 있으나 근근득실하다. 중장년이 안 좋아 부부가 해로하기 힘들고, 자손과의 정도 없어 말년이 처량하고 외롭다.

⑤ 火-火-水: 급전직하격(急轉直下格)

평길한 초년 운에 갑작스러운 고난이 함께하기 때문에 성공이 불확실하고, 가정 운도 좋지 않아 심신과 함께 금전적인 손실로 고통받을 수 있다. 윗사람의 도움을 기대할 수 있으나 오래가지 못하니 실속이 없고, 부부와 자손과의 정도 부족해 불화가 있게 되며, 이로 인해 말년은 고달프다.

3) 화-토(火-土)

① 火-土-木: 용두사미격(龍頭蛇尾格)

시작은 좋으나 끝이 좋지 않아 매사 용두사미가 되어 만족스럽지가 못하다. 한때 윗사람의 도움으로 성공할 수도 있으나 의외의 재난과 풍파로 성공을 이어갈 수 없다. 때문에 부부 운이 불화하고 자손과의 관계가 소원하게 되어 말년이 외롭다.

② 火-土-火: 입신양명격(立身揚名格)

윗사람의 신망이 두텁고, 인덕이 있어 매사에 순조롭게 발전하여 성공하며 부모·형제의 음덕이 있고 부부가 백년해로하니 일평생 부귀영화를 누린다. 만사형통이라 경영하는 일이 잘되며, 기초가 튼튼하여 입신출세하고 재물을 모아 장수하고 인생이 평탄하다.

③ 火-土-土: 만화방창격(萬化方暢格)

일시적인 좌절이 있을 수 있으나 성실함으로 극복할 수 있고, 그 좌절이 성공의 발판이 되어 결국 성공으로 삶을 이끈다. 부모·형제의 덕과 주변의 인덕으로 발전하며 부부 운도 평길하니 부모·형제 화목하고, 가정 운이 좋기 때문에 순조로이 발전한다.

④ 火-土-金: 욱일승천격(旭日昇天格)

매사 자연스럽게 성취해 나가며, 원만한 성품을 바탕으로 융통성과 처세술이 능해 하는 일을 성공으로 이끈다. 부모의 덕이나 상사의 도움으로 성공과 발전을 누리게 되며 좋은 배우자와 자녀를 얻게 된다. 부귀영화가 뒤따르고 건강과 장수를 누린다.

⑤ 火-土-水: 영고성쇠격(榮枯盛衰格)

일시적으로 성공은 있으나, 의지가 약하고 지속력이 없어 그 성공을 오래 지키지 못하니 초년과 중년의 안락함이 아쉽다. 세월의 무정함에 말년이 외롭고 부모·형제, 배우자와 불화하여 삶에 풍파가 많다.

4) 화-금(火-金)

① 火-金-木: 패가망신격(敗家亡身格)

매사 장애가 많고 결과가 없으니 심신이 고달프다. 윗사람의 도움도 기대할 수 없고, 의지가 약하고 끈기가 부족해 성공 운이 좋지 못하다 가정 운이 좋지 않아 부부간의 불화가 끊이지 않고 자손이 불효하며 신체를 망치기 때문에 말년이 처량하고 불행하다.

② 火-金-火: 풍전등화격(風前燈火格)

주변을 둘러보아도 도와줄 사람이 없고 바람 앞에 등불이니, 매사 힘들게 일을 함으로 성공하기가 쉽지 않다. 의지는 있으나 끈기가 부족하고 욕심이 많아 일의 시작은 빈번하나 결과가 없게 된다. 부모·형제의 인연이 박하고, 부부간의 인연도 없어 갈등이 많고 삶에 풍파를 많이 겪는다.

③ 火-金-土: 고진감래격(苦盡甘來格)

매사 힘든 경쟁과 어려움이 있지만, 이를 넘어서면 곤궁함이 없는 여생을 보낼 수 있다. 초년 운이 고달파 부모·형제간의 인연이 적어 초년을 고독하게 보내고, 매사가 진전이 없어 힘이 들지만, 중년 이후 조금씩 나아지며 부부간의 애정이 돈독하고 자녀의 효성은 지극하다.

④ 火-金-金: 사상누각격(砂上樓閣格)

초년의 어려움으로 매사 힘든 과정 속에서 결실을 이룰 수 있으나, 이를 지키는 게 쉽지 않다. 부모·형제간의 정이 약하고 인덕이 없어 부모가 물려준 유산을 탕진할 수 있으며, 부부간의 정 또한 약해 심신이 고달파진다. 성공을 지키지 못하면 평생 금전적인 문제로 곤궁함을 면할 수 없다.

⑤ 火-金-水: 새옹지마격(塞翁之馬格)

부모·형제와 정이 약하여 이별하고 타지에서 고생한다. 만사가 여의치 못하고 모든 일에 장애가 생겨 뜻을 이루기 힘들지만, 중년 이후 결실을 얻을 수 있다. 대업을 성취하기에는 모자라므로 무난한 작은 성공과 작은 일상에 만족하는 편이 좋은데, 그리하면 말년의 곤궁함은 없다.

5) 화-수(火-水)

① 火-水-木: 고진감래격(苦盡甘來格)

초년 운이 약해 중도좌절하고 고생을 면하기 어렵다. 큰 뜻을 이루고자 노력해도 결과가 미진하니, 작은 것에서 만족하면 조금은 나아진다. 초년의 쓰고 고통스러움이 중년 이후엔 밑거름이 되어 삶이 달고 평안해질 수 있다. 가정 운은 평길이라 말년의 곤궁함은 없고, 자손은 번창한다.

② 火-水-火: 일엽편주격(一葉片舟格)

부모·형제간의 정도 없고 인덕도 없어서 주변의 도움을 기대할 수 없는 혈혈단신이다. 매사에 실속도 없으며, 가정 운도 좋지 않아 부부간의 불화가 있고 자손과의 정도 없다. 겉은 화려하나 매사에 실속이 없기 때문에 금전적인 손실도 많다.

③ 火-水-土: 풍비박산격(風飛雹散格)

매사에 장애와 고통이 따르고 이루어진 것도 흩어져 버리니 허무하기만 하다. 노력의 대가가 따르지 않으니 경제적 고충도 이루 말할 수 없다. 부모·형제운도 약하고, 가정 운도 나빠 배우자와 자식도 걱정거리만 주게 된다. 한평생 안정되지 못하여 삶이 공허하기만 하니 말년이 외롭다.

④ 火-水-金: 새옹지마격(塞翁之馬格)

초년 운이 부족해 매사 아쉬움과 실패를 겪을 수 있으나, 중년 이후부터는 자수성가하여 작은 성공은 이룰 수 있다. 그러나 얻는 만큼 잃는 것도 있으니, 작은 성공과 작은 일상에 만족할 줄 알아야 말년의 평탄함을 이룰 수 있다. 가정 운은 좋지만, 부모·형제간의 정이 박한 것이 말년의 외로움으로 연결된다.

⑤ 火-水-水: 사고무친격(四顧無親格)

주변을 둘러보아도 도와줄 사람 없어 혈혈단신으로 결과를 만들어야 하니 심신이 고달프다. 부모·형제와 윗사람의 도움을 기대할 수 없다. 노력해도 원하는 바를 이루기가 어렵고, 투쟁심으로 인해 시비와 구설로 심신이 힘들게 된다. 자손으로 인한 근심이 염려되며 재물손실과 관재수가 항상 염려된다.

3. ±오행 순

1) 토-목(土-木)

① 土-木-木: 사고무친격(四顧無親格)

주변을 둘러보아도 도와줄 사람 없어 혈혈단신으로 결과를 만들어야 하니 심신이 고달프다. 부모·형제와 윗사람의 도움을 기대할 수 없다. 노력해도 원하는 바를 이루기가 어렵고, 완고함으로 인해 주변의 신망을 잃을 수 있고 심신이 고달프다. 이로 인해 가정사가 원만하지 않게 되며 자손으로 인한 근심도 있다.

② 土-木-火: 고진감래격(苦盡甘來格)

초년 운이 약해 중도좌절하고 고생을 면하기 어렵지만, 중년 이후 조금씩 좋아지니 작은 것에서 만족하면 성공을 할 수 있다. 초년의 고초가 중년 이후엔 밑거름이 되고, 가정 운은 평길이라 말년의 곤궁함은 없고, 자손은 번창한다.

③ 土-木-土: 일엽편주격(一葉片舟格)

부모·형제간의 정도 없고 인덕도 없어서 주변의 도움을 기대할 수 없는 혈혈단신이다. 매사에 실속도 없으며, 가정 운도 좋지 않아 부부간의 불화가 있고 자손과의 정도 없다. 겉은 화려하나 매사에 실속이 없기 때문에 금전적인 손실도 많다.

④ 土-木-金: 풍비박산격(風飛雹散格)

매사에 장애와 고통이 따르고 이루어진 것도 흩어져 버리니 허무하기만 하다. 노력의 대가가 따르지 않으니 경제적 고충도 이루 말할 수 없다. 부모·형제 운도 약하고, 가정 운도 나빠 배우자와 자식도 걱정거리만 주게 된다. 한평생 안정되지 못하여 삶이 공허하기만 하니 말년이 외롭다.

⑤ 土-木-水: 새옹지마격(塞翁之馬格)

초년 운이 부족해 매사 아쉬움과 실패를 겪을 수 있으나, 중년 이후부터는 자수성가하여 작은 성공은 이룰 수 있다. 그러나 얻는 만큼 잃는 것도 있으니, 작은 성공과 작은 일상에 만족할 줄 알아야 말년의 평탄함을 이룰 수 있다. 가정 운은 좋지만, 부모·형제간의 정이 박한 것이 말년의 외로움으로 연결된다.

2) 토-화(土-火)

① 土-火-木: 입신양명격(立身揚名格)

온화한 성품에 만인의 칭송을 받고 지모가 뛰어나 입신출세하며 성공과 행복한 삶을 이룬다. 초년 운이 안정되어 중년에 대업을 완성하고 한 평생 부귀장수를 누린다. 인덕도 좋고 가정 운도 좋아서 부부간에 화평하며 자손도 효도하니 말년에 안락하다.

② 土-火-火: 입신출세격(立身出世格)

지혜가 출중하여 하는 일마다 쉽게 달성되는 길함이 있고 인덕도 좋아 순조롭게 발전하며 성공과 발전을 이루게 되니 높은 지위로 현달한다. 때문에 가업이 번장하고 가정 운도 좋게 하여 자손도 번창하여 말년의 행복이 후대에 이른다.

③ 土-火-土: 만사형통격(萬事亨通格)

매사 하는 일마다 순조롭고 발전을 이루니 만사태평하고 부함과 귀함을 동시에 얻게 된다. 인덕도 많아 하는 일에서 입신양명도 하며 명예가 사방에 떨쳐 지고 부모에게 효도하며, 가정도 화목하니 자손도 번창해 말년의 행복이 후대에 이른다.

④ 土-火-金: 용두사미격(龍頭蛇尾格)

초년에 일시적인 발전과 성공이 있을 수도 있으나 일시적인 성공뿐, 성공 운이 약해 오래 지속하지 못한다. 시작은 있으나 끝이 없으니 실속을 차리기가 어렵고, 부모의 유지를 이어가기가 쉽지 않다. 가정 운이 좋지 않아, 근심이 많고 삶에 풍파가 많게 된다.

⑤ 土-火-水: 영고성쇠격(榮枯盛衰格)

초년과 중년 사이 부모·형제의 여덕으로 평안할 수 있으나 중년 이후부터는 실패가 잦고 고생이 끊이지 않는다. 가정 운이 불화하여 부모에게 불효하게 되고 처자식과 인연이 적어 결국 말년이 외롭다.

3) 토-토(土-土)

① 土-土-木: 급전직하격(急轉直下格)

초년은 평탄하나, 중년 이후 고난이 함께 하기 때문에 성공은 불확실하고, 가정운이 안정되지 못하여 심신이 고달프다. 신의와 성실함이 초년의 발전이 기틀이 되지만, 매사 막힘이 많아 결실이 어렵다. 이로 인해 말년은 외롭고 처량하다.

② 土-土-火: 대기만성격(大器晚成格)

매사에 노력형으로 일시적인 어려움이 찾아온다 하여도 극복해 나가며 결국 성공하게 되는 대기만성형이다. 재운과 명예운도 좋아 성공과 발전이 함께한다. 부모·형제의 화목과 자손이 번창하며, 명예가 사방에 떨치고 재물을 쌓으며 일생이 평탄하다.

③ 土-土-土: 호사다마격(好事多魔格)

좋은 일이 있으면, 나쁜 일도 따르는 법이라 부모·형제간의 유정함으로 위기를 잘 극복해 성공을 이룰 수 있고, 곧은 성품으로 주위의 신망이 두터워 존경받아 입신양명할 수 있으나, 기쁨과 슬픔이 반반이다.

④ 土-土-金: 자수성가격(自手成家格)

신의와 강한 인내력으로 결국 결실을 얻게 되며, 하는 일에서 성공하여 입신양명하니 만인의 부러움을 받는다. 부모의 여덕이 있고, 가정적으로도 착실한 성품이라, 자손까지 번창하는 부귀영화를 누릴 수 있다.

⑤ 土-土-水: 평지풍파격(平地風波格)

근면 성실함으로 일시적인 성공은 있을 수 있으나, 매사에 고초와 힘이 많이 들어가고, 매사가 순조롭지 못하여 고통을 받는다. 윗사람의 도움을 기대할 수 있으나 근근득실하기 때문에 작은 것에서 만족할 줄 알아야 한다. 중장년이 안 좋아 부부운이 불화하고 자손에 대한 근심이 많다.

4) 토-금(土-金)

① 土-金-木: 용두사미격(龍頭蛇尾格)

시작은 좋으나 끝이 좋지 않아 매사 용두사미가 되어 만족스럽지가 못하다. 한때 윗사람의 도움으로 성공할 수도 있으나 의외의 재난과 풍파로 성공을 이어갈 수 없다. 때문에 부부 운이 불화하고 자손과의 관계가 소원하게 되어 말년이 외롭다.

② 土-金-火: 영고성쇠격(榮枯盛衰格)

일시적으로 성공은 있으나, 의지가 약하고 지속력이 없어 그 성공을 오래 지키지 못하니 초년과 중년의 안락함이 아쉽다. 세월의 무정함에 말년이 외롭고 부모·형제, 배우자와 불화하여 삶에 풍파가 많다.

③ 土-金-土: 입신양명격(立身揚名格)

윗사람의 신망이 두텁고, 인덕이 있어 매사에 순조롭게 발전하여 성공하며 부모·형제의 음덕이 있고 부부가 백년해로하니 일평생 부귀영화를 누린다. 만사형통이라 경영하는 일이 잘되며, 기초가 튼튼하여 입신출세하고 재물을 모아 장수하고 인생이 평탄하다.

④ 土-金-金: 만화방창격(萬化方暢格)

초년 운이 좋아 부모·형제의 덕과 주변의 인덕으로 발전하며 신의를 바탕으로 주변의 칭송을 받는다. 매사 결실을 얻으니 성공과 안위는 안정적이다. 부부 운도 평길하니 부모·형제 화목하고, 자손과도 화평하니 말년이 안락하다.

⑤ 土-金-水: 욱일승천격(旭日昇天格)

매사 자연스럽게 성취해 나가며, 지모와 끈기가 좋고 융통성과 처세술이 능해 하는 일을 성공으로 이끈다. 부모의 덕이나 상사의 도움으로 성공과 발전을 누리게 되며 좋은 배우자와 자녀를 얻게 되니 가정 운이 좋다. 부귀영화가 뒤따르고 건강과 장수를 누린다.

5) 토-수(土-水)

① 土-水-木: 새옹지마격(塞翁之馬格)

부모·형제와 정이 약하여 이별하고 타지에서 고생한다. 만사가 여의치 못하고 모든 일에 장애가 생겨 뜻을 이루기 힘들지만, 중년 이후 결실을 얻을 수 있다. 대업을 성취하기에는 모자라므로 무난한 작은 성공과 작은 일상에 만족하는 편이 좋은데, 그리하면 말년의 곤궁함은 없다.

② 土-水-火: 패가망신격(敗家亡身格)

매사 장애가 많고 결과가 없으니 심신이 고달프다. 윗사람의 도움도 기대할 수 없고, 의지가 약하고 끈기가 부족해 성공 운이 좋지 못하다 가정 운이 좋지 않아 부부간의 불화가 끊이지 않고 자손이 불효하며 신체를 망치기 때문에 말년이 처량하고 불행하다.

③ 土-水-土: 풍전등화격(風前燈火格)

주변을 둘러보아도 도와줄 사람이 없고 바람 앞에 등불이니, 매사 힘들게 일을 하므로 성공하기가 쉽지 않다. 의지는 있으나 끈기가 부족하고 욕심이 많아 일의 시작은 빈번하나 결과가 없게 된다. 부모·형제의 인연이 박하고, 부부간의 인연도 없어 갈등이 많고 삶에 풍파를 많이 겪는다.

④ 土-水-金: 고진감래격(苦盡甘來格)

매사 힘든 경쟁과 어려움이 있지만, 이를 넘어서면 곤궁함이 없는 여생을 보낼 수 있다. 초년 운이 고달파 부모·형제간의 인연이 적어 초년을 고독하게 보내고, 매사가 진전이 없어 힘이 들지만, 중년 이후 조금씩 나아지며 부부간의 애정이 돈독하고 자녀의 효성은 지극하다.

⑤ 土-水-水: 사상누각격(砂上樓閣格)

초년의 어려움으로 매사 힘든 과정 속에서 중년 결실을 이룰 수 있으나, 이를 지키는 게 쉽지 않다. 부모·형제간의 정이 약하고 인덕이 없어 부모가 물려준 유산을 탕진할 수 있으며, 부부간의 정 또한 약해 심신이 고달파진다. 성공을 지키지 못하면 평생 금전적인 문제로 곤궁함을 면할 수 없다.

4. 金오행 순

1) 금-목(金-木)

① 金-木-木: 사상누각격(砂上樓閣格)

초년의 어려움으로 매사 힘든 과정 속에서 결실을 이룰 수 있으나, 이를 지키는 게 쉽지 않다. 부모·형제간의 정이 약하고 인덕이 없어 부모가 물려준 유산을 탕진할 수 있으며, 부부간의 정 또한 약해 심신이 고달파진다. 성공을 지키지 못하면 평생 금전적인 문제로 곤궁함을 면할 수 없다.

② 金-木-火: 새옹지마격(塞翁之馬格)

부모·형제와 정이 약하여 이별하고 타지에서 고생한다. 만사가 여의치 못하고 모든 일에 장애가 생겨 뜻을 이루기 힘들지만, 중년 이후 결실을 얻을 수 있다. 대업을 성취하기에는 모자라므로 무난한 작은 성공과 작은 일상에 만족하는 편이 좋은데, 그리하면 말년의 곤궁함은 없다.

③ 金-木-土: 패가망신격(敗家亡身格)

매사 장애가 많고 결과가 없으니 심신이 고달프다. 윗사람의 도움도 기대할 수 없고, 의지가 약하고 끈기가 부족해 성공 운이 좋지 못하다 가정 운이 좋지 않아 부부간의 불화가 끊이지 않고 자손이 불효하며 신체를 망치기 때문에 말년이 처량하고 불행하다.

④ 金-木-金: 풍전등화격(風前燈火格)

주변을 둘러보아도 도와줄 사람이 없고 바람 앞에 등불이니, 매사 힘들게 일을 하므로 성공하기가 쉽지 않다. 의지는 있으나 끈기가 부족하고 욕심이 많아 일의 시작은 빈번하나 결과가 없게 된다. 부모·형제의 인연이 박하고, 부부간의 인연도 없어 갈등이 많고 삶에 풍파를 많이 겪는다.

⑤ 金-木-水: 고진감래격(苦盡甘來格)

매사 힘든 경쟁과 어려움이 있지만, 이를 넘어서면 곤궁함이 없는 여생을 보낼 수 있다. 초년 운이 고달파 부모·형제간의 인연이 적어 초년을 고독하게 보내고, 매사가 진전이 없어 힘이 들지만, 중년 이후 조금씩 나아지며 부부간의 애정이 돈독하고 자녀의 효성은 지극하다.

2) 금-화(金-火)

① 金-火-木: 새옹지마격(塞翁之馬格)

초년 운이 부족해 매사 아쉬움과 실패를 겪을 수 있으나, 중년 이후부터는 자수성가하여 작은 성공은 이룰 수 있다. 그러나 얻는 만큼 잃는 것도 있으니, 작은 성공과 작은 일상에 만족할 줄 알아야 말년의 평탄함을 이룰 수 있다. 가정 운은 좋지만, 부모·형제간의 정이 박한 것이 말년의 외로움으로 연결된다.

② 金-火-火: 사고무친격(四顧無親格)

주변을 둘러보아도 도와줄 사람 없어 혈혈단신으로 결과를 만들어야 하니 심신이 고달프다. 부모·형제와 윗사람의 도움을 기대할 수 없다. 노력해도 원하는 바를 이루기가 어렵고, 투쟁심으로 인해 시비와 구설로 심신이 힘들게 된다. 자손으로 인한 근심이 염려되며 재물손실과 관재수가 염려된다.

③ 金-火-土: 고진감래격(苦盡甘來格)

초년 운이 약해 중도좌절하고 고생을 면하기 어렵다. 큰 뜻을 이루고자 노력해도 결과가 미진하니, 작은 것에서 만족하면 조금은 나아진다. 초년의 쓰고 고통스러움이 중년 이후엔 밑거름이 되어 삶이 달고 평안해질 수 있다. 가정 운은 평길이라 말년의 곤궁함은 없고, 자손은 번창한다.

④ 金-火-金: 풍전등화격(風前燈火格)

주변을 둘러보아도 도와줄 사람이 없고 바람 앞에 등불이니, 매사 힘들게 일을 하므로 성공하기가 쉽지 않다. 의지는 있으나 끈기가 부족하고 욕심이 많아 일의 시작은 빈번하나 결과가 없게 된다. 부모·형제의 인연이 박하고, 부부간의 인연도 없어 갈등이 많고 삶에 풍파를 많이 겪는다.

⑤ 金-火-水: 풍비박산격(風飛雹散格)

매사에 장애와 고통이 따르고 이루어진 것도 흩어져 버리니 허무하기만 하다. 노력의 대가가 따르지 않으니 경제적 고충도 이루 말할 수 없다. 부모·형제운도 약하고, 가정 운도 나빠 배우자와 자식도 걱정거리만 주게 된다. 한평생 안정되지 못하여 삶이 공허하기만 하니 말년이 외롭다.

3) 금-토(金-土)

① 金-土-木: 영고성쇠격(榮枯盛衰格)

초년과 중년 사이 부모·형제의 여덕으로 평안할 수 있으나 중년 이후부터는 실패가 잦고 고생이 끊이지 않는다. 가정 운이 불화하여 부모에게 불효하게 되고 처자식과 인연이 적어 결국 말년이 외롭다.

② 金-土-火: 자수성가격(自手成家格)

지덕을 겸비한 온화한 성품에 합당한 사고방식으로 입신양명하고 부모에게 효도하며 성공된 삶을 이룬다. 초년 운이 안정되니 중년에 대업을 완성하고 한 평생 부귀장수를 누린다. 주변의 두터운 신망으로 존경을 받으며 가정 운도 좋아서 부부간에 화평하며 자손도 효도하니 말년에 안락함을 누릴 수 있다.

③ 金-土-土: 입신출세격(立身出世格)

주변의 신망이 두터워 하는 일마다 쉽게 달성되는 길함이 있고 인덕도 좋아 순조롭게 발전한다. 성공과 발전으로 높은 지위로 현달하며, 가업이 번창하고 가정 운도 좋게 하여 자손도 번창해 말년의 행복이 후대에 이른다.

④ 金-土-金: 만사형통격(萬事亨通格)

매사 순조롭고 하는 일마다 발전을 이루니 부함과 귀함을 동시에 얻는다. 인덕도 많고 주변에서 칭송하니 하는 일에서 입신양명도 하며 명예가 사방에 떨쳐 지고 부모에게 효도하고 가정도 화목하여 자손도 번창해 말년의 행복이 후대에 이른다.

⑤ 金-土-水: 용두사미격(龍頭蛇尾格)

초년에 일시적인 발전과 성공이 있을 수도 있으나 일시적인 성공뿐, 성공 운이 약해 오래 지속하지 못한다. 시작은 있으나 끝이 없으니 실속을 차리기가 어렵고, 부모의 유지를 이어가기가 쉽지 않다. 가정 운이 좋지 않아, 근심이 많고 삶에 풍파가 많게 된다.

4) 금-금(金-金)

① 金-金-木: 평지풍파격(平地風波格)

하고자 하는 의지는 강하나 매사에 장애와 고초가 많아 힘에 부친다. 때문에 결실을 만들기가 어렵고, 가정 운이 좋지 않으니 안정되지 못하여 가족, 형제가 뿔뿔이 흩어진다. 윗사람의 도움을 기대할 수 있으나 근근득실하다. 중장년이 안 좋아 부부가 해로하기 힘들고, 자손과의 정도 없어 말년이 처량하고 외롭다.

② 金-金-火: 급전직하격(急轉直下格)

평길한 초년 운에 갑작스러운 고난이 함께하기 때문에 성공이 불확실하고, 가정 운도 좋지 않아 심신과 함께 금전적인 손실로 고통받을 수 있다. 윗사람의 도움을 기대할 수 있으나 오래가지 못하니 실속이 없고, 부부와 자손과의 정도 부족해 불화가 있게 되며, 이로 인해 말년은 고달프다.

③ 金-金-土: 대기만성격(大器晩成格)

매사에 노력형으로 일시적인 어려움이 찾아온다 하여도 극복해 나가며 결국 성공하게 되는 대기만성형이다. 재운과 명예운도 좋아 성공과 발전이 함께한다. 부모·형제의 화목과 자손이 번창하며, 명예가 사방에 떨치고 재물을 쌓으며 일생이 평탄하다.

④ 金-金-金: 과유불급격(過猶不及格)

과하면 부족함보다 못한 것으로 부모·형제간의 유정함으로 위기를 잘 극복해 성공을 이룰 수 있는 있으나 너무 과하면, 오히려 화를 당할 수 있다. 이는 가정 운으로도 연결되어 좋고 나쁨이 공존하기 때문에 삶에서의 풍파는 어쩔 수 없다. 큰 성공과 큰 실패의 반반이다.

⑤ 金-金-水: 자수성가격(自手成家格)

하는 일에서 성실과 예의 바름으로 초·중년을 탄탄한 기반 위에서 순풍에 돛단 것처럼 순조롭게 진행하여 성공을 이룬다. 만인의 부러움의 대상이 되고, 부모의 여덕과 함께 가정 운이 좋아 자손까지 번창하는 부귀영화를 누린다.

5) 금-수(金-水)

① 金-水-木: 욱일승천격(旭日昇天格)

매사 자연스럽게 성취해 나가며, 지덕을 겸비한 성품을 바탕으로 융통성과 처세술이 능해 하는 일을 성공으로 이끈다. 부모의 덕이나 상사의 도움으로 성공과 발전을 누리게 되며 좋은 배우자와 자녀를 얻게 된다. 부귀영화가 뒤따르고 건강과 장수를 누린다.

② 金-水-火: 용두사미격(龍頭蛇尾格)

시작은 좋으나 끝이 좋지 않아 매사 용두사미가 되어 만족스럽지가 못하다. 한때 윗사람의 도움으로 성공할 수도 있으나 의외의 재난과 풍파로 성공을 이어갈 수 없다. 때문에 부부 운이 불화하고 자손과의 관계가 소원하게 되어 말년이 외롭다.

③ 金-水-土: 영고성쇠격(榮枯盛衰格)

일시적으로 성공은 있으나, 의지가 약하고 지속력이 없어 그 성공을 오래 지키지 못하니 초년과 중년의 안락함이 아쉽다. 세월의 무정함에 말년이 외롭고 부모·형제, 배우자와 불화하여 삶에 풍파가 많다.

④ 金-水-金: 입신양명격(立身揚名格)

윗사람의 신망이 두텁고, 인덕이 있어 매사에 순조롭게 발전하여 성공하며 부모·형제의 음덕이 있고 부부가 백년해로하니 일평생 부귀영화를 누린다. 만사형통이라 경영하는 일이 잘되며, 기초가 튼튼하여 입신출세하고 재물을 모아 장수하고 인생이 평탄하다.

⑤ 金-水-水: 만화방창격(萬化方暢格)

일시적인 좌절이 있을 수 있으나 총명한 기질로 극복할 수 있고, 그 좌절이 성공의 발판이 되어 성공적인 삶을 이끈다. 부모·형제의 덕과 주변의 인덕으로 발전하며 부부 운도 평길하니 부모·형제 화목하고, 가정 운이 좋기 때문에 순조로이 발전한다.

5. 水오행 순

1) 수-목(水-木)

① 水-木-木: 만화방창격(萬化方暢格)

초년 운이 좋아 부모·형제의 덕과 주변의 인덕으로 발전하며 지덕이 출중하여 주변의 칭송을 받는다. 매사 결실을 얻으니 성공과 안위는 안정적이다. 부부 운도 평길하니 부모·형제 화목하고, 자손과도 화평하니 말년이 안락하다.

② 水-木-火: 욱일승천격(旭日昇天格)

매사 자연스럽게 성취해 나가며, 지모와 끈기가 좋고 융통성과 처세술이 능해 하는 일을 성공으로 이끈다. 부모의 덕이나 상사의 도움으로 성공과 발전을 누리게 되며 좋은 배우자와 자녀를 얻게 되니 가정 운이 좋다. 부귀영화가 뒤따르고 건강과 장수를 누린다.

③ 水-木-土: 용두사미격(龍頭蛇尾格)

시작은 좋으나 끝이 좋지 않아 매사 용두사미가 되어 만족스럽지가 못하다. 한때 윗사람의 도움으로 성공할 수도 있으나 의외의 재난과 풍파로 성공을 이어갈 수 없다. 때문에 부부 운이 불화하고 자손과의 관계가 소원하게 되어 말년이 외롭다.

④ 水-木-金: 영고성쇠격(榮枯盛衰格)

일시적으로 성공은 있으나, 의지가 약하고 지속력이 없어 그 성공을 오래 지키지 못하니 초년과 중년의 안락함이 아쉽다. 세월의 무정함에 말년이 외롭고 부모·형제, 배우자와 불화하여 삶에 풍파가 많다.

⑤ 水-木-水: 입신양명격(立身揚名格)

윗사람의 신망이 두텁고, 인덕이 있어 매사에 순조롭게 발전하여 성공하며 부모·형제의 음덕이 있고 부부가 백년해로하니 일평생 부귀영화를 누린다. 만사형통이라 경영하는 일이 잘되며, 기초가 튼튼하여 입신출세하고 재물을 모아 장수하고 인생이 평탄하다.

2) 수-화(水-火)

① 水-火-木: 고진감래격(苦盡甘來格)

매사 힘든 경쟁과 어려움이 있지만, 이를 넘어서면 곤궁함이 없는 여생을 보낼 수 있다. 초년 운이 고달파 부모·형제간의 인연이 적어 초년을 고독하게 보내고, 매사가 진전이 없어 힘이 들지만, 중년 이후 조금씩 나아지며 부부간의 애정이 돈독하고 자녀의 효성은 지극하다.

② 水-火-火: 사상누각격(砂上樓閣格)

초년의 어려움으로 매사 힘든 과정 속에서 중년 결실을 이룰 수 있으나, 이를 지키는 게 쉽지 않다. 부모·형제간의 정이 약하고 인덕이 없어 부모가 물려준 유산을 탕진할 수 있으며, 부부간의 정 또한 약해 심신이 고달파진다. 성공을 지키지 못하면 평생 금전적인 문제로 곤궁함을 면할 수 없다.

③ 水-火-土: 새옹지마격(塞翁之馬格)

부모·형제와 정이 약하여 이별하고 타지에서 고생한다. 만사가 여의치 못하고 모든 일에 장애가 생겨 뜻을 이루기 힘들지만, 중년 이후 결실을 얻을 수 있다. 대업을 성취하기에는 모자라므로 무난한 작은 성공과 작은 일상에 만족하는 편이 좋은데, 그리하면 말년의 곤궁함은 없다.

④ 水-火-金: 패가망신격(敗家亡身格)

매사 장애가 많고 결과가 없으니 심신이 고달프다. 윗사람의 도움도 기대할 수 없고, 의지가 약하고 끈기가 부족해 성공 운이 좋지 못하다 가정 운이 좋지 않아 부부간의 불화가 끊이지 않고 자손이 불효하며 신체를 망치기 때문에 말년이 처량하고 불행하다.

⑤ 水-火-水: 풍전등화격(風前燈火格)

주변을 둘러보아도 도와줄 사람이 없고 바람 앞에 등불이니, 매사 힘들게 일을 하므로 성공하기가 쉽지 않다. 의지는 있으나 끈기가 부족하고 욕심이 많아 일의 시작은 빈번하나 결과가 없게 된다. 부모·형제의 인연이 박하고, 부부간의 인연도 없어 갈등이 많고 삶에 풍파를 많이 겪는다.

3) 수-토(水-土)

① 水-土-木: 풍비박산격(風飛雹散格)

매사에 장애와 고통이 따르고 이루어진 것도 흩어져 버리니 허무하기만 하다. 노력의 대가가 따르지 않으니 경제적 고충도 이루 말할 수 없다. 부모·형제운도 약하고, 가정 운도 나빠 배우자와 자식도 걱정거리만 주게 된다. 한평생 안정되지 못하여 삶이 공허하기만 하니 말년이 외롭다.

② 水-土-火: 새옹지마격(塞翁之馬格)

초년 운이 부족해 매사 아쉬움과 실패를 겪을 수 있으나, 중년 이후부터는 자수성가하여 작은 성공은 이룰 수 있다. 그러나 얻는 만큼 잃는 것도 있으니, 작은 성공과 작은 일상에 만족할 줄 알아야 말년의 평탄함을 이룰 수 있다. 가정 운은 좋지만, 부모·형제간의 정이 박한 것이 말년의 외로움으로 연결된다.

③ 水-土-土: 사고무친격(四顧無親格)

주변을 둘러보아도 도와줄 사람 없어 혈혈단신으로 결과를 만들어야 하니 심신이 고달프다. 부모·형제와 윗사람의 도움을 기대할 수 없다. 노력해도 원하는 바를 이루기가 어렵고, 완고함으로 인해 주변의 신망을 잃을 수 있고 심신이 고달프다. 이로 인해 가정사가 원만하지 않게 되며 자손으로 인한 근심도 있다.

④ 水-土-金: 고진감래격(苦盡甘來格)

초년 운이 약해 중도좌절하고 고생을 면하기 어렵지만, 중년 이후 조금씩 좋아지니 작은 것에서 만족하면 성공을 할 수 있다. 초년의 고초가 중년 이후엔 밑거름이 되고, 가정 운은 평길이라 말년의 곤궁함은 없고, 자손은 번창한다.

⑤ 水-土-水: 일엽편주격(一葉片舟格)

부모·형제간의 정도 없고 인덕도 없어서 주변의 도움을 기대할 수 없는 혈혈단신이다. 매사에 실속도 없으며, 가정 운도 좋지 않아 부부간의 불화가 있고 자손과의 정도 없다. 겉은 화려하나 매사에 실속이 없기 때문에 금전적인 손실도 많다.

4) 수-금(水-金)

① 水-金-木: 용두사미격(龍頭蛇尾格)

초년에 일시적인 발전과 성공이 있을 수도 있으나 일시적인 성공뿐, 성공 운이 약해 오래 지속하지 못한다. 시작은 있으나 끝이 없으니 실속을 차리기가 어렵고, 부모의 유지를 이어가기가 쉽지 않다. 가정 운이 좋지 않아, 근심이 많고 삶에 풍파가 많게 된다.

② 水-金-火: 영고성쇠격(榮枯盛衰格)

초년과 중년 사이 부모·형제의 여덕으로 평안할 수 있으나 중년 이후부터는 실패가 잦고 고생이 끊이지 않는다. 가정 운이 불화하여 부모에게 불효하게 되고 처자식과 인연이 적어 결국 말년이 외롭다.

③ 水-金-土: 어변성용격(魚變成龍格)

지덕을 겸비한 온화한 성품에 합당한 사고방식과 의로움을 추구하니 입신출세하고 성공과 행복한 삶을 이룬다. 초년 운이 안정되어 중년에 대업을 완성하고 한 평생 부귀장수를 누린다. 인덕도 좋고 가정 운도 좋아서 부부간에 화평하며 자손도 효도하니 말년에 안락함을 누릴 수 있다.

④ 水-金-金: 입신양명격(立身揚名格)

지혜와 의로움을 바탕으로 만인의 칭송을 받고 입신출세하며 성공과 행복한 삶을 이룬다. 초년 운이 안정되어 중년에 대업을 완성하고 한 평생 부귀장수를 누린다. 인덕도 좋고 가정 운도 좋아서 부부간에 화평하며 자손도 효도하니 말년에 안락하다.

⑤ 水-金-水: 만사형통격(萬事亨通格)

매사 하는 일마다 순조롭고 발전을 이루니 만사태평하고 부함과 귀함을 동시에 얻게 된다. 인덕도 많아 하는 일에서 입신양명도 하며 명예가 사방에 떨쳐 지고 부모에게 효도하고 가정도 화목하니 자손도 번창해 말년의 행복이 후대에 이른다.

5) 수-수(水-水)

① 水-水-木: 자수성가격(自手成家格)

신의와 강한 인내력으로 결국 결실을 얻게 되며, 하는 일에서 성공하여 입신양명하니 만인의 부러움을 받는다. 부모의 여덕이 있고, 가정적으로도 착실한 성품이라, 자손까지 번창하는 부귀영화를 누릴 수 있다.

② 水-水-火: 평지풍파격(平地風波格)

근면 성실함으로 일시적인 성공은 있을 수 있으나, 매사에 고초와 힘이 많이 들어가고, 매사가 순조롭지 못하여 고통을 받는다. 윗사람의 도움을 기대할 수 있으나 근근득실하기 때문에 작은 것에서 만족할 줄 알아야 한다. 중장년이 안 좋아 부부운이 불화하고 자손에 대한 근심이 많다.

③ 水-水-土: 급전직하격(急轉直下格)

초년은 평탄하나, 중년 이후 고난이 함께 하기 때문에 성공은 불확실하고, 가정운이 안정되지 못하여 심신이 고달프다. 신의와 성실함이 초년의 발전이 기틀이 되지만, 매사 막힘이 많아 결실이 어렵다. 이로 인해 말년은 외롭고 처량하다.

④ 水-水-金: 대기만성격(大器晚成格)

매사에 노력형으로 일시적인 어려움이 찾아온다 하여도 극복해 나가며 결국 성공하게 되는 대기만성형이다. 재운과 명예운도 좋아 성공과 발전이 함께한다. 부모·형제의 화목과 자손이 번창하며, 명예가 사방에 떨치고 재물을 쌓으며 일생이 평탄하다.

⑤ 水-水-水: 만경창파격(萬頃蒼波格)

망망대해의 넓은 바다처럼 모든 걸 품을 수 있고, 모든 걸 잠기게 하니, 좋은 일이 있으면, 나쁜 일도 따르는 법이라 부모·형제간의 유정함으로 위기를 잘 극복해 성공을 이룰 수 있고, 냉철한 성품으로 주위의 신망이 두터워 존경받아 입신양명할 수 있으나, 성공과 실패가 반반이다.

제 **6** 장

성씨별
수리배열

2획 성씨

내(乃), 복(卜), 예(乂), 정(丁)

2	2	2	2	2	2	2	2	2
1 4	1 5	1 14	1 15	1 22	1 30	3 3	3 13	3 30
4 1	5 1	14 1	15 1	22 1	30 1	3 3	13 3	30 3

2	2	2	2	2	2	2	2	2
4 9	4 11	4 19	4 27	4 29	4 33	5 6	5 11	5 16
9 4	11 4	19 4	27 4	29 4	33 4	6 5	11 5	16 5

2	2	2	2	2	2	2	2	2
5 30	6 9	6 15	6 23	6 27	6 29	6 33	9 14	9 22
30 5	9 6	15 6	23 6	27 6	29 6	33 6	14 9	22 9

2	2	2	2	2	2	2	2	2
9 30	11 22	13 16	13 22	14 15	14 19	14 21	14 23	15 16
30 9	22 11	16 13	22 13	15 14	19 14	21 14	23 14	16 15

2	2	2	2	2	2	2
15 22	15 30	16 19	16 21	16 23	16 23	16 29
22 15	30 15	19 16	21 16	23 16	23 16	29 16

3획 성씨

궁(弓), 대(大), 범(凡), 우(于), 천(千)

3	3	3	3	3	3	3	3	3
2 3	2 13	2 30	3 5	3 10	3 12	3 15	3 18	3 26
3 2	13 2	30 2	5 3	10 3	12 3	15 3	18 3	26 3

3	3	3	3	3	3	3	3	3
3 29	3 32	4	4 14	4 28	5 8	5 10	5 13	5 30
29 3	32 3	4	14 4	28 4	8 5	10 5	13 5	30 5

3	3	3	3	3	3	3	3	3
8 10	8 13	8 21	8 30	10 22	10 28	12 20	12 26	13 22
10 8	13 8	21 8	30 8	22 10	28 10	20 12	26 12	22 13

3	3	3	3	3	3	3
13 32	14 15	14 18	14 21	15 20	15 30	18 20
32 13	15 14	18 14	21 14	20 15	30 15	20 18

4획 성씨

개(介), 공(公), 공(孔), 근(斤), 모(毛), 문(文), 방(方), 변(卞), 부(夫), 수(水), 왕(王), 원(元), 윤(尹), 천(天), 태(太), 편(片), 화(化)

4		4		4		4		4		4		4		4		4	
1	2	1	12	1	20	1	28	2	9	2	11	2	19	2	27	2	29
2	1	12	1	20	1	28	1	9	2	11	2	19	2	27	2	29	2

4		4		4		4		4		4		4		4		4	
2	33	3	4	3	14	3	28	4	7	4	9	4	13	4	17	4	21
33	2	4	3	14	3	28	3	7	4	9	4	13	4	17	4	21	4

4		4		4		4		4		4		4		4		4	
4	25	4	27	4	29	4	33	7	14	7	28	9	12	9	20	9	28
25	4	27	4	29	4	33	4	14	7	28	7	12	9	20	9	28	9

4		4		4		4		4		4		4		4		4	
11	14	11	20	12	13	12	17	12	19	12	21	12	25	12	29	13	20
14	11	20	11	13	12	17	12	19	12	21	12	25	12	29	12	20	13

4		4		4		4		4		4	
13	28	14	17	14	19	14	21	14	27	17	20
28	13	17	14	19	14	21	14	27	14	20	17

5획 성씨

감(甘), 구(丘), 백(白), 비(丕), 빙(氷), 사(史), 석(石), 신(申), 영(永), 옥(玉), 전(田), 점(占), 좌(左), 평(平), 포(包), 피(皮), 현(玄)

5		5		5		5		5		5		5		5		5	
1	2	1	10	1	12	1	32	2	6	2	11	2	16	2	30	3	8
2	1	10	1	12	1	32	1	6	2	11	2	16	2	30	2	8	3

5		5		5		5		5		5		5		5		5	
3	10	3	30	6	10	6	12	6	18	6	26	6	27	8		8	10
10	3	30	3	10	6	12	6	18	6	26	6	27	6	8		10	8

5		5		5		5		5		5		5	
8	16	8	24	11	13	12		12	20	13	20	16	
16	8	24	8	13	11	12		20	12	20	13	16	

6획 성씨

곡(曲), 길(吉), 모(牟), 미(米), 박(朴), 빙(冰), 서(西), 안(安), 우(宇), 이(伊), 인(印), 임(任), 전(全), 주(朱), 즙(汁), 후(后)

6	6	6	6	6	6	6	6	6
1 10 / 10 1	1 17 / 17 1	1 32 / 32 1	2 5 / 5 2	2 9 / 9 2	2 15 / 15 2	2 23 / 23 2	2 27 / 27 2	2 29 / 29 2
2 33 / 33 2	5 10 / 10 5	5 12 / 12 5	5 18 / 18 5	5 26 / 26 5	5 27 / 27 5	7 10 / 10 7	7 11 / 11 7	7 18 / 18 7
7 25 / 25 7	7 26 / 26 7	7 32 / 32 7	9 9 / 9 9	9 23 / 23 9	9 26 / 26 9	9 32 / 32 9	10 15 / 15 10	10 19 / 19 10
10 23 / 23 10	10 25 / 25 10	10 29 / 29 10	11 12 / 12 11	11 18 / 18 11	12 17 / 17 12	12 19 / 19 12	12 23 / 23 12	12 27 / 27 12
12 29 / 29 12	15 17 / 17 15	15 18 / 18 15	15 26 / 26 15	17 18 / 18 17	18 23 / 23 18	25 32 / 32 25	29 32 / 32 29	

7획 성씨

군(君), 두(杜), 삼(杉), 성(成), 송(宋), 신(辛), 여(汝), 여(余), 여(呂), 연(延), 오(吳), 이(李), 지(池), 차(車), 초(初), 판(判)

7	7	7	7	7	7	7	7	7
1 16 / 16 1	1 17 / 17 1	1 24 / 24 1	1 30 / 30 1	4 4 / 4	4 14 / 14 4	4 28 / 28 4	6 10 / 10 6	6 11 / 11 6
6 18 / 18 6	6 25 / 25 6	6 26 / 26 6	6 32 / 32 6	8 8 / 8	8 9 / 9 8	8 10 / 10 8	8 16 / 16 8	8 17 / 17 8
8 24 / 24 8	8 30 / 30 8	9 16 / 16 9	9 22 / 22 9	9 32 / 32 9	10 14 / 14 10	10 22 / 22 10	10 28 / 28 10	11 14 / 14 11
11 30 / 30 11	14 17 / 17 14	14 18 / 18 14	14 24 / 24 14	16 16 / 16	16 22 / 22 16	16 25 / 25 16	17 24 / 24 17	26 32 / 32 26
28 30 / 30 28								

8획 성씨

경(京), 구(具), 기(奇), 김(金), 내(奈), 맹(孟), 명(明), 방(房), 봉(奉), 사(舍), 상(尙),
석(昔), 송(松), 승(承), 승(昇), 심(沈), 애(艾), 야(夜), 임(林), 종(宗), 주(周), 창(昌),
채(采), 탁(卓), 표(表)

※ 표(表)는 9획으로도 헤아릴 수 있음.

8	8	8	8	8	8	8	8	8
3 5	3 10	3 13	3 21	3 30	5 8	5 10	5 16	5 24
5 3	10 3	13 3	21 3	30 3	8 5	10 5	16 5	24 5

8	8	8	8	8	8	8	8	8
7 8	7 9	7 10	7 16	7 17	7 24	7 30	8 9	8 13
8 7	9 7	10 7	16 7	17 7	24 7	30 7	9 8	13 8

8	8	8	8	8	8	8	8	8
8 15	8 17	8 21	8 23	8 25	8 29	9 15	9 16	9 24
15 8	17 8	21 8	23 8	25 8	29 8	15 9	16 9	24 9

8	8	8	8	8	8	8	8	8
9 30	10 13	10 15	10 21	10 23	10 27	10 29	13 16	13 24
30 9	13 10	15 10	21 10	23 10	27 10	29 10	16 13	24 13

8	8	8	8	8	8	8
15 16	15 24	16 17	16 21	16 23	24 33	27 30
16 15	24 15	17 16	21 16	23 16	33 24	30 27

9획 성씨

강(姜), 남(南), 단(段), 류/유(柳), 선(宣), 성(星), 소/초(肖), 시(施), 십(辻), 요(姚),
우(禹), 위(韋), 유(兪), 준(俊), 추(秋), 편(扁), 표(表), 하(河), 함(咸)

※ 표(表)는 8획으로도 헤아릴 수 있음.

9	9	9	9	9	9	9	9	9
2 4	2 6	2 14	2 22	2 30	4	4 12	4 20	4 28
4 2	6 2	14 2	22 2	30 2	4	12 4	20 4	28 4

9	9	9	9	9	9	9	9	9
6 9	6 23	6 26	6 32	7 8	7 16	7 22	7 32	8
9 6	23 6	26 6	32 6	8 7	16 7	22 7	32 7	8

9	9	9	9	9	9	9	9	9
8 15	8 16	8 24	8 30	9 14	9 20	9 30	12 20	12 26
15 8	16 8	24 8	30 8	14 9	20 9	30 9	20 12	26 12

9	9	9	9	9	9	9	9	9
14 15	14 24	15 24	16 16	16 22	16 23	16 32	20 28	22 26
15 14	24 14	24 15	16 16	22 16	23 16	32 16	28 20	26 22

9	9	9
24	26 32	28 30
24	32 26	30 28

10획 성씨

강(剛), 계(桂), 고(高), 당(唐), 마(馬), 서(徐), 손(孫), 수(洙), 시(柴), 예(芮), 옹(邕), 운(芸), 원(袁), 은(殷), 조(曹), 진(眞), 진(晋), 진(秦), 창(倉), 하(夏), 홍(洪), 환(桓), 후(候)

10	10	10	10	10	10	10	10	10
1 5 / 5 1	1 6 / 6 1	1 7 / 7 1	1 14 / 14 1	1 22 / 22 1	1 28 / 28 1	3 3 / 3	3 5 / 5 3	3 8 / 8 3
3 22 / 22 3	3 28 / 28 3	5 6 / 6 5	5 8 / 8 5	6 7 / 7 6	6 15 / 15 6	6 19 / 19 6	6 23 / 23 6	6 25 / 25 6
6 29 / 29 6	7 8 / 8 7	7 14 / 14 7	7 22 / 22 7	7 28 / 28 7	8 13 / 13 8	8 15 / 15 8	8 21 / 21 8	8 23 / 23 8
8 27 / 27 8	8 29 / 29 8	11 14 / 14 11	11 27 / 27 11	13 22 / 22 13	13 25 / 25 13	14 15 / 15 14	14 21 / 21 14	14 23 / 23 14
15 22 / 22 15	15 23 / 23 15	19 / 19	19 28 / 28 19	19 29 / 29 19	21 27 / 27 21	22 25 / 25 22	23 25 / 25 23	28 29 / 29 28
29 / 29								

11획 성씨

강(强), 강(康), 견(堅), 국(國), 낭(浪), 마(麻), 매(梅), 묘(苗), 반(班), 방(邦), 범(范), 빈(彬), 설(卨), 설(偰), 양(梁), 어(魚), 원(苑), 이(異), 장(張), 장(章), 최(崔), 해(海), 허(許), 형(邢), 호(扈), 호(胡)

11	11	11	11	11	11	11	11	11
2 4 / 4 2	2 5 / 5 2	2 22 / 22 2	4 14 / 14 4	4 20 / 20 4	5 13 / 13 5	6 7 / 7 6	6 12 / 12 6	6 18 / 18 6
7 14 / 14 7	7 30 / 30 7	10 14 / 14 10	10 27 / 27 10	12 12 / 12 12	13 24 / 24 13	20 27 / 27 20	21 26 / 26 21	
13 28 / 28 13	14 27 / 27 14	20 21 / 21 20						

※ 11-13-28, 11-14-27, 11-20-21는 정(貞-총 획수 합)이 52수라 길흉이 상반될 수 있음을 참고하여 적용할 수 있음.

12획 성씨

경(景), 구(邱), 단(單), 돈(敦), 민(閔), 부(傅), 삼(森), 소(邵), 순(淳), 순(順), 순(荀), 순(舜), 운(雲), 유(庾), 저(邸), 정(程), 증(曾), 지(智), 팽(彭), 풍(馮), 필(弼), 황(黃), 동방(東方)

12	12	12	12	12	12	12	12	12
1 4	1 5	1 12	1 20	3 3	3 20	3 26	4 9	4 13
4 1	5 1	12 1	20 1	3 3	20 3	26 3	9 4	13 4

12	12	12	12	12	12	12	12	12
4 17	4 19	4 21	4 25	4 29	5 6	5 12	5 20	6 11
17 4	19 4	21 4	25 4	29 4	6 5	12 5	20 5	11 6

12	12	12	12	12	12	12	12	12
6 17	6 19	6 23	6 27	6 29	9 12	9 20	9 26	11 12
17 6	19 6	23 6	27 6	29 6	12 9	20 9	26 9	12 11

12	12	12	12	12	12	12	12
12 13	12 17	12 21	12 23	12 33	13 20	19 26	20 25
13 12	17 12	21 12	23 12	33 12	20 13	26 19	25 20

13획 성씨

가(賈), 금(琴), 노(路), 뇌(雷), 돈(頓), 목(睦), 아(阿), 양(楊), 염(廉), 옹(雍), 자(慈), 장(莊), 초(楚), 춘(椿), 강전(岡田), 사공(司空), 소봉(小峰)

13	13	13	13	13	13	13	13	13
2 3	2 16	2 22	3 8	3 22	3 32	4	4 12	4 20
3 2	16 2	22 2	8 3	22 3	32 3	4	12 4	20 4

13	13	13	13	13	13	13	13	13
4 28	5 20	8	8 10	8 16	8 24	10 22	10 25	11 24
28 4	20 5	8	10 8	16 8	24 8	22 10	25 10	24 11

13	13	13	13	13	13	13	13	13
12	12 20	16	16 19	16 32	19 26	20 25	20 28	22 26
12	20 12	16	19 16	32 16	26 19	25 20	28 20	26 22

13
24
24

13	13
11 28	19 20
28 11	20 19

※ 13-11-28, 13-19-20는 정(貞-총 획수 합)이 52수라 길흉이 상반될 수 있음을 참고하여 적용할 수 있음.

14획 성씨

견(甄), 국(菊), 기(箕), 단(端), 배(裵), 봉(鳳), 빈(賓), 신(愼), 연(連), 영(榮), 온(溫), 제(齊), 조(趙), 채(菜), 학(郝), 서문(西門)

14			14			14			14			14			14			14			14			14
1	2		1	10		1	17		1	23		1	24		2	9		2	15		2	19		2	21
2	1		10	1		17	1		23	1		24	1		9	2		15	2		19	2		21	2

14		14		14		14		14		14		14		14		14
2	23	3	4	3	15	3	18	3	21	4	7	4	11	4	17	4	19
23	2	4	3	15	3	18	3	21	3	7	4	11	4	17	4	19	4

14		14		14		14		14		14		14		14		14
4	21	4	27	7	10	7	11	7	17	7	18	7	24	9	9	9	15
21	4	27	4	10	7	11	7	17	7	18	7	24	7	9	9	15	9

14		14		14		14		14		14		14		14
9	24	10	11	10	15	10	21	10	23	15	18	23	24	24	33
24	9	11	10	15	10	21	10	23	10	18	15	24	23	33	24

14		14		14		14
11	27	15	23	17	21	19
27	11	23	15	21	17	19

※ 14-11-27, 14-15-23, 14-17-21, 14-19-19는 정(貞-총 획수 합)이 52수라 길흉이 상반될 수 있음을 참고하여 적용할 수 있음.

15획 성씨

갈(葛), 경(慶), 곽(郭), 궉(鴌), 노(魯), 누(樓), 동(董), 만(萬), 묵(墨), 섭/엽(葉), 양(樑), 영(影), 유(劉), 증(增), 탄(彈), 한(漢), 흥(興), 장곡(長谷)

※ 흥(興)은 16획으로도 헤아릴 수 있음.

15		15		15		15		15		15		15		15		15
1	2	1	16	1	22	1	32	2	6	2	14	2	16	2	22	2	30
2	1	16	1	22	1	32	1	6	2	14	2	16	2	22	2	30	2

15		15		15		15		15		15		15		15		15
3	14	3	20	3	30	6	10	6	17	6	18	6	26	8	8	8	9
14	3	20	3	30	3	10	6	17	6	18	6	26	6	8	8	9	8

15		15		15		15		15		15		15		15		15
8	10	8	16	8	24	9	14	9	24	10	14	10	22	10	23	14	18
10	8	16	8	24	8	14	9	24	9	14	10	22	10	23	10	18	14

15		15		15		15
16		16	17	16	32	22	26
16		17	16	32	16	26	22

15		15
14	23	17	20
23	14	20	17

※ 15-14-23, 15-17-20는 정(貞-총 획수 합)이 52수라 길흉이 상반될 수 있음을 참고하여 적용할 수 있음.

16획 성씨

교(橋), 노(盧), 도(道), 도(都), 도(陶), 두(頭), 반(潘), 연(燕), 용(龍), 육(陸), 음(陰), 전(錢), 제(諸), 진(陳), 흥(興), 황보(皇甫)

※ 흥(興)은 15획으로도 헤아릴 수 있음.

16		16		16		16		16		16		16		16		16	
1	7	1	15	1	16	1	22	2	5	2	13	2	15	2	19	2	21
7	1	15	1	16	1	22	1	5	2	13	2	15	2	19	2	21	2

16		16		16		16		16		16		16		16		16	
2	23	2	29	5	8	5	16	7	8	7	9	7	16	7	22	7	25
23	2	29	2	8	5	16	5	8	7	9	7	16	7	22	7	25	7

16		16		16		16		16		16		16		16		16	
8	9	8	13	8	15	8	17	8	21	8	23	9	16	9	22	9	23
9	8	13	8	15	8	17	8	21	8	23	8	16	9	22	9	23	9

16		16		16		16		16		16		16		16		16	
9	32	13	16	13	19	13	32	15	16	15	17	15	32	16	25	16	29
32	9	16	13	19	13	32	13	16	15	17	15	32	15	25	16	29	16

16		16		16		16	
19	22	22	23	22	25	25	32
22	19	23	22	25	22	32	25

17획 성씨

국(鞠), 사(謝), 양(襄), 장(蔣), 종(鍾), 채(蔡), 추(鄒), 한(韓)

17		17		17		17		17		17		17		17		17	
1	6	1	14	1	20	1	30	4		4	12	4	14	4	20	6	12
6	1	14	1	20	1	30	1		4	12	4	14	4	20	4	12	6

17		17		17		17		17		17		17		17		17	
6	15	6	18	7	8	7	14	7	24	8		8	16	12		15	16
15	6	18	6	8	7	14	7	24	7		8	16	8		12	16	15

17		17		17		17		17	
18	30	20	21	20	28	24		28	30
30	18	21	20	28	20		24	30	28

17		17	
14	21	15	20
21	14	20	15

※ 17-14-21, 17-15-20는 정(貞-총 획수 합)이 52수라 길흉이 상반될 수 있음을 참고하여 적용할 수 있음.

18획 성씨

간(簡), 위(魏), 호(鎬), 망절(網切)

18		18		18		18		18		18		18		18		18	
3		3	14	3	20	5	6	6	7	6	11	6	15	6	17	6	23
3		14	3	20	3	6	5	7	6	11	6	15	6	17	6	23	6

18		18		18		18		18		18		18	
7	14	14	15	15	30	17	30	19	20	20	27	27	30
14	7	15	14	30	15	30	17	20	19	27	20	30	27

19획 성씨

담(譚), 방(龐), 설(薛), 정(鄭), 남궁(南宮), 어금(魚金)

19		19		19		19		19		19		19		19		19	
2	4	2	14	2	16	4	12	4	14	6	10	6	12	10	19	10	28
4	2	14	2	16	2	12	4	14	4	10	6	12	6	19	10	28	10

19		19		19		19		19		19		19		19		19	
10	29	12	26	13	16	13	26	16	22	18	20	19	20	20	28	22	26
29	10	26	12	16	13	26	13	22	16	20	18	20	19	28	20	26	22

19	
14	19
19	14

※ 19-14-19는 정(貞-총 획수 합)이 52수라 길흉이 상반될 수 있음을 참고하여 적용할 수 있음.

20획 성씨

나(羅), 엄(嚴), 선우(鮮于)

20	20	20	20	20	20	20	20	20
1 4 / 4 1	1 12 / 12 1	1 17 / 17 1	3 12 / 12 3	3 15 / 15 3	3 18 / 18 3	4 9 / 9 4	4 11 / 11 4	4 13 / 13 4
4 17 / 17 4	4 21 / 21 4	5 12 / 12 5	5 13 / 13 5	9 9 / 9 9	9 12 / 12 9	9 28 / 28 9	11 27 / 27 11	12 13 / 13 12
12 25 / 25 12	13 25 / 25 13	13 28 / 28 13	17 21 / 21 17	17 28 / 28 17	18 19 / 19 18	19 / 19	19 28 / 28 19	21 27 / 27 21
11 21 / 21 11	13 19 / 19 13	15 17 / 17 15						

※ 20-11-21, 20-13-19, 20-15-17는 정(貞-총 획수 합)이 52수라 길흉이 상반될 수 있음을 참고하여 적용할 수 있음.

22획 성씨

권(權), 변(邊), 소(蘇)

22	22	22	22	22	22	22	22	22
1 2 / 2 1	1 10 / 10 1	1 15 / 15 1	1 16 / 16 1	2 9 / 9 2	2 11 / 11 2	2 13 / 13 2	2 15 / 15 2	2 23 / 23 2
3 10 / 10 3	3 13 / 13 3	7 9 / 9 7	7 10 / 10 7	7 16 / 16 7	9 16 / 16 9	9 26 / 26 9	10 13 / 13 10	10 15 / 15 10
10 25 / 25 10	13 26 / 26 13	16 19 / 19 16	16 23 / 23 16	16 25 / 25 16	19 26 / 26 19			

23획 성씨

난(欒)

23		23		23		23		23		23		23		23		23		23	
1	14	1	24	2	6	2	14	2	16	2	22	6	9	6	10	6	12
14	1	24	1	6	2	14	2	16	2	22	2	9	6	10	6	12	6

23		23		23		23		23		23		23		23		23	
6	18	8	8	8	10	8	16	9	16	10	14	10	15	10	25	12	
18	6	8		10	8	16	8	16	9	14	10	15	10	25	10	12	

23		23		23	
14	24	16	22	24	
24	14	22	16	24	

23	
14	15
15	14

※ 23-14-15는 정(貞-총 획수 합)이 52수라 길흉이 상반될 수 있음을 참고하여 적용할 수 있음.

25획 성씨

독고(獨孤)

25		25		25		25		25		25		25		25		25	
4		4	12	6	7	6	10	6	32	7	16	8		10	13	10	22
4		12	4	7	6	10	6	32	6	16	7	8		13	10	22	10

25		25		25		25		25		25	
10	23	12	20	13	20	16		16	22	16	32
23	10	20	12	20	13	16		22	16	32	16

31획 성씨

제갈(諸葛)

31		31		31		31		31		31		31		31		31	
1	6	1	16	2	4	2	6	2	14	2	30	4		6	10	6	26
6	1	16	1	4	2	6	2	14	2	30	2	4		10	6	26	6

31		31		31		31		31	
7	10	7	30	8		10	27	16	
10	7	30	7	8		27	10	16	

31	31
4	17
17	4

※ 31-4-17는 정(貞-총 획수 합)이 52수라 길흉이 상반될 수 있음을 참고하여 적용할 수 있음.

제 7 장

성명학
신 수리 해설

1		○					근본격(根本格) 천우신조지상(天佑神助之象)

수리의 시작이 되는 기본수로 근본이라는 바탕 하에 발전과 만인에게 신망을 얻으며, 하는 일마다 성공하여 세상에 이름을 떨치니 많은 사람들이 우러러보며, 건강과 함께 부귀(富貴)와 명예(名譽)를 높여줌을 암시하는 좋은 길한 수리다.

2		·		·				분열격(分裂格) 노이무공지상(勞而無功之象)

분열이라는 특성 때문에 하는 일마다 결과를 얻기가 쉽지 않고, 가정사에서도 화합되지 않으니 안팎으로 근심이 많아질 수 있고, 일시적인 성과는 있을 수 있으나 그것을 지키기 어려우며, 삶에 풍파가 많으니 말년 또한 외롭게 됨을 암시하는 흉한 수리다.

3		○	△	·				완성격(完成格) 입신양명지상(立身揚名之象)

완성이라는 특성으로 뛰어난 지혜와 판단력으로 일찍이 입신양명하며, 처세와 융화력이 좋아 만인에게 인정을 받는 동시에 하는 일에서 결과와 성공을 만드니 부귀하게 되며, 가정과 자녀에게도 좋은 영향을 주게 됨을 암시하는 아주 길한 수리다.

4		·	·				변화격(變化格) 격화파양지상(隔靴爬癢之象)

변화라는 특성으로 일시적인 성공은 이룰 수 있으나 항상 변화를 추구하니 만족감을 찾을 수 없고 변덕으로 성공을 지켜내기 어려우며, 가정사에서도 변화가 많으니 풍파가 많고 자손과도 원만치가 않으니 인생사가 고달프게 될 수 있음을 암시하는 흉한 수리다.

5		·	·				안정격(安定格) 강구연월지상(康衢煙月之象)

안정이라는 특성으로 천성적으로 온후하며, 지덕을 겸비해 재물의 안정적 축적과 명예가 드높고, 주변과의 소통이 좋아 발전을 일찍이 이루고 가정사와 건강에도 좋음을 암시하는 길한 수리다.

6	·		·				개혁격(改革格) 고진감래지상(苦盡甘來之象)
	△		△				
	○		○				

개혁이라는 필두로 불합리함을 타파하니 일찍이 두각을 나타내어 만인의 칭송을 받을 수 있는데, 때문에 주변의 도움이 기대되며 주변의 도움으로 발전을 할 수 있지만, 자칫 큰 화도 있을 수 있음을 암시하니 길흉이 상반되는 수리이다.

7	○		○				독립격(獨立格) 결자해지지상(結者解之之象)
	△	△	△				

독립은 자주성을 나타내는데 일찍이 본인의 뜻을 세워 그대로 나아가니 바른 뜻을 세우면 필시 성공으로 가며, 독선으로 인한 주변에 환영을 받지 못하면 어려울 수 있음을 암시한다. 인내력을 바탕으로 성과를 이루게 되니, 길함이 수반되는 수리다.

8	○		○				발달격(發達格) 일일천리지상(一日千里之象)
	△	△	△				
	·	·	·				

발달을 특성으로 하는데 강한 의지와 추진력으로 매사 빠른 발전을 이루니 성과를 얻고 성공을 암시한다. 사회성이 강조되는 수리로 안팎으로 한쪽에 치우치면 불안할 수 있으며 정도를 지켜주면 길함으로 다가오는 수리다.

9	○	○	○				종료격(終了格) 안빈낙도지상(安貧樂道之象)
	△	△	△				
	·	·	·				

종료란 특성에 휴식이라는 의미도 포함하기 때문에 능동적이지는 않고 매사 수동적이어서 발전을 하는 데 제한이 많다. 진취성이 결여되어 매사 일에 용두사미가 될 소산이 크고, 매사 결과가 없으니 곤궁할 수 있음을 암시하는 흉한 수리다.

10		○		◯ 無			근본, 공허격(根本, 空虛格) 일장춘몽지상(一場春夢之象)

근본은 있으나 허망하니 부귀영화는 한낮 꿈에 지나지 않으며, 장대한 목표는 있지만 주변의 도움이 없고, 도움을 통해 성과로 만들어도 도로무공이 되니 삶에 있어 한탄이 많아질 수 있다. 가정사도 매한가지이니 허탈함을 암시하는 흉한 수리다.

11		쌍근본격(雙根本格) 능소능대지상(能小能大之象)

근본이라는 길한 의미가 증폭되어 뛰어난 지모를 바탕으로 성과를 얻게 되니 만인이 우러러보는 삶이 되며, 부귀와 명예가 날로 번창하고 매사 만족감이 높으니, 가정과 자손에게도 좋은 영향을 줌을 암시하는 길한 수리다.

12		근본, 분열격(根本, 分裂格) 도로무익지상(徒勞無益之象)

뜻은 있되 화합하지 못하니 성과를 얻지 못해 아쉬움이 따르며, 가정사에도 이별수가 있을 수 있고, 자손과도 화합하지 못하니 말년이 외롭고 처량할 수 있다. 일시적 발전은 있을 수 있으나 결과를 지키기 어려움을 암시하는 흉한 수리다.

13		근본, 완성격(根本, 完成格) 금의환향지상(錦衣還鄉之象)

뜻을 세우고 완성하니 입신양명하여 만인에게 존경과 부러움의 대상이 되며, 부귀와 명예가 드높고, 많은 사람을 훌륭하게 이끄니 지덕이 높을 수 있다. 가정과 자손에게도 필시 좋은 영향을 줌을 암시하는 아주 길한 수리다.

14		근본, 변화격(根本, 變化格) 재차일거지상(在此一擧之象)

일시적으로 성공을 이끌 수 있지만, 풍파로 인한 고충은 피할 수 없고, 뜻을 잘못 세우면 파란을 면하기 어려워, 설사 목표를 설정해도 변화가 많으니 만족감은 떨어질 수 있다. 가정사와 자손에게도 풍파가 암시되는 흉한 수리다.

15		근본, 안정격(根本, 安定格) 온의미반지상(溫衣美飯之象)

지덕을 겸비하여 매사 순조롭게 진행되고 성과로 만들어내니, 입신출세의 부귀지명이며, 하는 일과 가정사에 안정이 되고 만인이 잘 따르니 말년 또한 풍족하여 행복한 삶이 됨을 암시하는 길한 수리다.

16	근본, 개혁격(根本, 改革格) 일세지웅지상(一世之雄之象)

지덕을 겸비하여 만인에게 추앙을 받으니, 대업을 일으켜 성취하고 성공으로 이끌어 부귀 영달할 수 있으며, 근본에 출중치 못하면 자칫 화를 당할 수 있고, 주변과의 소통에도 신경을 써야 하지만, 근본이 좋아 길함을 암시하는 수리다.

17	근본, 독립격(根本, 獨立格) 제세지재지상(濟世之才之象)

일찍이 뜻을 세워 의지가 강하며 어려운 일을 극복하며 강한 자신감으로 자립 대성하여 만인의 존경과 존중을 받을 수 있는데, 자주성이 좋지만, 주변의 시기를 조심해야 함을 염두해야 한다. 성공이 뒤따라 부귀 영달할 수 있음을 암시하는 좋은 수리다.

18	근본, 발달격(根本, 發達格) 경륜지사지상(經綸之士之象)

지모를 바탕으로 매사 적극적이며 임기응변으로 성과를 순조로이 달성하며, 어려움을 만나도 굳은 신념으로 끝내 성공을 이루게 되고, 부귀를 얻게 되니 가정과 자손에 길한 영향을 줄 수 있다. 때문에 높은 지위로 감을 암시하는 좋은 수리다.

19	근본, 종료격(根本, 終了格) 노생지몽지상(盧生之夢之象)

처음은 좋으나 중도에서 좌절할 수 있어 하고자 하는 일에 성취가 어려우며, 능력은 있으나 끝이 좋지 않으니 만족감을 기대하기 어려울 수 있고, 가정사와 자손에게 나쁜 영향을 줘서 말년이 고독하고 불행할 수 있음을 암시하는 흉한 수리다.

20	분열, 공허격(分裂, 空虛格) 낙목공산지상(落木空山之象)

일시적인 발전은 있을 수 있으나 매사 실패로 귀결되므로 허무할 수 있고, 결과와 성과가 없어 주변의 도움이 아쉽고 주변의 도움 또한 기대하기 어려우니, 모든 일에서 마음을 비울 때 만족감을 찾을 수 있음을 암시하는 흉한 수리다.

21	·	·	○		

분열, 근본격(分裂, 根本格)
자수성가지상(自手成家之象)

시작은 미약하지만 강인한 정신력으로 험난함을 이겨내며, 대업을 완수하여 이름을 떨칠 수 있고, 지난날의 고통이 밑거름이 되어 부귀영달을 달성하며 가정 운과 자손에게도 필시 좋은 영향을 줌을 암시하는 좋은 수리라 하겠다.

22	·	·	·	·	

쌍분열격(雙分裂格)
파란만장지상(波瀾萬丈之象)

타고난 재능과 능력에 비해 성과가 없고, 중도에 좌절하니 파란만장한 삶이 될 수 있고, 사회 운이 안정되지 못하여 불안하니 가정 운 또한 좋지 않으며 자손에게도 불길한 영향을 줄 수 있다. 전반적으로 운세가 하락함을 암시하는 흉한 수리다.

23	·		·	○	△	

분열, 완성격(分裂, 完成格)
대기만성지상(大器晚成之象)

타고난 능력은 처음엔 빛을 발하기 어려우나 차츰 인정을 받고 만인에게 존경을 받게 되니, 중년 이후 그 기반을 바탕으로 큰 성공을 이룰 수 있는데, 때문에 가정을 화목하게 이끌고 부귀가 드높아지니 삶의 만족도가 높음을 암시하는 길한 수리다.

24	·	·	·		·	
			○		○	

분열, 변화격(分裂, 變化格)
무망지복지상(毋望之福之象)

처음은 매사 안정되지 못하고 변화를 추구하지만, 타고난 능력을 바탕으로 우연한 기회를 잡아 성공으로 이끄는 묘한 수가 있을 수 있고, 성공 이후에도 의외의 행운이 함께해서 좋을 수 있음을 암시하는 흉변길의 길한 수리다.

25	·	·	·	△	·	
			○		○	

분열, 안정격(分裂, 安定格)
원화소복지상(遠禍召福之象)

타고난 능력과 초년의 고생은 중년 이후의 성공에 확실한 밑거름이 되어 삶을 성공으로 이끌어낼 수 있고, 꾸준한 노력으로 만인에게 칭송받으며, 매사 진중하니 안팎으로 안정을 찾을 수 있다. 가정과 자손에게도 좋음을 암시하는 길한 수리다.

26	분열, 개혁격(分裂, 改革格) 반상낙하지상(半上落下之象)

일찍이 비상한 재주로 인정을 받지만, 주변의 많은 시기와 성과로 만들지 못함은 인간관계가 완만치 못함에서 기인할 수 있는데, 결국 삶의 풍파가 많아지게 되니, 관재구설 등 재난을 면하기 어려워 주의가 따르는 다소 흉한 수리다.

27	분열, 독립격(分裂, 獨立格) 군웅할거지상(群雄割據之象)

능력은 있으나 인덕이 없음은 주변의 시기와 방해를 받아 노력만큼의 결실이 따르지 않으니 아쉬움이 따를 수 있으며, 좌절과 성공이 반복되며 가정 운 또한 좋지 않으니 말년의 외로움을 암시하는 다소 흉한 수리다.

28	분열, 발달격(分裂, 發達格) 사상누각지상(砂上樓閣之象)

능력으로 인한 일시적은 성공은 있지만, 그 성공을 지속할 수 없어 풍파가 많아지니 삶의 고충이 많을 수 있으며, 근본이 없는바 모래 위에 성을 짓는 거나 매한가지이기에 좋지 않고, 가정 운이나 자손에게도 좋지 않은 영향을 줄 수 있음을 암시하는 흉한 수리다.

29	분열, 종료격(分裂, 終了格) 사해파정지상(四海波靜之象)

능력의 출중함을 완만함으로 이어가니, 안정성을 기반으로 꾸준하게 노력하여 성공으로 이끌어낼 수 있으며, 큰 고비를 넘겨 부귀 영달하니, 주변에 사람이 많이 따르고 가정 운이 좋고 자손도 좋아질 수 있음을 암시하는 길한 수리다.

30	완성, 공허격(完成, 空虛格) 일취지몽지상(一炊之夢之象)

성공은 할 수 있지만, 그 결과가 더없이 허무하게 다가오니 만족감을 찾기가 어렵고, 결국 성과가 있어도 그걸 지켜내기가 어려우니, 마음을 비우고 정도를 갈 때 다소 안정을 찾을 수 있다. 인생 전반에 좋지 않은 영향을 줄 수 있는 암시가 있기 때문에 흉한 수리다.

| 31 | ○ | △ | · | | ○ | 완성, 근본격(完成, 根本格)
만화방창지상(萬化方暢之象) |

일찍이 지덕을 겸비하고 주변의 도움과 본인의 노력으로 성공을 이끌어내니 만인이 존경하고 추앙하는 인물이 될 수 있으며, 부와 명예가 드높아지고 가정 운과 자손에게도 아주 좋은 영향을 줌을 암시하는 길한 수리 중에 길수라 하겠다.

| 32 | ○ | △ | · | · | | · | 완성, 분열격(完成, 分裂格)
입신출세지상(立身出世之象) |

타고난 능력이 뒷받침되어 초년에 성공의 기반이 되고, 본인의 능력을 널리 전파하여 만인의 존경을 한몸에 받게 되는데, 주변의 도움이 기대되고 분명한 목표의식이 가정과 사회 안팎 번창함에 좋은 영향을 줄 수 있음을 암시하는 길함이 강화되는 수리다.

| 33 | ○ | △ | · | ○ | △ | · | 쌍완성격(雙完成格)
욱일승천지상(旭日昇天之象) |

타고난 능력을 바탕으로 매사 과감하고 결단성으로 성과를 이끌어내니 만인의 부러움과 함께 성공할 수도 있고, '과유불급'만 주의하면 아주 좋으며, 주변과의 소통에도 신경 써주면 좋다. 부귀영달하니 가정과 자손에게도 좋은 영향을 줌을 암시하는 길한 수리다.

| 34 | ○ | △ | · | · | · | | 완성, 변화격(完成, 變化格)
평지풍파지상(平地風波之象) |
| | | | | ○ | | ○ | |

처음은 좋지만 성공 이후의 변덕으로 그 성공을 지키기가 어려우니, 인내심 부족으로 인한 풍파가 암시되며, 때문에 부단한 끈기와 노력이 요구되며, 가정사에서도 각별히 신경 써야 풍파를 대비할 수 있음을 암시하는 흉한 수리다.

| 35 | ○ | △ | · | · | △ | | 완성, 안정격(完成, 安定格)
안과태평지상(安過太平之象) |
| | | | | ○ | | ○ | |

주변의 신망이 두텁고 성실한 성품으로 매사 안정적인 성과를 이끌어낼 수 있는데, 인덕이 있어 주변의 도움도 기대되지만, 기본적으로 안정을 추구하기 때문에 큰 성공보단 안정적 성공이 더 잘 어울릴 수 있음을 암시한다. 가정사와 자손에게도 좋은 영향을 주는 길한 수리다.

36

		·	·
○	△	·	△	△
			○	○

완성, 개혁격(完成, 改革格)
급전직하지상(急轉直下之象)

의협심이 강한 기질이 있으나 자칫 곤란과 고통으로 파란과 곡절이 많을 수 있음을 암시한다. 인덕이 없을 수 있으며, 노력하여도 성과를 얻기가 어려울 수 있고, 가정 운과 자손에게도 좋지 않음을 암시하는 흉한 수리다.

37

		○		○
○	△	·	△	△	△
		○		·

완성, 독립격(完成, 獨立格)
의금지영지상(衣錦之榮之象)

출중함을 바탕으로 자립심이 강할 수 있고, 매사 과단성 있게 추진함으로 큰 성과를 이룰 수 있음을 암시한다. 주변의 도움도 기대되며, 신망이 두터울 수 있어, 발전이 빠르며, 가정의 안위와 함께 부귀영달을 암시하는 길한 수리다.

38

		○		○
○	△	·	△	△	△
		·	·	·

완성, 발달격(完成, 發達格)
동량지재지상(棟樑之材之象)

지모를 바탕으로 일찍이 인정을 받아 성공할 수 있음을 암시하는데, 그만큼 시기도 뒤따를 수 있음을 참고할 필요는 있다. 앞을 내다보는 현명한 자세로 차근차근 진행하여 이후 부귀공명을 할 수 있음을 암시하는 좋은 수리다.

39

		○	○	○
○	△	·	△	△	△
		·	·	·

완성, 종료격(完成, 終了格)
함포고복지상(含哺鼓腹之象)

현명함과 좋은 품성으로 매사 모든 능히 성과를 이끌어낼 수 있고, 만인에게 존경받을 수 있음을 암시한다. 때문에 대업 성취가 가능할 수 있어 부귀영달하게 되며, 가정과 자손에게도 좋음을 암시하는 길한 수리다.

40

변화, 공허격(變化, 空虛格)
고조불탄지상(古調不彈之象)

임기응변과 재주가 출중할 수 있으나, 인덕이 없을 수 있음은 현실의 변화에 대응하기 어려워 실패와 좌절이 따를 수 있음을 암시한다. 성과가 부실하기 때문에 안정적이지 못하여 가정 운과 자손에게도 좋지 않음을 암시하는 흉한 수리다.

41					

변화, 근본격(變化, 根本格)
연석보천지상(鍊石補天之象)

출중함과 덕망이 높아서 하는 일에 발전이 뒤따름을 암시하고, 만인에게 존경을 받을 수 있음은 정도를 지켜나감에 있다. 부귀영달과 함께 많은 사람이 뒤따르니 세상에 이름을 떨칠 수 있음을 암시하고 있고 가정과 자손에게도 필시 좋은 영향을 줄 수 있으니 길한 수리다.

42					

변화, 분열격(變化, 分裂格)
구사불첨지상(救死不瞻之象)

타고난 재능과 능력에 비해 성과가 없어 중도에 좌절하니 실속이 없고, 매사 변화가 많을 수 있으니 사회 운이 안정되지 못하여 불안함을 암시한다. 가정 운 또한 좋지 않을 수 있고, 자손에게도 불길한 영향을 줄 수 있음을 암시하는 흉한 수리다.

43					

변화, 완성격(變化, 完成格)
화이부실지상(華而不實之象)

타고난 능력은 만인에게 인정을 받지만, 성공반열에 올라도 실속이 없을 수 있는 암시가 강하게 작용하며, 수습이 안 되고 생각지도 않는 결과가 도출되니 만족감을 찾기가 어려울 수 있음을 암시하는 다소 흉한 수리다.

44					

쌍변화격(雙變化格)
패가망신지상(敗家亡身之象)

재치는 있겠지만, 매사 변화를 추구하다가 덧없는 욕망과 욕심으로 패가망신할 수 있음을 암시한다. 의외의 일시적인 성공은 있을 수 있으나, 지키지는 못함은 근본이 없음에 있고 이러한 연유에 가족구성원에게 나쁜 영향을 주게 되는 암시가 되니 흉한 수리라 하겠다.

45					

변화, 안정격(變化, 安定格)
경전착정지상(耕田鑿井之象)

타고난 지모를 바탕으로 자연스레 높은 지위까지 오르고 주변에서 열광하니, 젊은 시절의 완숙한 경험과 수완으로 매사를 성공으로 이끌 수 있음을 암시한다. 가정이나 자손에 대한 덕도 기대할 수 있어 부귀영달이 기대되는 길한 수리다.

46

변화, 개혁격(變化, 改革格)
식옥취계지상(食玉炊桂之象)

때를 만나지 못하여 보잘것없는 것과 같으니, 능력은 있되 잘 펼칠 수 없어 안타까움이 암시한다. 좌절을 겪고 수동적이게 되어 결국 모든 것을 체념할 수도 있으니 이를 경계하는 것이 좋다. 인덕도 부족할 수 있어 외롭고, 말년 또한 처량할 수 있음을 암시하는 흉한 수리다.

47

변화, 독립격(變化, 獨立格)
백일청천지상(白日靑天之象)

출중한 능력은 매사 모든 것을 결과로 이끌어내어 성공할 수 있는 기반을 만들 수 있음을 보여주며 암시한다. 뜻한 대로 모아 번창시키니 만인이 따르게 되고 가세가 일어나니 자손에게까지 영광이 미칠 수 있음을 암시하는 길한 수리다.

48

변화, 발달격(變化, 發達格)
계구우후지상(鷄口牛後之象)

출중한 능력도 주변의 도움으로 활용할 수 있는 것이니, 주변에 대한 신경을 각별히 써주고 덕을 베풀 것이 요구되는데, 정도를 지키지 못하면 풍파는 감안해야 함을 암시하는 길흉 상반의 수리다.

49

변화, 종료격(變化, 終了格)
노이불사지상(老而不死之象)

능력의 출중함을 완만히 수행하여 일시적으로 성공도 이루어 내지만, 그 과정 속에서의 풍파는 감내해야 한다는 것을 암시하고 있다. 쉬려고 해도 쉴 수가 없음은 주변에서 가만히 놔주지 않음이며, 가정과 자손에게도 많은 신경을 써야 함을 암시하니 대체로 흉한 수리라 할 수 있다.

50

안정, 공허격(安定, 空虛格)
고신척영지상(孤身隻影之象)

기반을 바탕으로 일시적인 성공은 할 수 있겠지만, 만족감을 찾기는 다소 어렵고, 의지가 약할 수 있음을 암시하고 있어 자주성과 능동적이지 못하면 성과를 이룰 수 없음을 암시한다. 때문에 적극성이 요구되는 수리로 다소 흉한 수리라 하겠다.

51	·		·		
		△		○	
	○		○		

안정, 근본격(安定, 根本格)
삼마태수지상(三馬太守之象)

51은 인간 마음에 따라 많은 변화가 있을 수 있는 수리라 그 마음가짐에 따라 길흉이 상반됨을 암시한다. 좋은 뜻에 바른길로 가고자 한다면 필시 성공하게 되며, 그렇지 못하면 파란이 많아 많은 우여곡절을 겪을 수 있음을 암시하니, 사회 전반과 가정에 만전을 기해야 하는 길흉이 상반될 수 있음을 암시하는 수리다.

52	·		·		
		△		·	·
	○		○		

안정, 분열격(安定, 分裂格)
비이소사지상(匪夷所思之象)

비상한 능력으로 일찍이 성공할 수 있고, 만인이 부러워하는 인물이 될 수 있음을 암시한다. 사회적으로는 인정받을 수 있겠으나 가정적으로는 불안할 수 있음을 암시하니 너그러움과 안정이 요구되며, 자칫 시기가 맞지 않을 땐 풍파가 많을 수 있음을 경계할 필요가 있어 길흉이 상반될 수 있는 수리다.

53	·		·		
		△		○	△ ·
	○		○		

안정, 완성격(安定, 完成格)
복과화생지상(福過禍生之象)

타고난 능력이 있지만, 성과를 이끌어내는 데 시간이 필요할 수 있으며, 성공으로 만인의 부러움을 살 수 있지만, 그 과정이 쉽지만은 않을 수 있음을 암시한다. 사회적으로는 풍파가 있을 수 있으나 가정적으로는 길할 수 있음을 암시하는 길흉이 상반하는 수리다.

54	·		·	·	·
		△			
	○		○	○	○

안정, 변화격(安定, 變化格)
골육상쟁지상(骨肉相爭之象)

처음은 좋아 일시적인 성공은 이룰 수 있으나, 많은 풍파가 뒤따라 그 성공을 지키기가 어려움을 암시하기 때문에 매사 안정됨을 우선함이 좋다. 사회적으로나 가정사에서도 현명한 대비가 요구됨을 암시하는 대체로 흉한 수리다.

55	·		· ·		·
		△		△	
	○		○ ○		○

쌍안정격(雙安定格)
허장성세지상(虛張聲勢之象)

매사 순조롭고 부러움의 대상이 되지만, 속 빈 강정에 비유될 수 있음을 암시한다. 과유불급이라 화려함 속에 손실이 많으니 이를 경계할 필요가 있으며, 가정사와 자손에게도 각별히 신경을 쓸 필요가 있다. 정도를 지키면 평안함을 유지할 수 있음을 암시하는 길흉이 상반되는 수리다.

56	·	·	·	·
	△	△	△	
	○	○	○	○

안정, 개혁격(安定, 改革格)
용두사미지상(龍頭蛇尾之象)

뛰어난 지모가 있겠지만, 실행력이 뒷받침되지 않아 성과를 이루기가 어려움을 암시한다. 시작은 있되, 끝이 없으니 만족감을 찾기가 어렵고 본인의 분수를 넘어서면 자칫 화를 당할 수 있으니 경계할 필요가 있는 대체로 흉한 수리다.

57	·	·	○	○
	△	△	△	△
	○	○	·	·

안정, 독립격(安定, 獨立格)
선우후락지상(先憂後樂之象)

삶의 행로에서 유비무환의 자세로 임하니 차차 성공할 수 있는 기반을 만들고 주변의 부러움의 대상이 됨을 암시한다. 끈기와 자주성이 있기 때문에 필시 성공할 수 있으며 이후 삶의 부귀영달을 암시하는 길한 수리다.

58	·	·	○	○
	△	△	△	△
	○	○	·	·

안정, 발달격(安定, 發達格)
우공이산지상(愚公移山之象)

시작은 미약할 수 있겠으나, 경험과 연륜을 바탕으로 차츰 기반을 완성해 나가니 중년 이후 큰 성공을 암시한다. 꾸준함과 성실함이 뒤따를 수 있음은 사회적이나 가정사에 길함으로 연결됨을 암시함으로 길한 수리다.

59	·	·	○	○	○
	△	△	△	△	
	○	○	·	·	

안정, 종료격(安定, 終了格)
폐포파립지상(弊袍破笠之象)

현명하다고는 하나 의지가 약할 수 있으니, 시작은 있되 끝이 흐지부지될 수 있음을 암시한다. 때문에 사회적 활동에서도 결과를 만들기가 어렵고, 경제적 곤궁함도 따를 수 있게 되니 가정사에도 길함을 엿볼 수 없는 흉한 수리다.

60	·	·	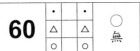
	△	△	○
	○	○	無

개혁, 공허격(改革, 空虛格)
검려지기지상(黔驢之技之象)

하고자 하는 의지와 능력은 있으나, 모든 것이 허사가 되고 인정받지 못함을 암시한다. 마음대로 되지 않으니 좌절을 하게 되고 매사 결과가 없으니 사회적으로나 가정적으로 풍파가 많을 수 있음을 암시하는 흉한 수리다.

61						개혁, 근본격(改革, 根本格) 일기당천지상(一騎當千之象)

출중함으로 하는 일에 발전이 뒤따르고, 만인에게 존경을 받을 수 있으니 부귀공명할 수 있음을 암시한다. 단, 너무 출중하다 보면 주변의 시기로 인해 풍파를 겪을 수 있음은 당연한 것이겠지만, 겸손함으로 대처하면 많은 것을 얻을 수 있음을 암시하는 길한 수리다.

62						개혁, 분열격(改革, 分裂格) 성자필쇠지상(盛者必衰之象)

기본적인 출중함이 분명 성공으로 이끌 수는 있지만, 그것을 지키지 못함에 한탄하게 됨을 암시한다. 전적으로 정도를 지켜 성공을 지킬 수 있는가에 달려있는데, 사회적으로나 가정적으로 풍파가 따를 수밖에 없음을 암시하니 흉한 수리다.

63						개혁, 완성격(改革, 完成格) 금의주행지상(錦衣晝行之象)

타고난 능력으로 매사 성과를 만들고, 그 성과가 성공으로 이끄니 노력과 적덕만 있다면 아주 길함을 암시한다. 만인에게 존경을 받으며 명리쌍전하니 부귀영달은 자연스레 따라온다. 사회적으로 가정적으로 좋은 영향을 주는 아주 길한 수리다.

64						개혁, 변화격(改革, 變化格) 산전수전지상(山戰水戰之象)

출중하지만 시대를 잘못 만난 것이니 갖가지 고생과 풍파로 삶이 피폐해짐을 암시한다. 때로는 경험과 연륜으로 인정을 받을 수는 있겠지만, 기본적인 삶에서 사회적이나 가정에서 안정되지 못하여 만족감이 떨어짐을 암시하는 흉한 수리다.

65						개혁, 안정격(改革, 安定格) 사필귀정지상(事必歸正之象)

뛰어난 능력은 어려운 일도 잘 헤쳐나가 성공으로 이끄니 모든 것을 바른 이치로 진행됨을 암시한다. 다소간의 풍파는 발전이 기틀이 되니, 삶의 기반을 더욱 탄탄하게 하고 부귀공명을 이루게 되어 가정사와 자손에게도 좋은 영향을 줄 수 있음을 암시하는 길한 수리다.

66	·	·	·	·
	△	△	△	△
	○	○	○	○

쌍개혁격(雙改革格)
낙정하석지상(龍頭蛇尾之象)

재주가 있다 할지라도 매사 즉흥적인 것으로 거듭 실패를 할 수 있음을 암시한다. 이러한 것이 고난과 역경을 따르게 하기 때문에 성과를 이룰 수가 없고, 안정되지 못함은 사회적으로나 가정사와 자손에게도 안 좋은 영향을 줄 수 있음을 암시하기 때문에 흉함이 강조되는 수리다.

67	·	·	○	○
	△	△	△	△
	○	○	·	·

개혁, 독립격(改革, 獨立格)
낭중지추지상(囊中之錐之象)

어려움 속에서도 타고난 출중함으로 극복해 내어 성공으로 이끌 수 있음을 암시한다. 너무 자주 성이 강하게 되면 주변의 시기를 받을 수 있기 때문에 이를 경계할 필요가 있으며, 매사 정도를 지켜주면 길함으로 다가옴을 암시하는 길한 수리다.

68	·	·	○	○
	△	△	△	△
	○	○	·	·

개혁, 발달격(改革, 發達格)
청운지지지상(靑雲之志之象)

타고난 능력을 바탕으로 용의주도한 실행으로 하는 일에서 큰 성공을 이루며, 만인의 신망을 받아 부귀영달을 누릴 수 있음을 암시한다. 정도와 큰 뜻을 품음으로써 일찍이 입신양명하며, 사회적으로나 가정적으로 길한 영향을 줄 수 있음을 암시하니 길한 수리다.

69	·	·	○	○	○
	△	△	△	△	
	○	○	·	·	

개혁, 종료격(改革, 終了格)
무주공산지상(無主空山之象)

출중하지만 그 능력에 비해 성과가 만족스럽지 못함을 암시한다. 매사 유시무종이 되어 성공을 이루기가 어렵고, 설사 결과를 만들어도 이미 때가 지난 후라 아쉬움을 남기게 됨을 암시하니 사회적으로나 가정적으로 좋지 않은 영향을 주는 흉한 수리다.

70	○		○	○
	△	△	△	無
	·		·	

독립, 공허격(獨立, 空虛格)
도로무공지상(徒勞無功之象)

하고자 하는 의지와 능력은 있으나, 모든 것이 허사가 되고 인정받지 못함을 암시한다. 마음대로 되지 않으니 좌절을 하게 되고 매사 결과가 없으니 사회적으로나 가정적으로 풍파가 많을 수 있음을 암시하는 흉한 수리다.

71	○		○				독립, 근본격(獨立, 根本格)
	△	△	△		○		척당불기지상(倜儻不羈之象)
		•		•			

자주성과 독립성을 바탕으로 일찍이 뜻을 세워 출사하여 성공할 수 있음을 암시한다. 하지만 너무 강경하면 부러질 수 있음을 경계할 필요가 있는데, 이 점을 유의하면 사회적으로나 가정적으로 부귀영달을 암시하는 길한 수리다.

72	○		○				독립, 분열격(獨立, 分裂格)
	△	△	△	•	•		거주양난지상(去住兩難之象)
		•					

뜻은 있으나 결실로 만들기 위해 많은 풍파를 견뎌야 함을 암시한다. 일시적인 성공은 이룰 수 있겠지만, 지키는 것엔 불안함을 가지고 있어 사회적으로나 가정적으로 신경을 많이 써야 함을 암시하는 길흉이 상반되는 가운데 흉한 수리다.

73	○		○				독립, 완성격(獨立, 完成格)
	△	△	△	△	○	△	적토성산지상(積土成山之象)
		•					

꾸준함과 강인함으로 어떠한 어려움에도 굴하지 않으며, 끝까지 해내어 성과를 이룰 수 있음을 암시한다. 처음의 시작은 미약할 수 있으나, 큰 성공을 이룰 수 있으니 주변의 인정을 받고 존경 또한 따를 수 있다. 자수성가하니 가정과 자손에게도 좋은 영향을 줄 수 있음을 암시하는 길한 수리다.

74	○		○	•			독립, 변화격(獨立, 變化格)
	△	△	△				적수단신지상(赤手單身之象)
	•		•	○		○	

강한 의지도 이내 환경과 주변의 상황으로 변해 버릴 수 있으니, 매사 결실을 맺기가 어려움을 암시한다. 무엇하나 제대로 할 수 없음은 삶을 곤궁하게 할 수 있으며, 이로써 가정사에도 좋지 않음을 암시하니 흉한 수리다.

75	○		○	•		•	독립, 안정격(獨立, 安定格)
	△	△	△		△		사해정밀지상(四海靜謐之象)
	•		•	○		○	

갖은 고초를 이겨내고 결국 원하는 바를 성취함을 암시한다. 사회적으로 노력을 통한 성공으로 만인에게 존경과 인정을 받게 되며, 가정사에도 길함으로 연결하니 만족감이 배가 될 수 있음을 암시하는 길한 수리다.

76	○	○	•		•	독립, 개혁격(獨立, 改革格)
	△	△	△	△		△	득전전창지상(得全全昌之象)
	•	•	○		○	

무릇 일을 꾀하는 데 있어서 만전지책을 쓰면 성공하여 창성하고, 그렇지 않으면 실패하여 망할 수 있음을 암시한다. 정도를 지키고 주변과의 소통에도 만전을 가하면 사회적으로나 가정적으로 원하는 바를 얻을 수 있음을 암시하는 길흉이 교차하는 수리다.

77	○		○	○		○	쌍독립격(雙獨立格)
	△	△	△	△	△	△	대의멸친지상(大義滅親之象)
	•		•	•		•	

강인한 정신력과 의지로 목적달성을 위해서라면 불굴의 자세로 성과를 이끌어내지만, 주변을 챙기지 않으니 흉함도 함께 할 수 있음을 암시한다. 사회적으로는 성공할 수도 있겠으나, 가정적으로는 주변을 힘들게 하여 결국 만족감이 떨어지는 길흉이 상반되는 가운데 흉함이 보다 강화됨을 암시하는 수리다.

78	○		○	○		○	독립, 발달격(獨立, 發達格)
	△	△	△	△	△	△	칠전팔기지상(七顚八起之象)
	•		•	•		•	

타고난 끈기로 실패에 굴하지 하고 다시 시작하는 정신으로 결국 성공을 이끌어낼 수 있지만, 거기엔 많은 희생이 따를 수 있음을 암시한다. 설사 부를 얻게 되면 명예를 잃고, 명예를 얻게 되면 부를 잃을 수도 있으니, 정도를 지키는 것이 중요하다. 길흉이 상반됨을 암시하는 수리다.

79	○		○	○	○	○	독립, 종료격(獨立, 終了格)
	△	△	△	△	△	△	진퇴유곡지상(進退維谷之象)
	•		•	•	•	•	

의지는 있으나 결국 시대를 잘못 만난 것이니, 결과가 없음을 암시한다. 주변의 도와주는 사람이 없어 외롭고 큰 뜻을 품기엔 역부족이라 성공을 이루기엔 힘에 부칠 수 있다. 흉함으로 다가오는 수리다.

80	○		○		◯	발달, 공허격(發達, 空虛格)
	△	△	△		無	사고무친지상(四顧無親之象)
	•	•	•			

처음은 좋을 수 있으나 결과는 없게 됨을 암시하는데, 주변의 도움이 절실하지만 도와주는 이가 없어 아쉽다. 사회적으로나 가정적으로 마음먹은 대로 안 되니 허망할 수 있음을 암시하는 흉한 수리다.

81	○		○			발달, 근본격(發達, 根本格)
	△	△	△	○		국사무쌍지상(國士無雙之象)
	·	·	·			

출중함으로 매사 발전이 따르고, 만인에게 존경을 받을 수 있으니 입신양명할 수 있음을 암시한다. 부귀영달로 사회적으로 가정적으로 만족감이 높을 수 있으니 원하는 바를 성취할 수 있음을 암시하는 길한 수리다.

82	○		○			발달, 분열격(發達, 分裂格)
	△	△	△	·		문전작라지상(門前雀羅之象)

출중함을 바탕으로 잠시나마 성공할 수 있지만, 그 성공을 지키기가 어려울 수 있음을 암시한다. 변덕에 항상 주의할 필요가 있고 사회적으로는 인정받을 수 있겠으나 가정적으로는 신경을 많이 써야 하니 길흉이 교차하는 가운데 흉함이 강조되는 수리다.

83	○		○				발달, 완성격(發達, 完成格)
	△	△	△	○	△		개선장군지상(凱旋將軍之象)
	·	·	·				

타고난 승부사의 기질로 결과를 만들고 성공으로 이끌 수 있음을 암시한다. 매사 성실하고 신망이 두터워 주변의 존경과 하는 일에서 성과를 이루어 내니, 부귀영달할 수 있고 사회적으로나 가정적으로 좋을 수 있음을 암시하는 길한 수리다.

84	○		○	·		·	발달, 변화격(發達, 變化格)
	△	△	△				귤화위지지상(橘化爲枳之象)
	·	·	·	○		○	

능력은 좋으나 환경에 의해 좋게도 될 수 있고, 나쁘게 될 수 있음을 암시한다. 무릇 초년의 환경이 중요하듯 처음 시작을 어떻게 하는 가야 따라 사회적으로나 가정적으로 좋고 나쁨이 상반될 수 있음을 암시하기 때문에 길흉이 상반되는 수리다.

85	○		○	·	·		발달, 안정격(發達, 安定格)
	△	△	△		△		명불허전지상(名不虛傳之象)
	·	·	·	○		○	

지덕을 바탕으로 초년부터 두각을 나타내며, 주변의 인정과 덕망을 받을 수 있음을 암시한다. 출중한 능력이 사람을 더욱 빛나게 함으로 부귀영달을 이룰 수 있게 되며, 가정적으로도 평화로울 수 있음을 암시하니 길한 수리다.

| 86 | 발달, 개혁격(發達, 改革格)
사회부연지상(死灰復燃之象) |

출중함이 오히려 화를 입을 수도 있지만, 정도를 지켜나가면 분명 성공을 쟁취할 수 있음을 암시한다. 사회 전반에서 두각을 나타내면 분명 시기와 질투를 당할 수 있는 점은 경계할 필요가 있고 가정에도 신경을 써줄 필요가 있음을 암시하지만 흉함보단 길함이 보다 강조되는 흉변길의 수리다.

| 87 | 발달, 독립격(發達, 獨立格)
백전노장지상(百戰老將之象) |

처음 시작은 미약할지라도 노력함과 출중함이 바탕이 되어 결국 성공으로 이끌 수 있음을 암시한다. 사회적으로나 가정적으로 발생할 수 있는 풍파는 감내할 필요가 있음을 암시하기에 흉함보단 길함이 보다 강조되는 흉변길의 수리다.

| 88 | 쌍발달격(雙發達格)
계군일학지상(鷄群一鶴之象) |

탁월함으로 일찍이 성공하고 부귀영달을 누릴 수 있지만, 과유불급이 되면 도로무공이 될 수 있음을 암시한다. 타고남엔 분명 인정을 받을 수 있지만, 사회적으로나 가정적으로 발생하는 풍파는 피할 수 없음을 암시함으로 길과 흉이 상반되는 수리다.

| 89 | 발달, 종료격(發達, 終了格)
안분지족지상(安分知足之象) |

능력을 펼침에 있어 순리를 지켜 과하지 않음을 표방하니 매사 안정됨을 암시한다. 특별히 큰 목표를 가지지 않고, 작은 것에 만족한다면 분명 행복감을 찾을 수 있고, 과유불급이 되면 감당할 수 없게 되니 힘들 수 있음을 암시함으로 길과 흉이 상반되는 수리다.

| 90 | 종료, 공허격(終了, 空虛格)
삼순구식지상(三旬九食之象) |

매사 하고자 하는 의지도 없으면서 편안함을 추구하니 생활에 곤궁할 수 있음을 암시한다. 뜻하는 바를 성취하기 어렵고, 사회적으로 가정적으로 풍파가 많아 힘이 들 수 있음을 암시하니 흉한 수리다.

91

○	○	○			
△	△	△		○	
•	•	•			

종료, 근본격(終了, 根本格)
무사태평지상(無事泰平之象)

우선순위를 안정을 기반으로 하니, 욕심이 없이 순리를 따르게 됨으로 매사 차근차근 이루어가서 이후 안락함을 이룰 수 있음을 암시한다. 사회적으로나 가정적으로 풍파가 적으므로 태평한 삶을 영위할 수 있음을 암시하는 길한 수리다.

92

○	○	○			
△	△	△	•		•
•	•	•			

종료, 분열격(終了, 分裂格)
사사무성지상(事事無成之象)

매사 분주히 움직여도 결과가 허망하고, 무엇을 해야 할지를 모르니 실속을 차리기가 어려움을 암시한다. 시기가 지났음에 새로움을 추구함이니 결과를 얻기가 어렵고 발전하고자 하나 뒤가 받쳐주지 못함이니 사회적으로 가정적으로 환영받지 못함을 암시하는 흉한 수리다.

93

○	○	○			
△	△	△	○	△	
•	•	•			

종료, 완성격(終了, 完成格)
광세지재지상(曠世之才之象)

천부적인 재능을 바탕으로 결과를 만들어내니, 만인이 존경하고 높은 덕망으로 성공을 이룬다. 모든 것을 갖춘 상태에서 성과를 이루는 것이니 매사 안정성을 기반으로 하여 가정적으로나 사회적으로 길함을 암시하는 길한 수리다.

94

○	○	○	•		
△	△	△			
•	•	•	○		○

종료, 변화격(終了, 變化格)
건목수생지상(乾木水生之象)

시대를 타고나지 못한 출중함이라 재주가 비상하다고는 하나, 인정받기가 어렵고 성과와 결과를 만드는 데 도움을 받을 수 없으니 외롭고 처량할 수 있음을 암시한다. 풍지풍파를 일으키므로 사회적으로나 가정적으로 흉함이 동반하는 흉한 수리다.

95

○	○	○	•		•
△	△	△		△	
•	•	•	○		○

종료, 안정격(終了, 安定格)
태평연월지상(太平烟月之象)

매사 안정적인 것을 추구하여 소심해 보일 수도 있으나 차근차근 결과를 만들어내니 주변의 부러움을 살 수 있음이고, 안빈낙도의 삶을 추구할 수 있음에 큰 성공보단 안정적 성공이 더 잘 어울릴 수 있음을 암시한다. 가정사와 사회성에 좋은 영향을 주는 길한 수리다.

96	○ ○ ○ ・ ・ △ △ △ △ △ ・ ・ ・ ○ ○	종료, 개혁격(終了, 改革格) 교각살우지상(矯角殺牛之象)

정체됨을 경계하고 발전을 위한 노력을 경주하지만, 시작은 있되 끝이 없으니 결과를 만드는 데 많은 힘을 들일 수 있다. 출중하여 만인의 주목을 받는 것이 과하여 오히려 화를 미칠 수 있음을 암시한다. 대체로 흉함이 동반하는 수리다.

97	○ ○ ○ ○ ○ △ △ △ △ △ △ ・ ・ ・ ・ ・	종료, 독립격(終了, 獨立格) 부달시변지상(不達時變之象)

끈기와 인내를 바탕으로 매사 진중하게 임하지만, 융통성이 부족하여 주변의 시기를 받을 수 있으며, 완고함이 지나쳐 주변과의 소통에도 힘들고 좋은 기회 또한 놓칠 수도 있으니 안정적일 땐 길할 수 있으나 변화가 많을 땐 흉할 수 있음을 암시하는 길흉이 상반되는 수리다.

98	○ ○ ○ ○ ○ △ △ △ △ △ △ ・ ・ ・ ・ ・	종료, 발달격(終了, 發達格) 오풍십우지상(五風十雨之象)

안정을 바탕으로 출중함을 발휘하니 차근차근 결과를 이루어 내고, 그 결과가 주변의 부러움의 대상이 되니 사회적으로 가정적으로 태평함을 암시한다. 처음은 힘들 수 있으나 향후 넉넉함으로 다가오니 길함이 수반되는 길한 수리다.

99	○ ○ ○ ○ ○ ○ △ △ △ △ △ △ ・ ・ ・ ・ ・ ・	쌍종료격(雙終了格) 인생무상지상(人生無常之象)

하고자 하는 일에 모든 것을 갖추고 결과도 만들어 내지만, 인생사의 희로애락과 생로병사의 이치 앞에 이루어 놓은 모든 것을 내려놓을 수 있음에 무욕의 삶을 영위할 수도 있음을 암시한다. 주변에 최고의 높은 덕망을 받을 수 있되, 가정사에서는 환영받지 못함을 암시하는 길흉이 상반되는 수리다.

제 **8** 장

인명용
한자사전

발음	한자	뜻	부수	자원	획수	발음	한자	뜻	부수	자원	획수
	加	더할	力	水	5		迦	부처 이름	辶	土	12
	可	옳을	口	水	5		訶	꾸짖을	言	金	12
	伽	절	亻	火	7		斝	술잔	斗	火	12
	佳	아름다울	亻	火	8		暇	틈/겨를	日	火	13
	呵	꾸짖을	口	水	8		賈	값/성씨	貝	金	13
	坷	평탄하지 않을	土	土	8		嫁	시집갈	女	土	13
	架	시렁	木	木	9		嘉	아름다울	口	水	14
	枷	칼/도리개	木	木	9		歌	노래	欠	金	14
	柯	가지	木	木	9		榎	개오동나무	木	木	14
	家	집	宀	木	10		嘏	클(하)	口	水	14
	珂	마노/옥 이름	玉	金	10		稼	심을/양식	禾	木	15
가	哥	성씨/노래	口	水	10	가	價	값	亻	火	15
(木)	痂	딱지	疒	水	10	(木)	駕	멍에	馬	火	15
	哿	옳을	口	水	10		葭	갈대	艹	木	15
	珈	머리꾸미개	玉	金	10		檟	개오동나무	木	木	17
	茄	연 줄기	艹	木	11		謌	노래	言	金	17
	袈	가사	衣	木	11		各	각각	口	水	6
	假	거짓	亻	火	11		角	뿔	角	木	7
	苛	가혹할/까다로울	艹	木	11		却	물리칠	卩	木	7
	笳	호드기	竹	木	11		刻	새길	刂	金	8
	耞	도리깨	耒	木	11	각	卻	물리칠	卩	木	9
	舸	배	舟	木	11	(木)	咯	울	口	水	9
	街	거리	行	火	12		珏	쌍옥	玉	金	10
	跏	책상다리할	足	土	12		恪	삼갈/공경	忄	火	10
	軻	수레/사람 이름	車	火	12		埆	메마를	土	土	10

발음	한자	뜻	부수	자원	획수	발음	한자	뜻	부수	자원	획수
각 (木) (木)	桷	서까래	木	木	11	간 (木) (火)	栞	표할/벨	木	木	10
	殼	껍질/내려칠	殳	金	12		赶	쫓을	走	火	10
	脚	다리	肉	水	13		迁	구할	辶	土	10
	閣	집/문설주	門	木	14		桿	난간/방패	木	木	11
	推	두드릴	扌	木	14		侃	굳셀	亻	火	11
	慤	성실할	心	火	14		間	사이	門	木	12
	慤	성실할	心	火	15		茛	미나리아재비	艹	木	12
	擱	놓을	扌	木	18		稈	볏짚	禾	木	12
	覺	깨달을/밝힐	見	火	20		幹	줄기	干	木	13
간 (木) (火)	干	방패/줄기	干	木	3		揀	가릴/분간	扌	木	13
	刊	새길/책 펴낼	刂	金	5		斡	줄기	木	木	14
	艮	괘 이름/ 그칠	艮	土	6		慳	아낄	忄	火	15
	奸	간사할/ 간통할	女	土	6		諫	간할	言	金	16
	杆	몽둥이	木	木	7		澗	산골 물	氵	水	16
	忓	방해할	忄	火	7		墾	개간할	土	土	16
	侃	굳셀	亻	火	8		懇	간절할/ 정성스런	心	火	17
	玕	옥돌	玉	金	8		艱	어려울/ 가난할	艮	土	17
	秆	볏짚	禾	木	8		癎	간질	疒	水	17
	矸	산돌/ 깨끗할(안)	石	金	8		磵	산골짜기 물	石	金	17
	看	볼	目	木	9		癇	간질	疒	水	17
	肝	간/충심	肉	水	9		簡	대쪽/간략할	竹	木	18
	竿	낚싯대	竹	木	9		齦	물	齒	金	21
	姦	간음할	女	土	9	갈 (木) (火)	乫	땅 이름	乙	木	6
	柬	가릴/간략할	木	木	9		曷	어찌	日	火	9
	衎	즐길	行	火	9		秸	짚	禾	木	11

발음	한자	뜻	부수	자원	획수	발음	한자	뜻	부수	자원	획수
갈 (木) (火)	喝	꾸짖을	口	水	12	감 (木) (水)	嵌	산골짜기	山	土	12
	渴	목마를	氵	水	13		邯	땅 이름	邑	土	12
	楬	푯말	木	木	13		嶃	울퉁불퉁할	山	土	12
	碣	비석	石	金	14		欿	서운할	欠	火	12
	竭	다할	立	金	14		淦	물 이름	氵	水	12
	葛	칡	艹	木	15		酣	흥겨울	酉	金	12
	褐	갈색/ 굵은 베	衣	木	15		感	느낄/한할	心	火	13
	蝎	전갈	虫	水	15		減	덜/줄일	氵	水	13
	羯	불깐 양	羊	土	15		戡	이길	戈	金	13
	噶	맹세할	口	水	16		監	볼/살필	皿	金	14
	鞨	말갈	革	金	18		橄	감람나무/ 올리브	木	木	16
	蠍	전갈	虫	水	19		憨	어리석을	心	火	16
감 (木) (水)	甘	달/맛좋을	甘	土	5		澉	싱거울	氵	水	16
	坎	구덩이/험할	土	土	7		瞰	굽어볼	目	木	17
	坩	도가니	土	土	8		憾	섭섭할	忄	火	17
	柑	귤/감자	木	木	9		撼	흔들	扌	木	17
	弇	사람 이름	廾	水	9		歛	줄	欠	火	17
	泔	뜨물(쌀)	氵	水	9		轗	가기 힘들	車	火	20
	玪	옥 이름/ 옥(임)	玉	金	9		鹼	소금기	鹵	水	21
	疳	감질/감창	疒	水	10		鑑	거울/본보기	金	金	22
	勘	헤아릴	力	土	11		鑒	거울	金	金	22
	紺	감색/연보라	糸	木	11		龕	감실/ 절의 탑	龍	土	22
	埳	구덩이	土	土	11		矙	엿볼	目	木	25
	敢	감히/구태여	攵	金	12	갑 (木) (水)	甲	갑옷/ 첫째 천간	田	木	5
	堪	견딜	土	土	12		匣	갑/ 작은 상자	匚	木	7

발음	한자	뜻	부수	자원	획수	발음	한자	뜻	부수	자원	획수
갑 (木) (水)	岬	곶/산허리	山	土	8		畺	지경	田	土	13
	胛	어깨뼈	肉	水	11		踍	세울(항)	足	土	13
	鉀	갑옷	金	金	13		綱	벼리	糸	木	14
	閘	수문	門	木	13		腔	속 빌	肉	水	14
강 (木) (土)	江	강/ 나라 이름	氵	水	7		羫	양 갈빗대	羊	土	14
	杠	외나무다리	木	木	7		嫝	편안할	女	土	14
	扛	마주 들	扌	木	7		降	내릴/ 항복할(항)	阝	土	14
	羌	오랑캐/ 티베트족	羊	土	8		慷	슬플	忄	火	15
	岡	산등성이/ 언덕	山	土	8		僵	넘어질	亻	火	15
	矼	징검다리	石	金	8		鋼	강철	金	金	16
	玒	옥 이름(공)	玉	金	8		彊	굳셀/성씨	弓	金	16
	忼	강개할	忄	火	8		壃	지경	土	土	16
	姜	성씨/생강	女	土	9		穅	겨	禾	木	16
	舡	배	舟	木	9		講	외울/배울	言	金	17
	剛	굳셀/강직할	刂	金	10		橿	감탕나무/ 굳셀	木	木	17
	豇	광저기	豆	木	10		糠	겨/쌀겨	米	木	17
	強	강할/굳셀	弓	金	11		繈	포대기	糸	木	17
	康	편안/성씨	广	木	11		殭	굳어질	歹	水	17
	堈	언덕/항아리	土	土	11		襁	포대기	衤	木	18
	崗	언덕	山	土	11		鏹	굳셀/성할	金	金	18
	罡	북두칠성	四	木	11		薑	생강	艹	木	19
	强	강할/굳셀	弓	金	12		疆	지경/끝	田	土	19
	傋	어리석을	亻	火	12		顜	밝을	頁	火	19
	絳	진홍/땅 이름	糸	木	12		鏹	돈	金	金	20
	茳	천궁 모종	艹	木	12		鱇	아귀	魚	水	22

발음	한자	뜻	부수	자원	획수	발음	한자	뜻	부수	자원	획수
강	韁	고삐	革	金	22	개(木)	蓋	덮을	艹	木	16
개(木)	介	낄/낱	人	火	4		鎧	갑옷	金	金	18
	匃	빌	勹	金	5		闓	열	門	木	18
	价	클/착할	亻	火	6	객(木)(木)	客	손	宀	木	9
	改	고칠/바뀔	攵	金	7		喀	토할	口	水	12
	皆	다/함께	白	火	9	갱(木)(土)	更	다시	曰	火	7
	疥	옴	疒	水	9		坑	구덩이	土	土	7
	玠	홀/큰 서옥	玉	金	9		硻	돌 소리	石	金	12
	個	낱/크기	亻	火	10		粳	메벼	米	木	13
	豈	개가/어찌(기)	豆	木	10		賡	이을	貝	金	15
	芥	겨자	艹	木	10		羹	국	羊	土	19
	盖	덮을	皿	水	11		鏗	금옥 소리	金	金	19
	開	열/펼칠	門	木	12	갹	醵	추렴할	酉	金	20
	凱	개선할/온화할	几	木	12	거(木)	巨	클/어찌	工	火	5
	剴	알맞을	刂	金	12		去	갈	厶	水	5
	塏	높은 땅	土	土	13		車	수레(차)	車	火	7
	揩	닦을	扌	木	13		居	살/거주할	尸	木	8
	箇	낱	竹	木	14		呿	벌릴	口	水	8
	愷	편안할	忄	火	14		炬	횃불	火	火	9
	慨	성낼/분개할	忄	火	14		拒	막을/거절할	扌	木	9
	溉	물 댈	氵	水	15		昛	밝을	日	火	9
	慨	슬퍼할/분노할	忄	火	15		祛	떨	示	木	10
	槩	대개/절개	木	木	15		倨	거만할	亻	火	10
	槩	평미레	木	木	15		秬	검은 기장	禾	木	10
	磕	돌 부딪치는 소리	石	金	15		胠	겨드랑이	肉	水	11

발음	한자	뜻	부수	자원	획수	발음	한자	뜻	부수	자원	획수
거(木)	苣	상추	⺾	木	11	건(木)(火)	楗	문빗장	木	木	13
	袪	소매	衤	木	11		愆	허물/악질	心	火	13
	距	상거할/막을	足	土	12		揵	멜	扌	木	13
	据	근거/증거	扌	木	12		犍	불친소	牛	土	13
	鉅	클/강할	金	金	13		建	세울/엎지를	辶	土	13
	渠	개천	氵	水	13		湕	물 이름	氵	水	13
	筥	둥구미	竹	木	13		睷	눈으로 셀	目	木	14
	莒	감자	⺾	木	13		搴	빼낼	手	木	14
	腒	날짐승 포	肉	水	14		漧	하늘/마를	氵	水	15
	裾	자락	衤	木	14		腱	힘줄	肉	水	15
	踞	걸어앉을	足	土	15		褰	걷어 올릴	衣	木	16
	駏	버새	馬	火	15		蹇	밟을	足	土	16
	鋸	톱	金	金	16		鍵	열쇠/자물쇠	金	金	17
	據	근거/증거	扌	木	17		謇	절뚝발이	足	土	17
	擧	들/행할	手	木	18		謇	떠듬거릴	言	金	17
	蕖	연꽃	⺾	木	18		鞬	동개	革	金	18
	遽	급히	辶	土	20		騫	이지러질	馬	火	20
	籧	대자리	竹	木	23	걸(木)(火)	乞	빌	乙	木	3
	蘧	패랭이꽃	⺾	木	23		㐉	걸	乙	木	6
건(木)(火)	巾	수건/두건	巾	木	3		杰	뛰어날	木	火	8
	件	물건/조건	亻	火	6		桀	해/하왕 이름	木	木	10
	建	세울/엎지를	廴	木	9		傑	뛰어날	木	木	12
	虔	공경할	虍	木	10		朅	갈	日	火	14
	健	굳셀	亻	火	11		榤	해	木	木	14
	乾	하늘/마를(간)	乙	金	11	검	茨	가시연	⺾	木	10

발음	한자	뜻	부수	자원	획수	발음	한자	뜻	부수	자원	획수
검(木)(火)	鈴	비녀장	金	金	12	격(木)(木)	激	격할	氵	水	17
	儉	검소할	亻	火	15		檄	격문	木	木	17
	劍	칼	刂	金	15		闃	고요할	門	木	17
	劒	칼	刀	金	16		隔	사이 뜰	阝	土	18
	黔	검을	黑	水	16	견(木)(火)	犬	개	犬	土	4
	檢	검사할	木	木	17		見	볼/뵈올(현)	見	火	7
	撿	검사할	扌	木	17		畎	밭도랑	田	土	9
	瞼	눈꺼풀	目	木	18		肩	어깨	肉	水	10
겁(木)(水)	劫	위협할	力	水	7		堅	굳을/굳셀	土	土	11
	刧	겁탈할	刂	金	7		牽	이끌/끌	午	土	11
	刦	겁탈할	刀	金	7		狷	성급할	犭	土	11
	怯	겁낼	忄	火	9		絹	비단/명주	糸	木	13
	迲	자래	辶	土	12		筧	대 홈통	竹	木	13
게(木)	偈	쉴	亻	火	11		甄	질그릇/성씨	瓦	土	14
	揭	높이들/걸	扌	木	13		遣	보낼/파견할	辶	土	17
	憩	쉴	心	火	16		縳	명주	糸	木	17
격(木)(木)	格	격식	木	木	10		鵑	두견이/접동새	鳥	火	18
	挌	칠	扌	木	10		繭	고치/실	糸	木	19
	鬲	막을	鬲	土	10		羂	올무	四	木	19
	覡	박수/무당	見	火	14		繾	곡진할	糸	木	20
	觳	부딪칠	殳	金	14		譴	꾸짖을	言	金	21
	鴃	때까치	鳥	火	15		鰹	가물치	魚	水	22
	膈	가슴	肉	水	16		蠲	밝을	虫	水	23
	骼	뼈	骨	金	16	결(木)(火)	決	결단할	氵	水	8
	擊	칠/부딪힐	手	木	17		抉	도려낼	扌	木	8

발음	한자	뜻	부수	자원	획수	발음	한자	뜻	부수	자원	획수
	挈	맑을	女	土	9	겸(木)(水)	黚	얕은 금향빛	黑	水	17
	玦	패옥	玉	金	9		鎌	낫	金	金	18
	缺	이지러질	缶	土	10		鼸	도마뱀	鼠	水	23
	訣	이별할	言	金	11	경(木)(土)	冂	멀	冂	土	2
	觖	서운해할	角	木	11		冏	빛날	冂	火	7
	焆	불빛	火	火	11		囧	빛날	口	水	7
결(木)(火)	結	맺을	糸	木	12		更	고칠/다시(갱)	曰	火	7
	趌	뛸	辶	土	13		坙	물줄기	巛	水	7
	潔	깨끗할/맑을	氵	水	14		京	서울	亠	土	8
	潔	깨끗할/맑을	氵	水	16		坰	들	土	土	8
	闋	문 닫을	門	木	17		炅	빛날/성씨(계)	火	火	8
	鍥	새길(계)	金	金	17		庚	별/일곱째 천간	广	金	8
	岭	산이 작고 높을	山	土	7		勁	굳셀	力	金	9
	拑	입 다물	扌	木	9		俓	지름길	亻	火	9
	兼	겸할/포용할	八	金	10		剄	목 벨	刂	金	9
	傔	시중들	亻	火	12		扃	문빗장	戶	木	9
	鉗	칼/다물	金	金	13		畊	밭 갈	田	土	9
겸(木)(水)	嗛	겸손할/흉년 들	口	水	13		亰	서울	亠	土	9
	慊	찐덥지 않을	忄	火	14		徑	지름길/길	彳	火	10
	箝	재갈 먹일	竹	木	14		倞	굳셀	亻	火	10
	歉	흉년 들	欠	火	14		耿	빛/비출	耳	火	10
	槏	문설주	木	木	14		勍	셀/강할	力	金	10
	縑	합사 비단	糸	木	16		耕	밭 갈	耒	土	10
	蒹	갈대	艹	木	16		哽	목멜	口	水	10
	謙	겸손할	言	金	17		竟	마침내	立	金	11

발음	한자	뜻	부수	자원	획수	발음	한자	뜻	부수	자원	획수
	頃	이랑/잠깐	頁	火	11		暻	별/경치	日	火	16
	梗	줄기/막힐	木	木	11		憬	깨달을/동경할	忄	火	16
	絅	끌어 질	糸	木	11		頸	목	頁	火	16
	焵	빛날(형)	火	火	11		褧	홑옷	衣	木	16
	淫	통할	氵	水	11		磬	경쇠	金	金	16
	景	별/경치	日	火	12		熲	밝을	火	火	16
	痙	경련	疒	水	12		璄	옥빛(영)	玉	金	16
	卿	벼슬	卩	木	12		檄	도지개	木	木	17
	硬	굳을/가로막을	石	金	12		璟	옥빛(영)	玉	金	17
	焭	근심할	火	火	12		擎	들/떠받들	手	木	17
	經	지날/글	糸	木	13		罄	빌	缶	土	17
	敬	공경	攵	金	13		潁	홑옷	糸	木	17
경 (木)(土)	莖	줄기/버팀목	艹	木	13	경 (木)(土)	檠	도지개	木	木	17
	脛	정강이	肉	水	13		憼	공경할/경계할	心	火	17
	傾	기울	亻	火	13		曔	밝을	日	火	17
	悙	근심할	忄	火	13		璥	경옥	玉	金	18
	煢	외로울	火	火	13		謦	기침	言	金	18
	綆	두레박줄	糸	木	13		鯁	생선 뼈	魚	水	18
	境	지경	土	土	14		鯨	고래	魚	水	19
	逕	좁은 길	辶	土	14		鏡	거울	金	金	19
	輕	가벼울	車	火	14		鶊	꾀꼬리	鳥	火	19
	慶	경사/선행	心	火	15		瓊	구슬	玉	金	20
	熲	빛날	火	火	15		警	깨우칠/경계할	言	金	20
	儆	경계할	亻	火	15		競	다툴/겨룰	立	金	20
	駉	살질	馬	火	15		黥	자자할	黑	水	20

발음	한자	뜻	부수	자원	획수	발음	한자	뜻	부수	자원	획수
경 (木) (土)	競	다툴	立	金	22	계 (木)	磎	시내/ 산골 물	石	金	15
	驚	놀랄	馬	火	23		繫	맬	糸	木	16
계 (木)	系	맬/이을	糸	木	7		髻	상투	髟	火	16
	戒	경계할	戈	金	7		階	섬돌	阝	土	17
	季	계절/끝	子	水	8		谿	시내	谷	水	17
	居	이를/지극할	尸	木	8		罽	물고기 그물	四	木	18
	癸	북방/ 열째 천간	癶	水	9		雞	닭	隹	火	18
	界	지경	田	土	9		薊	삽주	艹	木	19
	計	셀/헤아릴	言	金	9		繫	맬	糸	木	19
	係	맬	亻	火	9		繼	이을	糸	木	20
	契	맺을	大	木	9		鷄	닭	鳥	火	21
	桂	계수나무/ 월계수	木	木	10	고 (木)	古	옛/오래될	口	水	5
	烓	화덕/밝을	火	火	10		叩	두드릴/ 조아릴	口	水	5
	啓	열/여쭐	口	水	11		尻	꽁무니	尸	水	5
	械	기계	木	木	11		攷	생각할/살필	攵	金	6
	堺	지경	土	土	12		告	고할/알릴	口	水	7
	悸	두근거릴	忄	火	12		估	값	亻	火	7
	棨	창	木	木	12		固	굳을/완고할	口	水	8
	堦	섬돌	土	土	12		考	생각할/살필	老	土	8
	溪	시내	氵	水	14		姑	시어머니	女	土	8
	誡	경계할	言	金	14		呱	울	口	水	8
	瘈	미칠	疒	水	14		孤	외로울	子	水	8
	禊	계제사	示	木	14		刳	가를	刂	金	8
	繫	발 고운 비단	糸	木	14		杲	밝을(호)	木	木	8
	稽	상고할	禾	木	15		沽	팔/탐내할	氵	水	9

발음	한자	뜻	부수	자원	획수	발음	한자	뜻	부수	자원	획수
	故	연고/도리	夂	金	9		鼓	북/고동	鼓	金	13
	枯	마를	木	木	9		痼	고질	广	水	13
	牯	암소	牛	土	9		鈷	다리미	金	金	13
	高	높을/성씨	高	火	10		睾	불알/못	目	木	14
	羔	새끼양/흑양	羊	土	10		暠	흴(호)	日	火	14
	庫	곳집	广	木	10		誥	고할	言	金	14
	拷	칠/약탈할	扌	木	10		敲	두드릴	攴	金	14
	股	넓적다리	肉	水	10		槁	마를	木	木	14
	凅	얼	冫	水	10		箍	테	竹	木	14
	栲	붉나무	木	木	10		郜	나라 이름	邑	土	14
	羖	검은 암양	羊	土	10		稾	마를	木	木	14
	皋	언덕/못	白	金	10		菰	줄/부추	艹	木	14
고	苽	줄/산수국	艹	木	11	고	靠	기댈	非	水	15
㊍	苦	쓸/애쓸	艹	木	11	㊍	稿	볏짚/원고	禾	木	15
	皐	언덕/못	白	水	11		錮	막을/땜질	金	金	16
	罟	그물	罒	木	11		篙	상앗대	竹	木	16
	袴	바지/사타구니(과)	衤	木	12		糕	떡	米	木	16
	辜	허물	辛	金	12		鴣	자고	鳥	火	16
	雇	품 팔	隹	火	12		膏	기름	肉	水	16
	稁	볏짚	禾	木	12		翶	날	羽	火	18
	胯	사타구니	肉	水	12		瞽	소경	目	木	18
	觚	술잔	角	木	12		鹽	염지	皿	金	18
	詁	주낼	言	金	12		櫜	활집	木	木	19
	酤	계명주	酉	金	12		藁	짚/마른	艹	木	20
	賈	장사/값(가)	貝	金	13		顧	돌아볼	頁	火	21

발음	한자	뜻	부수	자원	획수	발음	한자	뜻	부수	자원	획수
고 (木)	蠱	뱃속 벌레/기생충	虫	水	23	곤 (木) (火)	棍	몽둥이	木	木	12
	鶻	작은 비둘기	鳥	火	23		琨	옥돌/패옥	玉	金	13
곡 (木) (木)	曲	굽을/누룩	曰	土	6		裍	걷어 올릴	衤	木	13
	谷	골/곡식	谷	水	7		髡	머리 깎을	髟	火	13
	哭	울/노래할	口	水	10		緄	띠	糸	木	14
	斛	휘	斗	火	11		滾	흐를/샘솟을	氵	水	15
	梏	수갑/쇠고랑	木	木	11		褌	잠방이	衤	木	15
	穀	곡식	禾	木	15		閫	문지방	門	木	15
	槲	떡갈나무	木	木	15		錕	붉은 쇠	金	金	16
	縠	주름 비단	糸	木	16		鯤	곤이	魚	水	19
	觳	뿔잔	角	木	17		鵾	댓닭	鳥	火	19
	轂	바퀴통	車	火	17		鶤	봉황	鳥	火	20
	鵠	고니/과녁	鳥	火	18		齫	이 솟아날	齒	金	22
	嚳	고할	口	水	20	골 (木) (火)	汩	골몰할	氵	木	8
곤 (木) (火)	困	곤할	口	水	7		骨	뼈	骨	金	10
	坤	땅/괘 이름	土	土	8		滑	익살스러울	氵	木	14
	昆	맏/후예/벌레	曰	火	8		搰	팔	扌	木	14
	袞	곤룡포	衣	木	10		榾	등걸	木	木	14
	崑	산 이름	山	土	11		鶻	송골매	鳥	火	21
	梱	문지방	木	木	11	공 (木) (土)	工	장인	工	火	3
	衮	곤룡포	衣	木	11		公	공평할	八	金	4
	堃	땅/왕후	土	土	11		孔	구멍/성씨	子	水	4
	崐	산 이름	山	土	11		功	공/공로	力	木	5
	悃	정성	忄	火	11		共	한 가지	八	金	6
	捆	두드릴	扌	木	11		攻	칠/거셀	攵	金	7

발음	한자	뜻	부수	자원	획수	발음	한자	뜻	부수	자원	획수
공 ㊍㊏	供	이바지할	亻	火	8	과 ㊍	果	실과/결과	木	木	8
	空	빌/없을	穴	水	8		侉	자랑할	亻	火	8
	恭	공손할	心	火	10		科	과목/품등	禾	木	9
	貢	바칠/천거할	貝	金	10		堝	도가니	土	土	12
	拱	팔짱 낄/보옥	扌	木	10		猓	긴꼬리원숭이	犭	土	12
	蚣	지네	虫	水	10		跨	넘을	足	土	13
	恐	두려울/공갈	心	火	10		誇	자랑할/자만할	言	金	13
	倥	어리석을	亻	火	10		稞	보리	禾	木	13
	栱	두공	木	木	10		窠	보금자리	穴	水	13
	琪	옥	玉	金	11		寡	적을/돌볼	宀	木	14
	崆	산 이름	山	土	11		菓	과자/실과	艹	木	14
	釭	살촉	金	金	11		夥	많을	夕	木	14
	控	당길/고할	扌	木	12		裹	쌀	衣	木	14
	悾	정성	忄	火	12		銙	대구	金	金	14
	蛩	메뚜기	虫	水	12		課	공부할/과정	言	金	15
	蛬	귀뚜라미	虫	水	12		蝌	올챙이	虫	水	15
	跫	발걸음소리	足	土	13		踝	복사뼈	足	土	15
	箜	공후	竹	木	14		過	지날/경과	辶	土	16
	槓	지렛대	木	木	14		鍋	노구솥	金	金	17
	鞏	굳을/나라 이름	革	金	15		顆	낟알/흙덩이	頁	火	17
	贛	줄	貝	金	24		撾	칠	扌	木	17
곶	串	땅 이름	丨	金	7		騍	암말	馬	火	18
과 ㊍	戈	창/전쟁	戈	金	4	곽 ㊍㊍	椁	덧널/궤	木	木	12
	瓜	오이	瓜	木	5		廓	둘레	广	木	14
	夸	자랑할	大	木	6		郭	둘레/외성/성씨	邑	土	15

발음	한자	뜻	부수	자원	획수	발음	한자	뜻	부수	자원	획수
곽 (木)(木)	槨	외관/덧널	木	木	15	관 (木)(火)	錧	줏대/비녀장	金	金	16
	霍	빠를	雨	水	16		盥	대아	皿	金	16
	鞹	무두질한 가죽	革	金	20		館	집/관사	食	水	17
	癨	곽란	疒	水	21		窾	빌	穴	水	17
	藿	콩잎/곽향	艹	木	22		雚	황새/박주가리(환)	隹	火	18
관 (木)(火)	丱	쌍상투	丨	金	5		關	관계할/가둘	門	木	19
	串	꿸	丨	金	7		灌	물 댈/따를	氵	水	22
	官	벼슬	宀	木	8		爟	봉화	火	火	22
	冠	갓/관례	冖	木	9		瓘	옥/옥 이름	玉	金	23
	貫	꿸/이룰	貝	金	11		罐	두레박	缶	土	24
	梡	도마/장작	木	木	11		觀	볼/보이게 할	見	火	25
	款	항목/정성	欠	金	12		髖	허리뼈	骨	金	25
	棺	널/입관할	木	木	12		鑵	두레박	金	金	26
	涫	끓을/세수할	氵	水	12		顴	광대뼈	頁	火	27
	琯	옥 피리	玉	金	13		鸛	황새/구욕새(권)	鳥	火	29
	祼	강신제	示	木	13	괄 (木)(火)	刮	긁을/깎을/모진 바람	刂	金	8
	筦	다스릴	竹	木	13		佸	이를	亻	火	8
	管	대롱/주관할	竹	木	14		括	묶을	扌	木	10
	菅	골풀	艹	木	14		恝	여유가 없을	心	火	10
	綰	얽을	糸	木	14		栝	노송나무	木	木	10
	寬	너그러울	宀	木	14		筈	오늬	竹	木	12
	寬	너그러울	宀	木	15		聒	떠들썩할	耳	火	12
	慣	익숙할/버릇	忄	火	15		适	빠를/신속할	辶	土	13
	輨	줏대/비녀장	車	火	15		髺	묶을	髟	火	16
	舘	집/관사	舌	木	16		鴰	재두루미	鳥	火	17

발음	한자	뜻	부수	자원	획수	발음	한자	뜻	부수	자원	획수
	広	넓을	广	木	5	광	鑛	쇳돌/광석	金	金	23
	光	빛	儿	火	6		卦	점괘/걸	卜	木	8
	匡	바를/구원할	匚	土	6		咼	입 비뚤어질	口	水	9
	昿	빛	火	火	8		挂	걸	扌	木	9
	侊	성찬/성한 모양	亻	火	8	괘	掛	걸/걸칠	扌	木	12
	狂	미칠	犭	土	8	㊍	罣	걸	四	木	12
	炚	빛(경)	火	火	8		詿	그르칠	言	金	13
	洸	성낼/용감할	氵	水	10		罫	줄/거리낄(해)	四	木	14
	桄	광랑나무	木	木	10		乖	어그러질	丿	火	8
	恇	겁낼	忄	火	10		怪	괴이할	忄	火	9
	框	문테	木	木	10		拐	후릴/속일	扌	木	9
광	茪	초결명	艹	木	10		傀	허수아비/클(회)	亻	火	12
㊍	珖	옥 피리	玉	金	11		媿	부끄러울	女	土	13
㊏	筐	광주리	竹	木	12		塊	덩어리/흙	土	土	13
	胱	오줌통/방광	肉	水	12		魁	괴수/으뜸	鬼	火	14
	絖	고운 솜	糸	木	12	괴	槐	회화나무	木	木	14
	誆	속일	言	金	13	㊍	愧	부끄러울	忄	火	14
	誑	속일	言	金	14		瑰	구슬 이름	玉	金	15
	廣	넓을	广	木	15		廥	여물광	广	木	16
	磺	쇳돌	石	金	17		蒯	황모	艹	木	16
	壙	뫼 구덩이/들판	土	土	18		瓌	구슬 이름	玉	金	17
	曠	빌/공허할/밝을	日	火	19		壞	무너질	土	土	19
	爌	불빛 환할	火	火	19		襘	띠 매듭	礻	木	19
	獷	사나울	犭	土	19	괵	聝	귀 벨	首	水	17
	纊	솜	糸	木	21	굉	宏	클/광대할	宀	木	7

발음	한자	뜻	부수	자원	획수	발음	한자	뜻	부수	자원	획수
굉 (木) (土)	訇	큰소리	言	金	9		嘐	닭 울	口	水	14
	紘	끈	糸	木	10		嗃	웃는 소리	口	水	14
	肱	팔뚝	肉	水	10		暞	밝을	日	火	14
	浤	용솟음할	氵	水	11		榷	외나무다리	木	木	14
	閎	마을 문	門	木	12		鉸	가위	金	金	14
	觥	뿔잔	角	木	13		嬌	아리따울	女	土	15
	轟	울릴/ 수레소리	車	火	21		餃	경단	食	水	15
교 (木)	巧	공교할	工	火	5	교 (木)	嶠	산 쭈뼛할/ 높을	山	土	15
	交	사귈	亠	火	6		橋	다리	木	木	16
	佼	예쁠	亻	火	8		撟	들	扌	木	16
	咬	물/새소리	口	水	9		骹	발회목	骨	金	16
	姣	아리따울/ 음란할(효)	女	土	9		噭	부르짖을	口	水	16
	校	학교	木	木	10		憍	교만할	忄	火	16
	狡	교활할/ 간교할	犭	土	10		矯	바로잡을	矢	金	17
	晈	달빛	日	火	10		膠	아교	肉	水	17
	教	가르칠	攵	金	11		鮫	상어	魚	水	17
	皎	달 밝을	白	金	11		磽	메마른 땅	石	金	17
	敎	가르칠	攵	金	11		鵁	해오라기	鳥	火	17
	喬	높을/뛰어날	口	水	12		鄗	땅 이름(학)	邑	土	17
	蛟	교룡	虫	水	12		翹	뛰어날/꼬리	羽	火	18
	絞	목맬	糸	木	12		蕎	메밀	艹	木	18
	窖	움	穴	水	12		嚙	깨물	口	水	18
	郊	들/야외	邑	土	13		轎	가마	車	金	19
	較	견줄/비교할	車	火	13		趫	재빠를	走	火	19
	僑	더부살이/ 높을	亻	火	14		蹻	발돋움할	足	土	19

발음	한자	뜻	부수	자원	획수	발음	한자	뜻	부수	자원	획수
교 (木)	齩	깨물	齒	金	21		疚	고질병	疒	水	8
	驕	교만할	馬	火	22		九	아홉	乙	水	9
	攪	흔들	扌	木	24		拘	잡을	扌	木	9
구 (木)	口	입	口	水	3		狗	개/강아지	犭	土	9
	久	오랠	丿	水	3		枸	구기자	木	木	9
	仇	원수	亻	火	4		垢	때/티끌	土	土	9
	勾	글귀(귀)/ 올가미	勹	金	4		柩	널	木	木	9
	厹	세모창	厶	土	4		俅	공손할	亻	火	9
	丘	언덕	一	土	5		姤	만날 구	女	土	9
	句	글귀(귀)	口	水	5		昫	따뜻할	日	火	9
	叴	소리 높일	口	水	5		韭	부추	韭	木	9
	求	구할/ 청할(구)	水	水	6	구 (木)	俱	함께/갖출	亻	火	10
	臼	절구	臼	土	6		矩	모날/법도	矢	金	10
	捄	구할/ 청할(신)	氺	水	7		冓	짤	冂	木	10
	究	연구할/ 궁구할	穴	水	7		痀	곱사등이	疒	水	10
	灸	뜸	火	火	7		珣	옥돌	玉	金	10
	佝	곱사등이	亻	火	7		救	구원할	攵	金	11
	劬	수고로울	力	土	7		區	구분할/지경	匸	土	11
	扣	두드릴	扌	木	7		苟	진실로/ 구차할	艹	木	11
	具	갖출	八	金	8		耈	늙을/늙은이	老	土	11
	坵	언덕	土	土	8		寇	도적/원수	宀	木	11
	玖	옥돌/아홉	玉	金	8		毬	공	毛	木	11
	咎	허물/재앙	口	水	8		捄	담을	扌	木	11
	坸	때	土	土	8		釦	금테 두를	金	金	11
	峋	산꼭대기	山	土	8		朐	포	肉	水	11

발음	한자	뜻	부수	자원	획수	발음	한자	뜻	부수	자원	획수
	蚯	지렁이	虫	水	11		歐	칠/구라파	欠	火	15
	耉	늙을	老	土	11		毆	때릴	殳	金	15
	球	공구/옥	玉	金	12		摳	출	扌	木	15
	邱	언덕/땅 이름	邑	土	12		漚	담글/갈매기	氵	水	15
	鳩	비둘기/모을	鳥	火	13		駒	망아지	馬	火	15
	緐	급할/어릴	糸	木	13		璆	아름다운 옥	玉	金	16
	舅	시아버지/외삼촌	臼	土	13		甌	사발	瓦	土	16
	鉤	갈고리	金	金	13		窶	가난할	穴	水	16
	傴	구부릴	亻	火	13		篝	배롱	竹	木	16
	媾	화친할	女	土	13		糗	볶은쌀	米	木	16
	彀	당길	弓	金	13		蒟	구장	艹	木	16
	詬	꾸짖을	言	金	13		龜	거북	龜	水	16
구 (木)	裘	갖옷	衣	木	13	구 (木)	購	살/화해할	貝	金	17
	構	얽을/닥나무	木	木	14		屨	신	尸	木	17
	溝	도랑	氵	水	14		覯	만날	見	火	17
	嘔	게울/노래할	口	水	14		颶	구풍/세찬 폭풍	風	木	17
	逑	짝	辶	土	14		舊	예/옛	臼	土	18
	嶇	험할	山	土	14		軀	몸/신체	身	火	18
	廏	마구간	广	木	14		謳	노래	言	金	18
	嫗	할머니	女	土	14		瞿	놀랄/창	目	木	18
	搆	얽을	扌	木	14		韝	깍지	韋	金	19
	遘	만날	辶	土	14		匶	널	匚	土	20
	榘	모날/법도	木	木	14		驅	몰	馬	火	21
	廐	마구간	广	木	14		鷇	새 새끼	鳥	火	21
	銶	끌	金	金	15		鷗	갈매기	鳥	火	22

발음	한자	뜻	부수	자원	획수	발음	한자	뜻	부수	자원	획수
구 (木)	懼	두려워할	忄	火	22	굴 (木)	鞠	틀	皮	金	14
	戳	창	戈	金	22	굴 (木) (火)	屈	굽힐	尸	土	8
	癯	여윌 구	疒	水	23		倔	고집 셀	亻	火	10
	衢	네거리/갈	行	火	24		堀	굴	土	土	11
	鬮	제비	鬥	金	26		崛	우뚝 솟을	山	土	11
	鸜	구관조	鳥	火	29		掘	팔/파낼	扌	木	12
국 (木) (木)	局	판/관청	尸	木	7		淈	흐릴	氵	水	12
	囯	나라/고향	口	水	8		詘	굽힐	言	金	12
	匊	움킬	勹	金	8		窟	움/동굴	穴	水	13
	國	나라/고향	口	水	11	궁 (木) (火)	弓	활	弓	木	3
	掬	움킬	扌	木	12		穹	하늘	穴	水	8
	菊	국화	艹	木	14		芎	궁궁이/천궁	艹	木	9
	跼	구부릴	足	土	14		躬	몸	身	火	10
	鞠	공/국문할	革	金	17		宮	집/궁전	宀	木	10
	麴	누룩	麥	木	17		躳	몸	身	火	14
	鞫	국문할	革	金	18		窮	다할/궁할	穴	水	15
	麯	누룩(부)	麥	木	19	권 (木) (火)	券	문서	刀	金	8
군 (木) (火)	君	임금	口	水	7		卷	책/말	卩	木	8
	軍	군사/진 칠	車	火	9		拳	주먹	手	木	10
	捃	주울	扌	木	11		倦	게으를/문서	亻	火	10
	桾	고욤나무	木	木	11		勌	게으를	力	土	10
	窘	군색할	穴	水	12		眷	돌아볼/ 그리워할	目	木	11
	群	무리/떼	羊	土	13		圈	우리/술잔	口	水	11
	裙	치마/속옷	衤	木	13		捲	거둘/말	扌	木	12
	郡	고을/관청	邑	土	14		淃	물 돌아 흐를	氵	水	12

발음	한자	뜻	부수	자원	획수	발음	한자	뜻	부수	자원	획수
권 (木) (火)	惓	삼갈	忄	火	12	궤 (木)	撅	옷 걷을	扌	木	16
	棬	나무 그릇	木	木	12		樻	나무 이름	木	木	16
	睠	돌볼	目	木	13		簋	제기 이름	竹	木	17
	綣	정다울	糸	木	14		櫃	궤/ 느티나무(거)	木	木	18
	蜷	구부릴	虫	水	14		繢	수놓을	糸	木	18
	権	권세	木	木	15		餽	보낼	食	水	19
	勸	권할	力	土	20		闠	성시 바깥문	門	木	20
	權	권세	木	木	22		饋	보낼/식사	食	水	21
궐 (木) (火)	厥	그	厂	土	12	귀 (木)	句	글귀	口	水	5
	獗	날뛸	犭	土	15		鬼	귀신	鬼	火	10
	闕	대궐	門	木	18		貴	귀할	貝	金	12
	蕨	고사리	艹	木	18		晷	그림자(구)/ 햇빛	日	火	12
	蹶	넘어질	足	土	19		鎀	삽	金	金	14
궤 (木)	几	안석	几	木	2		龜	거북	龜	水	16
	机	책상/틀(기)	木	木	6		歸	돌아갈	止	土	18
	氿	샘	氵	水	6	규 (木)	叫	부르짖을	口	水	5
	佹	괴이할	亻	火	8		圭	서옥/홀	土	土	6
	軌	바퀴 자국	車	火	9		糺	꼴	糸	木	7
	詭	속일	言	金	13		糾	얽힐	糸	木	8
	跪	꿇어앉을	足	土	13		虬	규룡	虫	水	8
	麂	큰 노루	鹿	土	13		刲	찌를	刂	金	8
	劂	새김칼	刂	金	14		奎	별	大	土	9
	匱	다할	匚	金	14		赳	헌걸찰/ 용맹할	走	火	9
	潰	무너질/ 바다기운(해)	氵	水	16		規	법/규범	見	火	11
	憒	심란할	忄	火	16		珪	서옥/홀	玉	金	11

발음	한자	뜻	부수	자원	획수	발음	한자	뜻	부수	자원	획수
규(木)	硅	규소/깨뜨릴(괵)	石	金	11	균(木)(火)	均	고를/평평할	土	土	7
	頄	광대뼈	頁	火	11		囷	곳집	囗	水	8
	茥	딸기	艹	木	12		畇	개간할(윤)	田	土	9
	揆	헤아릴	扌	木	13		鈞	서른 근/고를	金	金	12
	邽	고을 이름	邑	土	13		筠	대	竹	木	13
	湀	물이 솟아 흐를	氵	水	13		菌	버섯/세균	艹	木	14
	暌	어길	日	火	13		覠	크게 볼	見	火	14
	楏	호미자루	木	木	13		龜	터질/갈라질	龜	水	16
	跬	반걸음	足	土	13		麇	노루	鹿	土	18
	頍	머리 들	頁	火	13	귤	橘	귤/귤나무	木	木	16
	煃	불꽃	火	火	13	극(木)(木)	克	이길/능할	儿	木	7
	閨	안방/규수	門	木	14		剋	이길/능할	刂	金	9
	嫢	가는 허리	女	土	14		亟	빠를	二	火	9
	睽	사팔눈	目	木	14		尅	이길	寸	木	10
	逵	길거리/한길	辶	土	15		屐	나막신	尸	木	10
	葵	해바라기/아욱	艹	木	15		戟	창	戈	金	12
	槻	물푸레나무	木	木	15		棘	가시/창	木	木	12
	嬀	성씨	女	土	15		極	극진할/다할	木	木	13
	樛	휠	木	木	15		郄	틈	邑	土	13
	窺	엿볼	穴	水	16		劇	심할/대단할	刂	金	15
	潙	강 이름	氵	水	16		隙	틈/여가	阝	土	18
	竅	구멍	穴	水	18	근(木)(火)	斤	도끼/무게	斤	金	4
	闚	엿볼	門	木	19		劤	힘/힘셀	力	土	6
	巋	가파를	山	土	21		巹	술잔	己	土	9
균	勻	고를	勹	金	4		觔	힘줄	角	木	9

발음	한자	뜻	부수	자원	획수	발음	한자	뜻	부수	자원	획수
근 (木)(火)	根	뿌리/근본	木	木	10	금 (木)(水)	金	쇠/금/돈	金	金	8
	芹	미나리	艹	木	10		衾	이불	衣	木	10
	近	가까울/닮을	辶	土	11		芩	풀 이름	艹	木	10
	筋	힘줄	竹	水	12		衿	옷깃/마음	衤	木	10
	釿	도끼	金	金	12		笒	첨대	竹	木	10
	勤	부지런할	力	土	13		噤	입 다물	口	水	11
	僅	겨우/거의	亻	火	13		琴	거문고	玉	金	13
	跟	발꿈치	足	土	13		禽	새/날짐승	禸	火	13
	靳	가슴걸이	革	金	13		禁	금할/이겨낼	示	木	13
	菫	진흙/제비꽃	艹	木	14		嶔	높고 험할	山	土	15
	墐	매흙질할	土	土	14		錦	비단/아름다울	金	金	16
	廑	겨우	广	木	14		噤	입 다물	口	水	16
	嫤	여자의 자	女	土	14		黅	누른빛	黃	土	16
	漌	맑을/적실	氵	水	15		擒	사로잡을	扌	木	17
	槿	무궁화	木	木	15		檎	능금나무	木	木	17
	瑾	아름다운 옥	玉	金	16		襟	옷깃/마음	衤	木	19
	懃	은근할/정성스런	心	火	17	급 (木)(水)	及	미칠/이를	又	水	4
	謹	삼갈/자성할	言	金	18		伋	속일	亻	火	6
	覲	뵐/알현할	見	火	18		圾	위태할	土	土	7
	饉	주릴/흉년들	食	水	20		岌	높을	山	土	7
글 (木)(火)	劼	뜻	力	土	6		皀	고소할	白	金	7
	契	부족 이름	大	木	9		汲	길을/인도할	氵	水	8
금 (木)(水)	今	이제	人	火	4		扱	미칠/이를	扌	木	8
	妗	외숙모	女	土	7		急	급할	心	火	9
	昑	밝을	日	火	8		級	등급/차례	糸	木	10

발음	한자	뜻	부수	자원	획수	발음	한자	뜻	부수	자원	획수
급 (木) (水)	笈	책 상자	竹	木	10		祁	성할/클	示	木	8
	苙	말오줌나무	艹	木	10		奇	성씨/기특할	大	土	8
	給	줄/더할	糸	木	12		汽	물 끓는 김	氵	水	8
	礏	산 우뚝 솟을	石	金	18		肌	살가죽/피부	肉	水	8
긍 (木) (土)	亘	뻗칠/극진할	二	火	6		忮	해칠	忄	火	8
	亙	뻗칠/극진할	二	火	6		歧	갈림길	止	土	8
	矜	자랑할/ 불쌍히 여길	矛	金	9		炁	기운	灬	火	8
	肯	즐길/ 옳게 여길	肉	水	10		怟	사랑할/ 기댈(지)	忄	火	8
	殑	까무러칠	歹	水	11		紀	벼리/실마리	糸	木	9
	兢	떨릴	儿	水	14		祈	빌/기원할	示	木	9
기 (木)	己	몸/자기	己	土	3		祇	땅 귀신	示	木	9
	企	꾀할/도모할	人	火	6	기 (木)	記	기록할	言	金	10
	伎	재간/재주	亻	火	6		起	일어날/시작할	走	火	10
	屺	민둥산	山	土	6		氣	기운/공기	气	水	10
	杞	구기자/ 나라 이름	木	木	7		耆	늙을	老	土	10
	圻	경기/ 지경(은)	土	土	7		剞	새김칼	刂	金	10
	岐	갈림/ 산 이름	山	土	7		旂	기	方	木	10
	忌	꺼릴/시기할	心	火	7		肵	도마	肉	水	10
	妓	기생	女	土	7		芰	마름	艹	木	10
	庋	시렁	广	木	7		芪	단너삼	艹	木	10
	弃	버릴	廾	水	7		豈	어찌/개가(개)	豆	木	10
	玘	패옥/노리개	玉	金	8		基	터/기초	土	土	11
	沂	물 이름	氵	水	8		飢	주릴	食	水	11
	其	그/어찌	八	金	8		埼	갑/해안 머리	土	土	11
	技	재주/능력	扌	木	8		旡	이미/처음부터	无	水	11

발음	한자	뜻	부수	자원	획수	발음	한자	뜻	부수	자원	획수
기(木)	寄	부칠/맡길	宀	木	11	기(木)	旗	기/깃발	方	木	14
	跂	육발이	足	土	11		僛	취하여 춤추는 모양	亻	火	14
	崎	험할	山	土	11		墍	맥질할	土	土	14
	棋	바둑/장기	木	木	12		愭	공손할	忄	火	14
	淇	물 이름	氵	水	12		綦	연둣빛 비단	糸	木	14
	期	기약할/약속할	月	水	12		緁	연둣빛	糸	木	14
	幾	몇/어찌	幺	火	12		蟿	방게	虫	水	14
	欺	속일/업신여길	欠	火	12		榿	오리나무	木	木	14
	棄	버릴	木	木	12		畿	경기/경계	田	土	15
	朞	돌/1주년	月	水	12		嶔	높을	山	土	15
	掎	끌	扌	木	12		器	그릇	口	水	16
	攲	기울	支	土	12		機	틀/기계	木	木	16
	棊	바둑	木	木	12		璂	피변 꾸미개	玉	金	16
	猉	강아지	犭	土	12		錡	가마솥	金	金	16
	碁	바둑	石	金	13		冀	바랄	八	土	16
	琪	아름다운 옥	玉	金	13		鏮	호미	金	金	16
	祺	길할/복	示	木	13		曁	몇	日	火	16
	琦	옥 이름	玉	金	13		璣	구슬/별 이름	玉	金	17
	嗜	즐길/좋아할	口	水	13		磯	물가/자갈밭	石	金	17
	畸	때기밭/불구	田	土	13		禨	조짐	示	木	17
	頎	헌걸찰	頁	火	13		覬	바랄	見	火	17
	稘	돌/1주년	禾	木	13		騎	말 탈/기병	馬	火	18
	�暣	날씨/볕기	日	火	14		騏	준마	馬	火	18
	綺	비단	糸	木	14		檵	갈	耒	木	18
	箕	키/삼태기	竹	木	14		隑	사다리	阝	土	18

발음	한자	뜻	부수	자원	획수	발음	한자	뜻	부수	자원	획수
기(木)	蟣	서캐	虫	水	18	나(火)	剆	가지 칠(라)	刂	金	9
	麒	기린	鹿	土	19		娜	아름다울	女	土	10
	譏	비웃을/나무랄	言	金	19		拿	잡을	扌	木	10
	鬐	갈기	髟	火	20		砢	돌 쌓일(라)	石	金	10
	蘄	풀 이름	艹	木	20		挐	붙잡을	手	木	10
	璣	모난 구슬	玉	金	20		胯	성길	肉	水	10
	夔	조심할	夂	土	21		倮	벗을(라)	亻	火	10
	饑	주릴/흉년들	食	水	21		那	어찌/나라 이름	邑	土	11
	鰭	지느러미	魚	水	21		挪	옮길	扌	木	11
	羈	굴레	罒	木	22		梛	나무 이름	木	木	11
	羇	굴레/나그네	罒	火	25		喇	나팔(라)	口	水	12
	蘷	조심할	艹	木	26		裸	벗을(라)	衤	木	14
	驥	천리마	馬	火	27		摞	정돈할(라)	扌	木	15
긴	緊	긴할	糸	木	14		蓏	열매(라)	艹	木	16
길(木·火)	吉	길할/성씨	口	水	6		瘰	연주창(라)	疒	水	16
	佶	헌걸찰	亻	火	8		螺	소라(라)	虫	水	17
	姞	삼갈/성씨	女	土	9		懦	나약할	亻	火	18
	桔	도라지	木	木	10		覼	자세할(라)	見	火	19
	拮	일할/들	扌	木	10		羅	벌릴(라)	罒	木	20
	蛣	장구벌레	虫	水	12		懶	게으를(라)	忄	火	20
김	金	성씨/쇠	金	金	8		糯	찰벼	米	木	20
끽	喫	먹을	口	水	12		儸	공손한 모양	亻	火	21
나(火)	奈	어찌(내)	大	火	8		攞	푸닥거리	亻	火	21
	柰	능금나무(내)	木	木	9		癩	문둥이(라)	疒	水	21
	拏	붙잡을(라)	手	木	9		騾	노새(라)	馬	火	21

발음	한자	뜻	부수	자원	획수	발음	한자	뜻	부수	자원	획수
나 ㊋	儸	간능 있을(라)	亻	火	21	난 ㊋ ㊋	闌	가로막을	門	木	17
	囉	소리 얽힐(라)	口	水	22		餪	풀 보기 잔치	食	水	18
	曪	햇빛 없을(라)	日	火	23		難	어려울	隹	火	19
	贏	노새(라)	馬	火	23		嬾	게으를	女	土	19
	蘿	쑥(라)	艹	木	25		幱	내리닫이(란)	巾	木	20
	邏	순라(라)	辶	土	26		爛	빛날(란)	火	火	21
낙 ㊋ ㊍	洛	물 이름(락)	氵	水	10		瀾	물결(란)	氵	水	21
	烙	지질(락)	火	火	10		欄	난간(란)	木	木	21
	珞	구슬 목걸이(락)	玉	金	11		攔	막을(란)	扌	木	21
	絡	이을(락)	糸	木	12		瓓	옥 광채(란)	玉	金	22
	酪	쇠젖(락)	酉	金	13		蘭	난초(란)	艹	木	23
	餎	진한 유즙(락)	口	水	13		欒	둥글(란)	木	木	23
	犖	얼룩소(락)	牛	土	14		灓	새어 흐를(란)	水	水	23
	樂	좋아할(락)	木	木	15		襴	내리닫이(란)	衤	木	23
	落	떨어질(락)	艹	木	15		鸞	난새(란)	鳥	火	30
	諾	허락할	言	金	16	날 ㊋ ㊋	剌	발랄할(랄)	刂	金	9
	駱	낙타(락)	馬	火	16		埒	담(랄)	土	土	10
난 ㊋ ㊋	丹	정성스러울 (란)	丶	火	4		捏	꾸밀	扌	木	11
	卵	알(란)	卩	水	7		捺	누를	扌	木	12
	偄	연약할	亻	火	11		辣	매울(랄)	辛	金	14
	赧	얼굴 붉힐	赤	火	12		辢	매울(랄)	辛	金	14
	煖	더울	火	火	13	남 ㊋ ㊌	男	사내	田	土	7
	暖	따뜻할	日	火	13		枏	녹나무	木	木	8
	亂	어지러울(란)	乙	木	13		南	남녘(성씨)	十	火	9
	煗	따뜻할	火	火	13		婪	탐할(람)	女	土	11

발음	한자	뜻	부수	자원	획수	발음	한자	뜻	부수	자원	획수
남 (火) (水)	婪	예쁠(람)	女	土	11	낭 (火) (土)	烺	빛 밝을(랑)	火	火	11
	嵐	남기(람)	山	土	12		狼	이리(랑)	犭	土	11
	喃	재잘거릴	口	水	12		琅	옥돌(랑)	玉	金	12
	惏	탐할(람)	忄	火	12		硠	돌 부딪치는 소리(랑)	石	金	12
	楠	녹나무	木	木	13		稂	강아지풀(랑)	禾	木	12
	湳	물 이름	氵	水	13		廊	사랑채(랑)	广	木	13
	濫	넘칠(람)	氵	水	18		蜋	사마귀(랑)	虫	水	13
	擥	가질(람)	手	木	18		郎	사내(랑)	邑	土	13
	藍	쪽(람)	艹	木	20		莨	수크령 풀(랑)	艹	木	13
	籃	대바구니(람)	竹	木	20		郎	사내(랑)	邑	土	14
	襤	헌 누더기(람)	衤	木	20		瑯	옥돌(랑)	玉	金	15
	覽	볼(람)	見	火	21		閬	솟을대문(랑)	門	木	15
	蘫	물 맑을(람)	艹	水	23		螂	사마귀(랑)	虫	水	16
	欖	감람나무(람)	木	木	25		曩	접때	日	火	21
	攬	가질(람)	扌	木	25		囊	주머니	口	水	22
	纜	닻줄(람)	糸	木	27	내 (火)	乃	이에(성씨)	丿	金	2
납 (火) (水)	拉	끌(랍)	扌	木	9		內	안	入	木	4
	納	들일	糸	木	10		奶	젖	女	土	5
	衲	기울	衣	木	10		来	올(래)	木	木	7
	蠟	밀(랍)	虫	水	21		奈	어찌	大	火	8
	臘	납향(랍)	肉	水	21		來	올(래)	人	火	8
	鑞	땜납(람)	金	金	23		耐	견딜	而	水	9
낭 (火) (土)	娘	여자(랑)	女	土	10		柰	능금나무	木	木	9
	朗	밝을(랑)	月	水	11		崍	산 이름(래)	山	土	11
	浪	물결(랑)	氵	水	11		徠	위로할(래)	彳	火	11

발음	한자	뜻	부수	자원	획수	발음	한자	뜻	부수	자원	획수
내 ㉫	淶	강 이름(래)	氵	水	12	노 ㉫	老	늙을(로)	老	土	6
	迺	이에	辶	土	13		努	힘쓸	力	土	7
	萊	명아주(래)	艹	木	14		弩	쇠뇌	弓	金	8
	鼐	가마솥	鼎	金	15		呶	지껄일	口	水	8
	嬭	젖	女	土	17		孥	자식	子	水	8
	騋	큰 말(래)	馬	火	18		怒	성낼(로)	心	火	9
냉	冷	찰(랭)	冫	水	7		牢	우리(로)	穴	水	9
녀	女	계집(여)	女	土	3		猺	산 이름	山	土	10
냑	恧	허출할(역)	心	火	12		鹵	소금(로)	鹵	水	11
년 ㉫ ㉫	年	해(연)	干	木	6		笯	새장	竹	木	11
	秊	해(연)	禾	木	8		玈	검을(로)	玄	火	11
	碾	맷돌(연)	石	金	15		勞	일할(로)	力	火	12
	撚	비틀(연)	扌	木	16		路	길(로)	足	土	13
념 ㉫ ㉬	念	생각(염)	心	火	8		虜	사로잡을(로)	虍	土	13
	拈	집을(염)	扌	木	9		輅	수레(로)	車	火	13
	恬	편안할(염)	忄	火	10		猱	원숭이	犭	土	13
	捻	비틀(염)	扌	木	12		瑙	마노	玉	金	14
녕 ㉫ ㉯	佞	아첨할(영)	亻	火	7		駑	둔할 말	馬	火	15
	寗	차라리(영)	宀	火	13		魯	노나라/성씨(로)	魚	水	15
	寧	편안할(영)	宀	火	14		滷	소금밭(로)	氵	水	15
	儜	괴로워할(영)	亻	火	16		盧	목로(성씨)(로)	皿	水	16
	獰	모질(영)	犭	土	17		撈	건질(로)	扌	木	16
	嚀	간곡할(영)	口	水	17		潞	강 이름(로)	氵	水	17
	濘	진창(영)	氵	水	18		擄	노략질할(로)	扌	木	17
노	奴	종	女	土	5		癆	중독(로)	疒	水	17

발음	한자	뜻	부수	자원	획수	발음	한자	뜻	부수	자원	획수
노 (火)	璐	아름다운 옥(로)	玉	金	18	녹 (火) (木)	綠	푸를(록)	糸	木	14
	櫓	방패(로)	木	木	19		菉	조개풀(록)	艹	木	14
	嚧	웃을(로)	口	水	19		漉	거를(록)	氵	水	15
	壚	흑토(로)	土	土	19		錄	기록할(록)	金	金	16
	露	이슬(로)	雨	水	20		籙	대상자(록)	竹	木	17
	爐	화로(로)	火	火	20		轆	도르래(록)	車	火	18
	瀘	물 이름(로)	氵	水	20		騄	말 이름(록)	馬	火	18
	蘆	갈대(로)	艹	木	20		麓	산기슭(록)	鹿	土	19
	臑	팔꿈치	肉	水	20	논	論	논할(론)	言	金	15
	艣	노(로)	舟	木	21	농 (火) (土)	弄	희롱할(롱)	廾	水	7
	鑪	아교 그릇(로)	金	金	21		農	농사	辰	土	13
	蘆	갈대(로)	艹	木	22		儂	나	亻	火	15
	艫	배머리(로)	舟	木	22		噥	소곤거릴	口	水	16
	鷺	해오라기(로)	鳥	火	23		濃	짙을	氵	水	17
	轤	도르래(로)	車	火	23		穠	꽃나무 무성할	禾	木	18
	鑪	화로(로)	金	金	24		儱	미숙할 모양(롱)	亻	火	18
	顱	머리뼈(로)	頁	火	25		膿	고름	肉	水	19
	髗	머리뼈(로)	骨	金	26		壟	밭두둑(롱)	土	土	19
	鸕	가마우지(로)	鳥	火	27		瀧	비 올(롱)	氵	水	20
	鱸	농어(로)	魚	水	27		朧	흐릿할(롱)	月	水	20
녹 (火) (木)	彔	새길(록)	彐	火	8		醲	진한 술	酉	金	20
	鹿	사슴(록)	鹿	土	11		攏	누를(롱)	扌	木	20
	淥	밭을(록)	氵	水	12		曨	어스레할(롱)	日	火	20
	祿	녹(록)	示	木	13		瓏	옥 소리(롱)	玉	金	21
	碌	푸른 돌(록)	石	金	13		礱	갈(롱)	石	金	21

발음	한자	뜻	부수	자원	획수	발음	한자	뜻	부수	자원	획수
농 ㉫ ㉯	籠	대바구니(롱)	竹	木	22	뇨 ㉫	尿	오줌(요)	尸	水	7
	聾	귀먹을(롱)	耳	火	22		淖	진흙(요)	氵	水	12
	蘢	개여뀌(롱)	艹	木	22		嫋	예쁠(요)	女	土	13
	隴	고개 이름(롱)	阝	土	24		鬧	시끄러울(요)	鬥	金	14
뇌 ㉫	耒	가래(뢰)	耒	木	6		撓	어지러울(요)	扌	木	16
	牢	우리(뢰)	牛	土	7		嬲	희롱할(요)	女	土	17
	雷	우레(뢰)	雨	水	13		鐃	징(요)	金	金	20
	惱	번뇌할	忄	火	13	누 ㉫	累	여러(루)	糸	木	11
	誄	애도할(뢰)	言	金	13		婁	끌/별 이름(루)	女	土	11
	酹	부을(뢰)	酉	金	14		嗷	젖 먹을	口	水	11
	腦	골	肉	水	15		淚	눈물(루)	氵	水	12
	磊	돌무더기(뢰)	石	金	15		僂	구부릴(루)	亻	火	13
	賚	줄(뢰)	貝	金	15		屢	여러(루)	尸	水	14
	賴	의뢰할(뢰)	貝	金	16		嶁	봉우리(루)	山	土	14
	頼	의뢰할(뢰)	頁	火	16		陋	더러울(루)	阝	土	14
	餒	주릴	食	水	16		嘍	시끄러울(루)	口	水	14
	儡	꼭두각시(뢰)	亻	火	17		漏	샐(루)	氵	水	15
	礧	바위(뢰)	石	金	18		樓	다락(루)	木	木	15
	攂	갈(뢰)	扌	木	19		慺	정성스러울(루)	忄	火	15
	蕾	꽃봉오리(뢰)	艹	木	19		蔞	산쑥(루)	艹	木	15
	瀨	여울(뢰)	氵	水	20		瘻	부스럼(루)	疒	水	16
	礧	바위(뢰)	石	金	20		縷	실(루)	糸	木	17
	纇	실 마디(뢰)	糸	木	21		褸	헌 누더기(루)	衤	木	17
	罍	술독(뢰)	缶	土	21		螻	땅강아지(루)	虫	水	17
	籟	세 구멍 퉁소(뢰)	竹	木	22		壘	보루(루)	土	土	18

발음	한자	뜻	부수	자원	획수	발음	한자	뜻	부수	자원	획수
누(火)	鏤	새길(루)	金	金	19	니(火)	泥	진흙(이)	氵	水	9
	髏	해골(루)	骨	金	21		柅	무성할(이)	木	木	9
눈(火)	嫩	어릴	女	土	14		怩	부끄러워할(이)	忄	火	9
눌(火)(火)	吶	말더듬을	口	水	7		祢	아비 사당(이)	示	木	10
	肭	살찔	肉	水	10		馜	진한 향기(이)	香	木	14
	訥	말더듬거릴	言	金	11		膩	기름질(이)	肉	水	18
뉴(火)	杻	감탕나무(유)	木	木	8		瀰	많을(이)	氵	水	18
	忸	익을(유)	忄	火	8		禰	아버지 사당(이)	示	木	19
	紐	맺을(유)	糸	水	10	닉(火)(木)	匿	숨길(익)	匸	水	11
	鈕	인꼭지(유)	金	金	12		溺	빠질(익)	氵	水	14
늠(火)(水)	凛	찰(름)	冫	水	15	닐	昵	친할(일)	日	火	9
	凛	찰(름)	冫	水	15		暱	친할(일)	日	火	15
	澟	서늘할(름)	氵	水	16	다(火)	多	많을	夕	水	6
	廪	곳집(름)	广	木	16		夛	많을	夕	水	6
능(火)(土)	凌	업신여길(릉)	冫	水	10		爹	아버지	父	木	10
	倰	속일(릉)	亻	火	10		茶	차	艹	木	12
	能	능할	肉	水	12		荅	마름	艹	木	12
	楞	네모질(릉)	木	木	13		觰	뿔 밑동	角	木	15
	稜	모날(릉)	禾	木	13	단(火)(火)	丹	붉을	丶	火	4
	綾	비단(릉)	糸	木	14		旦	아침	日	火	5
	菱	마름(릉)	艹	木	14		但	다만	亻	火	7
	陵	언덕(릉)	阝	土	16		彖	판단할	彑	火	9
	薐	마름(릉)	艹	木	17		段	층계	殳	金	9
니(火)	尼	여승(이)	尸	水	5		晎	밝을	日	火	9
	呢	소곤거릴(이)	口	水	8		耑	끝	而	水	9

발음	한자	뜻	부수	자원	획수	발음	한자	뜻	부수	자원	획수
	蛋	새알	虫	水	11		疸	황달	疒	水	10
	袒	웃통 벗을	衣	木	11		靻	다룸가죽	革	金	14
	胆	어깨 벗을	肉	水	11	달	達	통달할	辶	土	16
	單	홑	口	水	12	㊋	撻	때릴	扌	木	17
	短	짧을	矢	金	12	㊋	澾	미끄러울	氵	水	17
	亶	믿을	亠	土	13		獺	수달	犭	土	20
	湍	여울	氵	水	13		闥	문	門	木	21
	椴	자작나무	木	木	13		韃	종족 이름	革	金	22
	蜑	오랑캐 이름	虫	水	13		坍	무너질	土	土	7
	煓	불꽃 성할	火	火	13		炎	아름다울	火	火	8
	端	끝	立	金	14		倓	고요할	亻	火	10
단	團	둥글	口	水	14		啖	씹을	口	水	11
㊋	緞	비단	糸	木	15		聃	귓바퀴 없을	耳	火	11
㊋	憚	근심할	忄	火	15		啗	먹일	口	水	11
	溥	이슬 많을	氵	水	15		埮	평평한 땅	土	土	11
	腶	약포	肉	水	15		淡	맑을	氵	水	12
	壇	단	土	土	16	담	覃	깊을	西	金	12
	檀	박달나무	木	木	17	㊋	毯	담요	毛	火	12
	鍛	불릴	金	金	17	㊌	啿	넉넉할	口	水	12
	癉	앓을	疒	水	17		湛	괼	氵	水	13
	簞	소쿠리	竹	木	18		痰	가래	疒	水	13
	斷	끊을	斤	金	18		談	말씀	言	金	15
	鄲	조나라 서울	邑	土	19		儋	멜	亻	火	15
달	妲	여자의 자	女	土	8		噉	먹을	口	水	15
㊋	怛	슬플	忄	火	9		墰	술 단지	土	土	15

발음	한자	뜻	부수	자원	획수	발음	한자	뜻	부수	자원	획수
담 (火)(水)	郯	나라 이름	邑	土	15	당 (火)(土)	塘	못	土	土	13
	潭	못	氵	水	16		搪	뻗을	扌	木	14
	曇	흐릴	日	火	16		溏	진창	氵	水	14
	錟	창	金	金	16		幢	기	巾	木	15
	憺	편안할	忄	火	17		瑭	옥 이름	玉	金	15
	澹	맑을	氵	水	17		糖	엿	米	木	16
	擔	멜	扌	木	17		撞	칠	扌	木	16
	禫	담제	示	木	17		瞠	볼	目	木	16
	蕁	지모	艹	木	18		螳	사마귀	虫	水	17
	譚	클	言	金	19		檔	의자	木	木	17
	膽	쓸개	肉	水	19		璫	귀고리 옥	玉	金	18
	壜	항아리	土	土	19		餳	엿	食	水	18
	蔪	차자나무	艹	木	19		磄	밑바닥	石	金	18
	黮	검을	黑	水	21		鐋	종고 소리	金	金	19
	黵	문신할	黑	水	25		餹	엿	食	水	19
답 (火)(水)	畓	겹칠	水	水	8		蟷	사마귀	虫	水	19
	沓	논	田	土	9		襠	잠방이	衤	木	19
	答	대답	竹	木	12		黨	무리	黑	水	20
	踏	밟을	足	土	15		鐺	쇠사슬	金	金	21
	遝	뒤섞일	辶	土	17		儻	빼어날	亻	火	22
당 (火)(土)	唐	당나라	口	水	10		讜	곧은 말	言	金	27
	倘	빼어날	亻	火	10		戇	어리석을	心	火	28
	堂	집	土	土	11	대 (火)	大	큰	大	木	3
	棠	아가위	木	木	12		代	대신할	亻	火	5
	當	마땅	田	土	13		旲	햇빛	日	火	7

발음	한자	뜻	부수	자원	획수	발음	한자	뜻	부수	자원	획수
	汏	일	氵	水	7	당	德	큰	彳	火	15
	坮	집터	土	土	8		刀	칼	刀	金	2
	岱	대산	山	土	8		叨	탐낼	口	水	5
	坮	대	土	土	8		忉	근심할	忄	火	6
	待	기다릴	彳	火	9		到	이를	刂	金	8
	抬	들	扌	木	9		弢	활집	弓	金	8
	玳	대모	玉	金	10		度	법도	广	木	9
	帶	띠	巾	木	11		徒	무리	彳	火	10
	袋	자루	衣	木	11		島	섬	山	木	10
	貸	빌릴	貝	金	12		桃	복숭아	木	木	10
대	碓	방아	石	金	13		倒	넘어질	亻	火	10
木	曩	해가 돋을	日	火	13		挑	돋울	扌	木	10
	對	대할	寸	木	14	도	洮	씻을	氵	水	10
	臺	대	至	土	14	火	涂	칠할	氵	水	11
	儓	하인	亻	火	16		堵	담	土	土	12
	戴	일	戈	金	17		棹	노	木	木	12
	黛	눈썹먹	黑	水	17		淘	쌀 일	氵	水	12
	隊	무리	阝	土	17		屠	죽일	尸	水	12
	擡	들	扌	木	18		悼	슬퍼할	忄	火	12
	懟	원망할	心	火	18		盜	도둑	皿	金	12
	曃	무성할	日	火	18		掉	흔들	扌	木	12
	鐓	창고달	金	金	20		掏	가릴	扌	木	12
댁	宅	댁/집	宀	木	6		裪	복	示	木	12
덕	悳	큰	心	火	12		渡	건널	氵	水	13
火 木	德	큰	彳	火	14		塗	칠할	土	土	13

발음	한자	뜻	부수	자원	획수	발음	한자	뜻	부수	자원	획수
	跳	뛸	足	土	13		壔	성채	土	土	17
	逃	달아날	辶	土	13		闍	망루	門	木	17
	跳	밟을	足	土	13		櫂	노	木	木	18
	途	길	辶	土	14		濤	물결	氵	水	18
	滔	물 넘칠	氵	水	14		燾	비칠	木	火	18
	睹	볼	目	木	14		擣	찧을	扌	木	18
	萄	포도	艹	木	14		檮	등걸	木	木	18
	圖	그림	囗	水	14	도 (火)	禱	빌	示	木	19
	嶋	섬	山	土	14		韜	감출	韋	金	19
	搗	찧을	扌	木	14		禱	빌	示	木	19
	慆	기뻐할	忄	火	14		鼗	땡땡이	鼓	金	19
	掏	꺼낼	扌	木	14		鞱	감출	革	金	19
도 (火)	菟	호랑이	艹	木	14		饕	탐할	食	水	22
	醅	술밑	酉	金	14		禿	대머리	禾	木	7
	鞀	노도	革	金	14		毒	독	毋	土	8
	稻	벼(성씨)/땅 이름	禾	木	15		督	감독할	目	木	13
	導	인도할	寸	木	16		篤	도타울	竹	木	16
	覩	볼	見	火	16		獨	홀로	犭	土	17
	賭	내기	貝	金	16	독 (火) (木)	牘	서찰	片	木	19
	道	길	辶	土	16		犢	송아지	牛	土	19
	都	도읍(성씨)	邑	土	16		瀆	도랑	氵	水	19
	陶	질그릇	阝	土	16		櫝	함	木	木	19
	馟	향기로울	香	木	16		讀	읽을	言	金	22
	鍍	도금할	金	金	17		纛	기	糸	木	25
	蹈	밟을	足	土	17		黷	더럽힐	黑	水	27

발음	한자	뜻	부수	자원	획수	발음	한자	뜻	부수	자원	획수
	旽	밝을	日	火	8		峒	산 이름	山	土	9
	沌	엉길	氵	水	8		桐	오동나무	木	木	10
	豚	돼지	豕	水	11		洞	골	氵	水	10
	弴	활	弓	金	11		疼	아플	疒	水	10
	敦	도타울	攵	金	12		凍	얼	冫	水	10
	惇	도타울	忄	火	12		烔	뜨거운 모양	火	火	10
돈 ㉖㉖	焞	귀갑 지지는 불	火	火	12		動	움직일	力	水	11
	頓	조아릴	頁	火	13		苳	겨우살이	艹	木	11
	墩	돈대	土	土	15		童	아이	立	金	12
	暾	아침 해	日	火	16		棟	마룻대	木	木	12
	燉	불빛	火	火	16		胴	몸통	肉	水	12
	潡	큰물	氵	水	16		湅	소나기	氵	水	12
	躉	거룻배	足	土	20	동 ㉖㉗	茼	쑥갓	艹	木	12
돌 ㉖㉖	乭	이름	乙	金	6		銅	구리	金	金	14
	咄	꾸짖을	口	水	8		蝀	무지개	虫	水	14
	突	갑자기	穴	水	9		僮	아이	亻	火	14
	埃	굴뚝	土	土	12		勭	자랄	力	土	14
	冬	겨울	冫	水	5		董	감독할	艹	木	15
	仝	한 가지	人	火	5		憧	동경할	忄	火	16
	同	한 가지	口	水	6		潼	물 이름	氵	水	16
동 ㉖㉗	彤	붉을	彡	火	7		朣	달 뜰	月	水	16
	東	동녘(성씨)	木	木	8		瞳	동틀	日	火	16
	侗	정성	亻	火	8		橦	나무 이름	木	木	16
	垌	항아리	土	土	9		瞳	눈동자	目	木	18
	哃	큰말 할	口	水	9		艟	배	舟	木	18

발음	한자	뜻	부수	자원	획수	발음	한자	뜻	부수	자원	획수
동	董	동독할	艹	木	18	둔(火)(火)	遁	숨을	辶	土	16
두(火)	斗	말	斗	火	4		遯	달아날	辶	土	18
	豆	콩	豆	木	7		臀	볼기	肉	水	19
	杜	막을	木	木	7	들	艺	음역자	乙	木	5
	枓	두공	木	木	8	득	得	얻을	彳	火	11
	抖	떨	扌	木	8	등(火)(土)	登	오를	癶	火	12
	肚	배	肉	水	9		等	무리	竹	木	12
	蚪	올챙이	虫	水	10		凳	걸상	几	木	14
	兜	투구	儿	木	11		滕	물 솟을(구)	水	水	14
	痘	역질	疒	水	12		滕	물 솟을(신)	氺	水	15
	阧	치솟을	阝	土	12		嶝	고개	山	土	15
	荳	콩	艹	木	13		墱	자드락길	土	土	15
	脰	목	肉	水	13		橙	귤	木	木	16
	逗	머무를	辶	土	14		燈	등	火	火	16
	陡	험할	阝	土	15		縢	봉할	糸	木	16
	頭	머리	頁	火	16		螣	등사	虫	水	16
	斁	섞을	攴	金	17		謄	베낄	言	金	17
	竇	구멍	穴	水	20		磴	돌 비탈길	石	金	17
	讀	읽을	言	金	22		鄧	나라 이름	邑	土	19
	蠹	좀	虫	水	24		騰	오를	馬	火	20
둔(火)(火)	屯	진 칠	屮	木	4		鐙	등잔	金	金	20
	窀	광중	穴	水	9		藤	등나무	艹	木	21
	芚	싹 나올	艹	木	10		籐	등나무	竹	木	21
	迍	머뭇거릴	辶	土	11	라(火)	刺	가지 칠(나)	刂	金	9
	鈍	둔할	金	金	12		拏	붙잡을(나)	手	木	9

발음	한자	뜻	부수	자원	획수	발음	한자	뜻	부수	자원	획수
라 (火)	倮	벗을(나)	亻	火	10	락 (火) (木)	酪	진한 유즙(낙)	口	水	13
	砢	돌 쌓일(나)	石	金	10		犖	얼룩소(낙)	牛	土	14
	喇	나팔(나)	口	水	12		樂	좋아할(낙)	木	木	15
	裸	벗을(나)	衤	木	14		落	떨어질(낙)	艹	木	15
	摞	정돈할(나)	扌	木	15		駱	낙타(낙)	馬	火	16
	瘰	연주창(나)	疒	水	16	란 (火) (火)	丹	정성스러울 (난)	丶	火	4
	蓏	열매(나)	艹	木	16		卵	알(난)	卩	水	7
	螺	소라(나)	虫	水	17		亂	어지러울(난)	乙	木	13
	覼	자세할(나)	見	火	19		闌	가로막을	門	木	17
	懶	게으를(나)	忄	火	20		嬾	게으를(난)	女	土	19
	羅	벌릴(나)	网	木	20		幱	내리닫이(난)	巾	木	20
	騾	노새(나)	馬	火	21		爛	빛날(난)	火	火	21
	癩	문둥이(나)	疒	水	21		瀾	물결(난)	氵	水	21
	儸	간능있을(나)	亻	火	21		欄	난간(난)	木	木	21
	囉	소리 얽힐(나)	口	水	22		攔	막을(난)	扌	木	21
	贏	노새(나)	馬	火	23		瓓	옥 광채(난)	玉	金	22
	曪	햇빛 없을(나)	日	火	23		蘭	난초(난)	艹	木	23
	蘿	쑥(나)	艹	木	25		欒	둥글(난)	木	木	23
	邏	순라(나)	辶	土	26		灓	새어 흐를(난)	水	水	23
	鑼	징(나)	金	金	27		襴	내리닫이(난)	衤	木	23
락 (火) (木)	洛	물 이름(낙)	氵	水	10		鑾	방울(난)	金	金	27
	烙	지질(낙)	火	火	10		鸞	난새(난)	鳥	火	30
	珞	구슬 목걸이(낙)	玉	金	11	랄 (火) (火)	剌	발랄할(날)	刂	金	9
	絡	이을(낙)	糸	木	12		埒	담(날)	土	土	10
	酪	쇠젖(낙)	酉	金	13		辣	매울(날)	辛	金	14

발음	한자	뜻	부수	자원	획수	발음	한자	뜻	부수	자원	획수
랄	辢	매울(날)	辛	金	14		烺	빛 밝을(낭)	火	火	11
람 (火) (水)	婪	탐할(남)	女	土	11		狼	이리(낭)	犭	土	11
	婪	예쁠(남)	女	土	11		琅	옥돌(낭)	玉	金	12
	嵐	남기(남)	山	土	12		硍	돌 부딪치는 소리(낭)	石	金	12
	惏	탐할(남)	忄	火	12		稂	강아지풀(낭)	禾	木	12
	漤	과실 장아찌(남)	氵	水	15		廊	사랑채(낭)	广	木	13
	濫	넘칠(남)	氵	水	18	랑 (火) (土)	蜋	사마귀(낭)	虫	水	13
	擥	가질(남)	手	木	18		郎	사내(낭)	邑	土	13
	爁	불 번질(남)	火	火	18		莨	수크령풀(낭)	艹	木	13
	璼	옥 이름(남)	玉	金	19		郎	사내(낭)	邑	土	14
	藍	쪽(남)	艹	木	20		瑯	옥돌(낭)	玉	金	15
	籃	대바구니(남)	竹	木	20		閬	솟을대문(낭)	門	木	15
	襤	헌 누더기(남)	礻	木	20		螂	사마귀(낭)	虫	水	16
	覽	볼(남)	見	火	21		榔	나무 이름(낭)	木	木	17
	蘫	물 맑을(남)	艹	水	23		駺	꼬리 희 말(낭)	馬	火	17
	欖	감람나무(남)	木	木	25	래 (火) (木)	来	올(내)	木	木	7
	攬	가질(남)	扌	木	25		來	올(내)	人	火	8
	纜	닻줄(남)	糸	木	27		崍	산 이름(내)	山	土	11
랍 (火) (水)	拉	끌(납)	扌	木	9		徠	위로할(내)	彳	火	11
	蠟	밀(납)	虫	水	21		淶	강 이름(내)	氵	水	12
	臘	납향(납)	肉	水	21		萊	명아주(내)	艹	木	14
	鑞	땜납(납)	金	金	23		騋	큰 말(내)	馬	火	18
랑 (火) (土)	庲	높을(낭)	广	木	10	랭	冷	찰(냉)	冫	水	7
	朗	밝을(낭)	月	水	11	락 (火)	略	간략할(약)	田	土	7
	浪	물결(낭)	氵	水	11		畧	다스릴(약)	田	土	11

발음	한자	뜻	부수	자원	획수	발음	한자	뜻	부수	자원	획수
략	掠	노략질할(약)	扌	木	12		唳	울(여)	口	水	11
량 ⊗ ⊕	良	어질(양)	艮	土	7		梠	평고대(여)	木	木	11
	兩	두(양)	入	土	8		慮	생각할(여)	心	火	15
	亮	밝을(양)	亠	火	9		黎	검을(여)	黍	木	15
	俍	어질(양)	亻	火	9		閭	마을(여)	門	木	15
	凉	서늘할(양)	冫	水	10		厲	갈(여)	厂	土	15
	倆	재주(양)	亻	火	10		膂	등골뼈(여)	肉	水	16
	梁	들보(양)	木	木	11		勵	힘쓸(여)	力	土	17
	悢	슬퍼할(양)	忄	火	11		儢	힘쓰지 아니할(여)	亻	火	17
	量	헤아릴(양)	里	火	12		癘	창병(여)	疒	水	18
	涼	서늘할(양)	氵	水	12		麗	고울(여)	鹿	土	19
	喨	소리 맑을(양)	口	水	12		廬	농막집(여)	广	木	19
	粮	양식(양)	米	木	13	려 ⊗	櫚	종려(여)	木	木	19
	粱	기장(양)	米	木	13		濾	거를(여)	氵	水	19
	踉	높이 뛸(양)	足	土	14		曞	퍼질(여)	日	火	19
	輛	수레(양)	車	火	15		礪	숫돌(여)	石	金	20
	諒	살펴 알(양)	言	金	15		儷	짝(여)	亻	火	21
	樑	들보(양)	木	木	15		藜	명아주(여)	艹	木	21
	駺	꼬리 흰 말(양)	馬	火	17		蠣	구 조개(여)	虫	水	21
	糧	양식(양)	米	木	18		糲	현미(여)	米	木	21
	魎	도깨비(양)	鬼	火	18		蠡	좀 먹을(여)	虫	水	21
려 ⊗	呂	성씨/ 법칙(여)	口	水	7		臚	살갗(여)	肉	水	22
	戾	어그러질(여)	戶	木	8		邌	천천히 갈(여)	辶	土	22
	侶	짝(여)	亻	火	9		鑢	줄(여)	金	金	23
	旅	나그네(여)	方	土	10		驢	당나귀(여)	馬	火	26

발음	한자	뜻	부수	자원	획수	발음	한자	뜻	부수	자원	획수
려	驪	검은 말(여)	馬	火	29		蓮	연꽃(연)	⺾	木	17
력 ㉫ ㊍	力	힘(역)	力	土	2	련 ㉫ ㊍	鏈	쇠사슬(연)	金	金	19
	歷	지날(역)	止	土	16		戀	어지러울(연)	言	金	19
	曆	책력(역)	日	火	16		鰊	청어(연)	魚	水	20
	櫟	상수리나무(역)	木	木	19		孌	아름다울(연)	女	土	22
	瀝	스밀(역)	氵	水	20		鰱	연어(연)	魚	水	22
	礫	조약돌(역)	石	金	20		戀	그리워할(연)	心	火	23
	攊	칠(역)	扌	木	20		攣	걸릴(연)	手	木	23
	櫪	말구유(역)	木	木	20		臠	저민 고기(연)	肉	水	25
	癧	연주창(역)	疒	水	21	렬 ㉫ ㊍	列	벌일(열)	刂	金	6
	轢	칠(역)	車	火	22		劣	못할(열)	力	土	6
	轣	갈(역)	車	火	23		冽	맑을(열)	冫	水	8
	靂	벼락(역)	雨	水	24		烈	세찰(열)	火	火	10
	酈	땅 이름(역)	邑	土	26		洌	맑을(열)	氵	水	10
련 ㉫ ㊍	煉	달굴(연)	火	火	13		挒	비틀(열)	扌	木	10
	楝	멀구슬나무(연)	木	木	13		裂	찢을(열)	衣	木	12
	涷	익힐(연)	氵	水	13		挔	비틀(열)	扌	木	12
	連	잇닿을(연)	辶	土	14		颲	사나운 바람(열)	風	木	15
	練	익힐(연)	糸	木	15	렴 ㉫ ㊌	廉	청렴할(염)	广	木	13
	漣	잔물결(연)	氵	水	15		磏	거친 숫돌(염)	石	金	15
	輦	가마(연)	車	火	15		濂	물 이름(염)	氵	水	17
	璉	호련(연)	玉	金	16		斂	거둘(염)	攴	金	17
	憐	불쌍히 여길(연)	忄	火	16		殮	염할(염)	歹	水	17
	鍊	불릴(연)	金	金	17		簾	발(염)	竹	木	19
	聯	연이을(연)	耳	火	17		瀲	넘칠(염)	氵	水	21

발음	한자	뜻	부수	자원	획수	발음	한자	뜻	부수	자원	획수
렵 火 水	獵	사냥(엽)	犭	土	19	령 火 土	零	떨어질(영)	雨	水	13
	躐	밟을(엽)	足	土	22		鈴	방울(영)	金	金	13
	鬣	갈기(엽)	髟	火	25		領	거느릴(영)	頁	火	14
령 火 土	令	하여금(영)	人	火	5		齡	소금(영)	鹵	水	16
	另	헤어질(영)	口	水	5		鴒	할미새(영)	鳥	火	16
	伶	영리할(영)	亻	火	7		嶺	고개(영)	山	土	17
	姈	슬기로울(영)	女	土	8		澪	깨우칠(영)	氵	水	17
	岺	고개(영)	山	土	8		靈	신령(영)	雨	水	24
	岭	고개(영)	山	土	8		欞	격자창(영)	木	木	28
	囹	옥(영)	口	水	8	례 火	礼	예도(예)	示	木	6
	呤	속삭일(영)	口	水	8		例	법식(예)	亻	火	8
	昤	햇빛(영)	日	火	9		隷	종(예)	隶	水	16
	怜	영리할(영)	忄	火	9		澧	강 이름(예)	氵	水	17
	泠	깨우칠(영)	氵	水	9		隸	종(예)	隶	水	17
	玲	옥 소리(영)	玉	金	10		禮	예도(예)	示	木	18
	齢	나이(영)	齒	金	10		醴	단술(예)	酉	金	20
	秾	벼 처음 익을(영)	禾	木	10		鱧	가물치(예)	魚	水	24
	笭	도꼬마리(영)	竹	木	11	로 火	老	늙을(노)	老	土	6
	羚	영양(영)	羊	土	11		牢	우리(노)	穴	水	9
	翎	깃(영)	羽	火	11		鹵	소금(노)	鹵	水	11
	聆	들을(영)	耳	火	11		旅	검을(노)	玄	火	11
	苓	도꼬마리(영)	艹	木	11		勞	일할(노)	力	火	12
	蛉	잠자리(영)	虫	水	11		路	길(노)	足	土	13
	逞	쾌할(영)	辶	土	12		虜	사로잡을(노)	虍	土	13
	軨	사냥수레(영)	車	火	12		輅	수레(노)	車	火	13

발음	한자	뜻	부수	자원	획수	발음	한자	뜻	부수	자원	획수
로 (火)	魯	노나라/ 성씨(노)	魚	水	15	로 (火)	轤	도르래(노)	車	火	23
	滷	소금밭(노)	氵	水	15		鑪	화로(노)	金	金	24
	盧	목로(성씨) (노)	皿	水	16		顱	머리뼈(노)	頁	火	25
	撈	건질(노)	扌	木	16		髗	머리뼈(노)	骨	金	26
	澇	큰 물결(노)	氵	水	16		鸕	가마우지(노)	鳥	火	27
	潦	큰비(노)	氵	水	16		鱸	농어(노)	魚	水	27
	潞	강 이름(노)	氵	水	17	록 (火) (木)	彔	새길(녹)	彐	火	8
	擄	노략질할(노)	扌	木	17		鹿	사슴(녹)	鹿	土	11
	癆	중독(노)	疒	水	17		淥	밭을(녹)	氵	水	12
	璐	아름다운 옥(노)	玉	金	18		祿	녹(녹)	示	木	13
	櫓	방패(노)	木	木	19		碌	푸른 돌(녹)	石	金	13
	嚧	웃을(노)	口	水	19		綠	푸를(녹)	糸	木	14
	壚	흑토(노)	土	土	19		菉	조개풀(녹)	艹	木	14
	蕗	감초(노)	艹	木	19		漉	거를(녹)	氵	水	15
	露	이슬(노)	雨	水	20		錄	기록할(녹)	金	金	16
	爐	화로(노)	火	火	20		簏	대상자(녹)	竹	木	17
	瀘	물 이름(노)	氵	水	20		轆	도르래(녹)	車	火	18
	蘆	갈대(노)	艹	木	20		騄	말 이름(녹)	馬	火	18
	櫨	두공(노)	木	木	20		麓	산기슭(녹)	鹿	土	19
	艣	노(노)	舟	木	21	론	論	논할(논)	言	金	15
	鑢	아교 그릇(노)	金	金	21	롱 (火) (土)	弄	희롱할(농)	廾	水	7
	瓐	비취옥(노)	玉	金	21		儱	미숙할 모양(농)	亻	火	18
	蘆	갈대(노)	艹	木	22		壟	밭두둑(농)	土	土	19
	艫	배머리(노)	舟	木	22		瀧	비 올(농)	氵	水	20
	鷺	해오라기(노)	鳥	火	23		朧	흐릿할(농)	月	水	20

발음	한자	뜻	부수	자원	획수	발음	한자	뜻	부수	자원	획수
롱 火 土	攏	누를(농)	扌	木	20	뢰 火	罍	술독(뇌)	缶	土	21
	曨	어스레할(농)	日	火	20		籟	세 구멍 퉁소(뇌)	竹	木	22
	瓏	옥 소리(농)	玉	金	21	료 火	了	마칠/ 밝을(요)	亅	金	2
	礱	갈(농)	石	金	21		料	헤아릴(요)	斗	火	10
	籠	대바구니(농)	竹	木	22		聊	애오라지(요)	耳	火	11
	聾	귀먹을(농)	耳	火	22		僚	동료/ 예쁠(요)	亻	火	14
	蘢	개여뀌(농)	艹	木	22		廖	텅빌(요)	广	木	14
	隴	고개 이름(농)	阝	土	24		寮	동관(요)	宀	木	15
뢰 火	耒	가래(뇌)	耒	木	6		嘹	울(요)	口	水	15
	牢	우리(뇌)	牛	土	7		嬈	예쁠(요)	女	土	15
	雷	우레(뇌)	雨	水	13		燎	횃불(요)	火	火	16
	誄	애도할(뇌)	言	金	13		撩	다스릴(요)	扌	木	16
	賂	뇌물(뇌)	貝	金	13		瞭	밝을(요)	日	火	16
	酹	부을(뇌)	酉	金	14		潦	초라할(요)	氵	水	16
	磊	돌무더기(뇌)	石	金	15		獠	밤 사냥(요)	犭	土	16
	賚	줄(뇌)	貝	金	15		膋	발기름(요)	肉	水	16
	賴	의뢰할(뇌)	貝	金	16		瞭	밝을(요)	目	木	17
	頼	의뢰할(뇌)	頁	火	16		蓼	여뀌(요)	艹	木	17
	儡	꼭두각시(뇌)	亻	火	17		療	병 고칠(요)	广	水	17
	礌	바위(뇌)	石	金	18		繚	감길(요)	糸	木	18
	擂	갈(뇌)	扌	木	19		醪	막걸리(요)	酉	金	18
	蕾	꽃봉오리(뇌)	艹	木	19		遼	멀(요)	辶	土	19
	瀨	여울(뇌)	氵	水	20		鐐	은(요)	金	金	20
	礧	바위(뇌)	石	金	20		飂	바람 소리(요)	風	木	20
	纇	실 마디(뇌)	糸	木	21		飉	바람(요)	風	木	21

발음	한자	뜻	부수	자원	획수	발음	한자	뜻	부수	자원	획수
룡 (火) (土)	竜	용(용)	立	金	10	류 (火)	留	머무를(유)	田	土	10
	龍	용(용)	龍	土	16		流	흐를(유)	氵	水	10
	龘	용(용)	龍	土	21		琉	유리(유)	玉	金	12
루 (火)	累	여러(누)	糸	木	11		硫	유황(유)	石	金	12
	婁	끌/ 별 이름(누)	女	土	11		旒	깃발(유)	方	土	13
	淚	눈물(누)	氵	水	12		榴	석류나무(유)	木	木	14
	傝	구부릴(누)	亻	火	13		溜	낙숫물(유)	氵	水	14
	屢	여러(누)	尸	水	14		劉	죽일(유)	刂	金	15
	嶁	봉우리(누)	山	土	14		瑠	맑은 유리(유)	玉	金	15
	陋	더러울(누)	阝	土	14		瘤	혹(유)	广	水	15
	嘍	시끄러울(누)	口	水	14		橊	석류나무(유)	木	木	16
	漏	샐(누)	氵	水	15		縲	포승(유)	糸	木	17
	樓	다락(누)	木	木	15		遛	머무를(유)	辶	土	17
	慺	정성스러울 (누)	忄	火	15		謬	그르칠(유)	言	金	18
	蔞	산쑥(누)	艹	木	15		類	무리(유)	頁	火	19
	熡	불꽃(누)	火	火	15		瀏	맑을(유)	氵	水	19
	瘻	부스럼(누)	广	水	16		纍	맬(유)	糸	木	21
	縷	실(누)	糸	木	17		鶹	올빼미(유)	鳥	火	21
	褸	헌 누더기(누)	衤	木	17	륙 (火) (木)	六	여섯(육)	八	土	6
	蔞	땅강아지(누)	虫	水	17		勠	합할(육)	力	土	13
	耬	씨 뿌리는 기구(누)	耒	金	17		戮	죽일(육)	戈	金	15
	壘	보루(누)	土	土	18		陸	뭍(육)	阝	土	16
	鏤	새길(누)	金	金	19	륜 (火) (火)	侖	생각할/ 둥글(윤)	人	火	8
	髏	해골(누)	骨	金	21		倫	인륜(윤)	亻	火	10
류	柳	버들(유)	木	木	9		崙	산 이름(윤)	山	土	11

발음	한자	뜻	부수	자원	획수	발음	한자	뜻	부수	자원	획수
륜 火 火	崙	산 이름(윤)	山	土	11	릉 火 土	凌	업신여길(능)	冫	水	10
	圇	완전할(윤)	囗	水	11		倰	속일(능)	亻	火	10
	淪	빠질(윤)	氵	水	12		楞	네모질(능)	木	木	13
	掄	가릴(윤)	扌	木	12		稜	모날(능)	禾	木	13
	綸	벼리(윤)	糸	木	14		綾	비단(능)	糸	木	14
	輪	바퀴(윤)	車	火	15		菱	마름(능)	艹	木	14
	錀	금(윤)	金	金	16		陵	언덕(능)	阝	土	16
률 火 火	律	법칙(율)	彳	火	9		蔆	마름(능)	艹	木	17
	栗	밤(율)	木	木	10	리 火	吏	벼슬아치(이)	口	水	6
	率	비율(율)	玄	火	11		利	이로울(이)	刂	金	7
	嵂	가파를(율)	山	土	12		里	마을(이)	里	土	7
	慄	떨릴(율)	忄	火	14		李	오얏/ 성씨(이)	木	木	7
	溧	강 이름(율)	氵	水	14		俐	똑똑할(이)	亻	火	9
	瑮	옥 무늬(율)	玉	金	15		俚	속될(이)	亻	火	9
륭 火 土	隆	높을(융)	阝	土	17		厘	다스릴(이)	厂	土	9
	癃	느른할(융)	疒	水	17		唎	가는소리(이)	口	水	10
	窿	활꼴(융)	穴	水	17		哩	어조사(이)	口	水	10
륵 火 木	肋	갈비대(늑)	肉	水	8		梨	배나무(이)	木	木	11
	泐	돌 갈라질(늑)	氵	水	9		悧	영리할(이)	忄	火	11
	勒	굴레(늑)	力	金	11		浬	해리(이)	氵	水	11
름 火 水	菻	쑥/나라 이름(늠)	艹	木	14		离	떠날/ 산신(이)	禸	火	11
	凜	찰(늠)	冫	水	15		狸	삵(이)	犭	土	11
	凛	찰(늠)	冫	水	15		浬	다다를(이)	氵	水	11
	澟	서늘할(늠)	氵	水	16		理	다스릴(이)	玉	金	12
	廩	곳집(늠)	广	木	16		犁	밭 갈(이)	牛	土	12

발음	한자	뜻	부수	자원	획수	발음	한자	뜻	부수	자원	획수
	痢	설사(이)	疒	水	12		悋	아낄(인)	忄	火	11
	犂	밭 갈이(이)	牛	土	12		粦	도깨비불(인)	米	木	12
	莉	말리(이)	艹	木	13		嶙	가파를(인)	山	土	15
	裏	속(이)	衣	木	13		粼	물 맑을 린(인)	米	水	15
	裡	속(이)	衣	木	13		潾	맑을(인)	氵	水	16
	剺	벗길(이)	刀	金	13		燐	도깨비불(인)	火	火	16
	莅	다다를(이)	艹	木	13		撛	붙들(인)	扌	木	16
	蜊	참조개(이)	虫	水	13		獜	튼튼할/기린(인)	犭	土	16
	嫠	과부(이)	女	土	14		橉	나무 이름(인)	木	木	16
	狸	삵(이)	豸	水	14		璘	옥빛(인)	玉	金	17
리 (火)	履	밟을/신(이)	尸	木	15	린 (火)	磷	물 흐르는 모양(인)	石	金	17
	擸	퍼질(이)	扌	木	15		蜦	반딧불(인)	虫	水	18
	漓	스며들(이)	氵	水	15		繗	이을(인)	糸	木	18
	璃	유리(이)	玉	金	16		鄰	이웃(인)	邑	土	19
	罹	걸릴(이)	网	木	16		轔	수레 소리(인)	車	火	19
	螭	교룡(이)	虫	水	17		隣	이웃(인)	阝	土	20
	鯉	잉어(이)	魚	水	18		鱗	굳셀(인)	金	金	20
	釐	다스릴(이)	里	土	18		藺	골풀(인)	艹	木	22
	羸	파리할(이)	羊	土	19		驎	얼룩말(인)	馬	火	22
	離	떠날(이)	隹	火	19		麟	기린(인)	鹿	土	23
	魑	도깨비(이)	鬼	火	21		鱗	비늘(인)	魚	水	23
	黐	끈끈이(이)	黍	木	23		躙	짓밟을(인)	足	土	23
	籬	울타리(이)	竹	木	25		躪	짓밟을(인)	足	土	27
	邐	이어질(이)	辶	土	26	림 (火水)	林	수풀(임)	木	木	8
린	吝	아낄(인)	口	水	7		玲	옥(임)	玉	金	9

발음	한자	뜻	부수	자원	획수	발음	한자	뜻	부수	자원	획수
	淋	장마(임)	氵	水	12	마	劘	깎을	刂	金	21
	棽	무성할(임)	木	木	12		莫	없을	艹	木	13
	晽	알고자 할(임)	日	火	12		幕	장막	巾	木	14
림 ㉫㉬	琳	옥(임)	玉	金	13		寞	고요할	宀	木	14
	碄	깊을(임)	石	金	13	막 ㉬㉭	漠	넓을/사막	氵	水	15
	痳	임질(임)	疒	水	13		瞙	흐릴	目	木	16
	霖	장마(임)	雨	水	16		膜	꺼풀/막	肉	水	17
	臨	임할(임)	臣	火	17		鏌	칼 이름	金	金	19
	立	설(입)	立	金	5		邈	멀	辶	土	21
립 ㉫㉬	岦	산 우뚝할(입)	山	土	8		万	일만	一	木	3
	砬	돌소리(입)	石	金	10		卍	만자	十	火	6
	笠	삿갓(입)	竹	木	11		娩	낳을	女	土	10
	粒	낟알(입)	米	木	11		曼	길게 끌	日	火	11
	馬	말	馬	火	10		挽	당길	扌	木	11
	麻	삼	广	木	11		晚	저물	日	火	12
	痲	저릴	疒	水	13		輓	끌/애도할	車	火	14
	媽	어머니	女	土	13	만 ㉬㉫	墁	흙손	土	土	14
	麽	작을	麻	木	14		嫚	업신여길	女	土	14
마 ㉬	瑪	차돌	玉	金	15		幔	막	巾	木	14
	摩	문지를	手	木	15		萬	일만	艹	木	15
	碼	마노	石	金	15		滿	찰	氵	水	15
	磨	갈	石	金	16		慢	거만할	忄	火	15
	螞	말거머리	虫	水	16		漫	흩어질	氵	水	15
	蟇	두꺼비	虫	水	17		瞞	속일	目	木	16
	魔	마귀	鬼	火	21		蔓	덩굴	艹	木	17

발음	한자	뜻	부수	자원	획수	발음	한자	뜻	부수	자원	획수
만 ㉠ ㉡	縵	무늬 없는 비단	糸	木	17	망 ㉠ ㉢	汒	황급할	氵	水	7
	謾	속일	言	金	18		芒	까끄라기	艹	木	9
	蹣	넘을	足	土	18		罔	그물/없을	罒	木	9
	鏋	금	金	金	19		邙	북망산	邑	土	10
	鏝	흙손	金	金	19		望	바랄/보름	月	水	11
	饅	만두	食	水	20		莽	우거질	艹	木	12
	鬘	머리 장식	髟	火	21		茫	아득할	艹	木	12
	鰻	뱀장어	魚	水	22		惘	멍할	忄	火	12
	巒	메/뫼	山	土	22		網	그물	糸	木	14
	彎	굽을	弓	火	22		朢	바랄/보름	月	水	14
	蠻	오랑캐	虫	水	25		莾	우거질	艹	木	14
	灣	물굽이	氵	水	26		輞	바퀴 테	車	火	15
말 ㉠ ㉡	末	끝	木	木	5		漭	넓을	氵	水	15
	帕	머리띠	巾	木	8		魍	도깨비	鬼	火	18
	抹	지울	扌	木	9	매 ㉠	每	매양	母	土	7
	沫	물거품	氵	水	9		呆	어리석을	口	水	7
	茉	끝	口	水	10		妹	누이	女	土	8
	秣	꼴	禾	木	10		枚	낱	木	木	8
	茉	말리	艹	木	11		昧	어두울	日	火	9
	靺	말갈	革	金	14		沬	지명	氵	水	9
	襪	버선	衣	木	21		玫	매괴	玉	金	9
망 ㉠	亡	망할	一	水	3		埋	묻을	土	土	10
	妄	망령될	女	土	6		眛	어두울	目	木	10
	忙	바쁠	忄	火	7		梅	매화	木	木	11
	忘	잊을	心	火	7		苺	딸기	艹	木	11

발음	한자	뜻	부수	자원	획수	발음	한자	뜻	부수	자원	획수
매 ㊌	買	살	貝	金	12	맹 ㊌ ㊏	盟	맹세	皿	土	13
	媒	중매	女	土	12		萌	움	艹	木	14
	寐	잘	宀	木	12		甍	용마루	瓦	土	16
	煤	그을음	火	火	13	멱 ㊌ ㊍	覓	찾을	見	火	11
	楳	매화나무	木	木	13		幎	덮을	巾	木	13
	苺	나무딸기	艹	木	13		冪	덮을	冖	土	16
	酶	술밑	酉	金	14	면 ㊌ ㊋	免	면할	儿	木	8
	賣	팔	貝	金	15		沔	물 이름/ 빠질	氵	水	8
	魅	매혹할/ 도깨비	鬼	火	15		勉	힘쓸	力	金	9
	霉	매우/곰팡이	雨	水	15		面	낯/밀가루	面	火	9
	罵	꾸짖을	馬	火	16		眄	결눈질할	目	木	9
	邁	갈	辶	土	19		俛	힘쓸	亻	火	9
맥 ㊌ ㊍	麥	보리	麥	木	11		眠	잘	目	木	10
	脈	줄기	肉	水	12		冕	면류관	日	木	11
	貊	맥국	豸	水	12		麪	밀가루	麥	木	11
	貃	맥국	豸	水	13		棉	목화	木	木	12
	陌	길	阝	土	14		湎	빠질	氵	水	13
	貘	짐승 이름	豸	水	18		綿	솜/이어질	糸	木	14
	驀	말탈	馬	火	21		緬	멀/가는실	糸	木	15
맹 ㊌ ㊏	孟	맏/성씨	子	水	8		絮	햇솜	糸	木	15
	氓	백성	氏	火	8		麵	밀가루	麥	木	20
	盲	소경/눈멀	目	木	8	멸 ㊌ ㊋	滅	꺼질/멸할	氵	水	14
	甿	백성	田	土	8		蔑	업신여길	艹	水	17
	虻	등에	虫	水	9		篾	대껍질	竹	木	17
	猛	사나울	犭	土	12		衊	업신여길	血	水	21

발음	한자	뜻	부수	자원	획수	발음	한자	뜻	부수	자원	획수
명 ㊍ ㊏	皿	그릇	皿	金	5	모 ㊍	皃	모양	白	金	7
	名	이름	口	水	6		姆	유모	女	土	8
	命	목숨	口	水	8		侔	가지런할	亻	火	8
	明	밝을/성씨	日	火	8		某	아무	木	木	9
	眀	밝을	目	木	9		侮	업신여길	亻	火	9
	冥	어두울	冖	木	10		冒	무릅쓸	冂	水	9
	洺	강 이름	氵	水	10		姥	할머니	女	土	9
	茗	차 싹	艹	木	12		眊	흐릴	目	木	9
	榠	홈통	木	木	12		芼	우거질	艹	木	10
	酩	술 취할	酉	金	13		耗	소모할/소식	耒	木	10
	銘	새길	金	金	14		悄	탐할	忄	火	10
	暝	저물	日	火	14		旄	깃대 장식	方	火	10
	鳴	울	鳥	火	14		耄	늙은이	老	土	10
	溟	바다	氵	水	14		眸	눈동자	目	木	11
	慏	너그러울	忄	火	14		茅	띠	艹	木	11
	瞑	눈감을	目	木	15		軞	병거	車	火	11
	蓂	명협	艹	木	16		帽	모자	巾	木	12
	螟	멸구	虫	水	16		媚	강샘할	女	土	12
	鵬	초명새	鳥	火	19		募	모을/뽑을	力	土	13
메	袂	소매	衣	木	10		瑁	옥올	玉	金	14
모 ㊍	毛	터럭/성씨	毛	火	4		貌	모양	豸	水	14
	母	어머니	母	土	5		嫫	추녀	女	土	14
	矛	창	矛	金	5		髦	다팔머리	髟	火	14
	牟	소 우는 소리/ 보리	牛	土	6		模	본뜰	木	木	15
	牡	수컷	牛	土	7		慕	그릴	心	火	15

발음	한자	뜻	부수	자원	획수	발음	한자	뜻	부수	자원	획수
모 ㊌	暮	저물	日	火	15	몽	朦	흐릴	月	水	18
	摸	본뜰	扌	木	15		懞	어두울	忄	火	18
	摹	베낄	手	木	15		曚	어두울	日	火	18
	蟊	해충	虫	水	15		濛	가랑비 올	氵	水	18
	慔	힘쓸	忄	火	15		矇	어두울	目	木	19
	謀	꾀	言	金	16		艨	싸움배	舟	木	20
	橅	법(무)	木	木	16		鸏	물새 새끼	鳥	火	25
	蟊	해충	虫	水	17	묘 ㊌	卯	토끼/ 넷째 지지	卩	木	5
	謨	꾀	言	金	18		妙	묘할	女	土	7
목 ㊌	木	나무	木	木	4		杳	아득할	木	木	8
	目	눈	目	木	5		昴	별 이름	日	火	9
	牧	칠	牛	土	8		竗	묘할	立	金	9
	沐	머리 감을	氵	水	8		眇	애꾸눈	目	木	9
	苜	거여목	艹	木	11		畝	이랑	田	土	10
	睦	화목할	目	木	13		苗	모	艹	木	11
	穆	화목할	禾	木	16		淼	물 아득할	水	水	12
	鶩	집오리	鳥	火	20		描	그릴	扌	木	13
몰 ㊌	沒	빠질	氵	木	8		渺	아득할	氵	水	13
	歿	죽을	歹	水	8		猫	고양이	犭	土	13
몽 ㊌	霧	안개	雨	水	13		墓	무덤	土	土	14
	夢	꿈	夕	木	14		廟	사당	广	木	15
	溕	이슬비	氵	水	14		貓	고양이	豸	水	16
	蒙	어두울	艹	木	16		錨	닻	金	金	17
	瞢	어두울	目	木	16		藐	멀	艹	木	20
	幪	덮을	巾	木	17	무	无	없을	无	水	4

발음	한자	뜻	부수	자원	획수	발음	한자	뜻	부수	자원	획수
	毋	말	毋	土	4	무 ㉥	鵡	앵무새	鳥	火	19
	戊	천간	戊	土	5		騖	달릴	馬	火	19
	巫	무당	工	火	7	묵 ㉥ ㊍	墨	먹	土	土	15
	武	호반	止	土	8		嘿	고요할	口	水	15
	拇	엄지손가락	扌	木	9		默	묵묵할	黑	水	16
	畝	이랑	田	土	10		文	글월	文	木	4
	茂	무성할	艹	木	11		刎	목 벨	刂	金	6
	務	힘쓸	力	土	11		吻	입술	口	水	7
	無	없을	火	火	12		門	문	門	木	8
	貿	무역할	貝	金	12		汶	물 이름	氵	水	8
	珷	옥돌	玉	金	13		炆	따뜻할	火	火	8
	楙	무성할	木	木	13		抆	닦을	扌	木	8
	舞	춤출	舛	木	14		紋	무늬	糸	木	10
	誣	속일	言	金	14		們	들	亻	火	10
무 ㉥	嘸	분명하지 않을	口	水	15	문 ㉥ ㊍	紊	어지러울	糸	木	10
	廡	집/무성할	广	木	15		蚊	모기	虫	水	10
	撫	어루만질	扌	木	16		問	물을	口	水	11
	憮	어루만질	忄	火	16		悗	잊을	忄	火	11
	橅	법(무)	木	木	16		雯	구름무늬	雨	水	12
	儛	춤출	亻	火	16		捫	어루만질	扌	木	12
	懋	무성할	心	火	17		聞	들을	耳	火	14
	繆	얽을	糸	木	17		璊	붉은 옥	玉	金	16
	蕪	거칠	艹	木	18		懣	번민할	心	火	18
	膴	포	肉	水	18	물 ㉥ ㊍	勿	말/털	勹	金	4
	霧	안개	雨	水	19		物	물건	牛	土	8

발음	한자	뜻	부수	자원	획수	발음	한자	뜻	부수	자원	획수
믈	汨	아득할	氵	水	8		媚	빛날	火	火	13
	未	아닐	木	木	5		湄	물가	氵	水	13
	米	쌀	米	木	6		瑂	옥돌	玉	金	14
	尾	꼬리	尸	木	7		躾	가르칠	身	火	16
	味	맛	口	水	8		彌	미륵/두루	弓	金	17
	弥	미륵/두루	弓	金	8		謎	수수께끼	言	金	17
	侎	어루만질	亻	火	8		麋	큰 사슴	鹿	土	17
	美	아름다울	羊	土	9		糜	죽/문드러질	米	木	17
	眉	눈썹	目	木	9		縻	고삐	糸	木	17
	弭	활고자/그칠	弓	金	9	미	溦	이슬비/물가	氵	水	17
	娓	장황할	女	土	10	㊌	瀰	물 가득할	氵	水	18
	洣	강 이름	氵	水	10		薇	장미	艹	木	19
	敉	어루만질	攵	金	10		靡	쓰러질	非	水	19
미	梶	나무 끝	木	木	11		瀰	물 넓을	氵	水	21
㊌	茉	맛	艹	木	11		獼	원숭이	犭	土	21
	媄	아름다울	女	土	12		亹	힘쓸	亠	土	22
	媚	아첨할/예쁠	女	土	12		黴	곰팡이	黑	水	23
	嵋	산 이름	山	土	12		蘼	천궁	艹	木	23
	嵄	산	山	土	12		蘪	장미	艹	木	25
	渼	물놀이	氵	水	13		民	백성	氏	火	5
	楣	문미	木	木	13		旻	하늘	日	火	8
	湄	물가	氵	水	13	민	旼	화할/하늘	日	火	8
	微	작을	彳	火	13	㊌	忞	힘쓸	心	火	8
	迷	미혹할	辶	土	13	㊋	岷	산 이름	山	土	8
	嬍	착하고 아름다울	女	土	13		忟	힘쓸	忄	火	8

발음	한자	뜻	부수	자원	획수	발음	한자	뜻	부수	자원	획수
	玟	아름다운 돌	玉	金	9	민 (水) (火)	憫	민망할	忄	火	16
	敃	강인할	攵	金	9		鰵	다금바리	魚	水	22
	泯	망할	氵	水	9	밀 (水) (火)	密	빽빽할	宀	木	11
	砇	옥돌	石	金	9		蜜	꿀	虫	水	14
	盿	볼	目	木	9		樒	침향	木	木	15
	珉	옥돌	玉	金	10		滵	빨리 흐르는 모양	氵	水	15
	罠	낚싯줄	罒	木	10		謐	고요할	言	金	17
	敏	민첩할	攵	金	11	박 (水) (木)	朴	성씨	木	木	6
	苠	속대	艹	木	11		泊	머무를	氵	水	9
	閔	성씨/위문할	門	水	12		拍	칠/어깨	扌	木	9
	悶	답답할	心	火	12		珀	호박	玉	金	10
	暋	굳셀	日	火	13		剝	벗길	刂	金	10
민 (水) (火)	愍	근심할	心	火	13		亳	땅 이름	亠	土	10
	鈱	돈꿰미	金	金	13		舶	배	舟	木	11
	黽	힘쓸 (맹꽁이 맹)	黽	水	13		粕	지게미	米	木	11
	瑉	옥돌	玉	金	13		迫	핍박할	辶	土	12
	脗	물결 가없는 모양	肉	水	13		博	넓을	十	水	12
	頣	강할	頁	火	14		鉑	금박	金	金	13
	瑉	옥돌	玉	金	14		雹	우박	雨	水	13
	碈	옥돌	石	金	14		箔	발	竹	木	14
	閩	종족 이름	門	木	14		駁	논박할/ 얼룩말	馬	火	14
	緡	낚싯줄	糸	木	14		髆	박공	片	木	14
	憨	총명할	心	火	15		撲	칠(복)	扌	木	16
	緍	낚싯줄	糸	木	15		樸	순박할	木	木	16
	潤	물 졸졸 흘러내릴	氵	水	16		縛	얽을	糸	木	16

발음	한자	뜻	부수	자원	획수	발음	한자	뜻	부수	자원	획수
박 ㊌ ㊍	膊	팔뚝	肉	水	16	반 ㊌ ㊋	飯	밥	食	水	13
	駁	논박할/ 얼룩말	馬	火	16		媻	비틀거릴	女	土	13
	璞	옥돌	玉	金	17		槃	쟁반	木	木	14
	鎛	종	金	金	18		搬	옮길	扌	木	14
	薄	엷을	艹	木	19		攽	덜	手	木	14
	髆	어깻쭉지뼈	骨	金	20		頖	학교 이름	頁	火	14
	欂	두공(벽)	木	木	21		盤	소반	皿	金	15
반 ㊌ ㊋	反	돌이킬/ 돌아올	又	水	4		磐	너럭바위	石	金	15
	半	반	十	土	5		瘢	흉터	疒	水	15
	伴	짝	亻	火	7		潘	성씨/뜨물	氵	水	16
	扳	끌어당길	扌	木	8		蟹	가뢰	虫	水	16
	攽	나눌	攵	金	8		磻	강 이름	石	金	17
	泮	물가/녹을	氵	水	9		豳	얼룩	豕	水	17
	盼	눈 예쁠	目	木	9		蟠	서릴	虫	水	18
	拌	버릴/쪼갤	扌	木	9		攀	더위잡을	手	木	19
	叛	배반할	又	水	9		礬	명반	石	金	20
	般	가지/일반	舟	木	10	발 ㊌ ㊋	拔	뽑을	扌	木	9
	畔	밭두둑	田	土	10		勃	노할	力	土	9
	朌	나눌	肉	水	10		炦	불기운(별)	火	火	9
	班	나눌	玉	金	11		哱	어지러울	口	水	10
	絆	얽어맬	糸	木	11		浡	일어날	氵	水	11
	返	돌이킬	辶	土	11		發	필	癶	火	12
	胖	클	肉	水	11		跋	밟을	足	土	12
	斑	아롱질	文	木	12		鉢	바리때	金	金	13
	頒	나눌	頁	火	13		渤	바다 이름/ 발해	氵	水	13

발음	한자	뜻	부수	자원	획수	발음	한자	뜻	부수	자원	획수
발 ⑱ ⑯	脖	배꼽	肉	水	13	방 ⑱ ⑯	蚌	방합	虫	水	10
	鈸	방울	金	金	13		邦	나라	邑	土	11
	髮	터럭	髟	火	15		訪	찾을	言	金	11
	魃	가물	鬼	火	15		㽃	옹기장	方	土	11
	潑	물 뿌릴	氵	水	16		梆	목어	木	木	11
	撥	다스릴	扌	木	16		傍	곁	亻	火	12
	鵓	집비둘기	鳥	火	18		防	막을	阝	土	12
	醱	술 괼	酉	金	19		幇	도울	巾	木	12
방 ⑱ ⑯	方	모	方	土	4		舽	배	舟	木	12
	仿	본뜰/헤맬	亻	火	6		徬	헤맬/시중들	彳	火	13
	妨	방해할	女	土	7		榜	방 붙일	木	木	14
	坊	동네	土	土	7		滂	비 퍼부을	氵	水	14
	彷	헤맬/비슷할	彳	火	7		搒	배 저을/ 매질할	扌	木	14
	尨	삽살개	尢	土	7		牓	패	片	木	14
	昉	밝을/찾을	日	火	8		髣	비슷할	髟	火	14
	放	놓을	攵	金	8		磅	돌 떨어지는 소리	石	金	15
	枋	다목	木	木	8		魴	방어	魚	水	15
	房	방/성씨	戶	木	8		膀	오줌통	肉	水	16
	厖	두터울	厂	土	9		蒡	우엉	艹	木	16
	芳	꽃다울	艹	木	10		螃	방게	虫	水	16
	倣	본뜰	亻	火	10		謗	헐뜯을	言	金	17
	旁	곁	方	土	10		幫	도울	巾	木	17
	紡	길쌈	糸	木	10		鎊	깎을	金	金	18
	肪	살찔	肉	水	10		龐	어지러울	龍	土	19
	舫	방주	舟	木	10	배	北	달아날/ 북녘(북)	匕	水	5

발음	한자	뜻	부수	자원	획수	발음	한자	뜻	부수	자원	획수
	扒	뺄	扌	木	6		伯	맏	亻	火	7
	坏	언덕	土	土	7		帛	비단	巾	木	8
	杯	잔	木	木	8		佰	일백	亻	火	8
	盃	잔	皿	金	9		柏	측백	木	木	9
	拜	절/뺄	扌	木	9		栢	측백	木	木	10
	倍	곱	亻	火	10	백	珀	호박(박)	玉	金	10
	配	나눌/짝	酉	金	10	(水)	苩	성씨, 꽃 파	艹	木	11
	俳	배우/어정거릴	亻	火	10	(木)	趙	넘칠	走	火	12
	培	탈/북을 돋울	土	土	11		魄	넋	鬼	火	15
	背	등/배반할	肉	水	11		祥	속옷	衤	木	11
	胚	아이 밸	肉	水	11		番	차례	田	土	12
배	徘	어정거릴	彳	火	11		煩	번거로울	火	火	13
(水)	焙	불에 쬘	火	火	12		幡	깃발/날	巾	木	15
	排	밀칠/풀무	扌	木	12		樊	울타리	木	木	15
	湃	물결칠	氵	水	13		燔	사를	火	火	16
	琲	구슬꿰미	玉	金	13		繁	번성할	糸	木	17
	裵	성씨/치렁치렁할	衣	木	14	번	磻	강 이름	石	金	17
	裴	성씨/치렁치렁할	衣	木	14	(水)	蕃	우거질	艹	木	18
	褙	속적삼	衣	木	15	(火)	翻	날	羽	火	18
	賠	물어줄	貝	金	15		繙	되풀이할	糸	木	18
	輩	무리	車	火	15		膰	제사 고기	肉	水	18
	陪	모실	阝	土	16		藩	울타리	艹	木	21
	蓓	꽃봉오리	艹	木	16		飜	번역할/날	飛	火	21
백	白	흰	白	金	5		蘩	산 흰 쑥	艹	木	23
(水) (木)	百	일백	白	水	6	벌	伐	칠	亻	火	6

발음	한자	뜻	부수	자원	획수	발음	한자	뜻	부수	자원	획수
벌 ㊌ ㊋	筏	뗏목	竹	木	12	벽 ㊌ ㊍	僻	궁벽할	亻	火	15
	閥	문벌	門	木	14		劈	쪼갤	刀	金	15
	罰	벌할	罒	金	15		壁	벽	土	土	16
	橃	뗏목	木	木	16		檗	황벽나무	木	木	17
	罸	죄	罒	金	16		擘	엄지손가락	手	木	17
범 ㊌ ㊌	凡	무릇	几	木	3		擗	가슴 칠	扌	木	17
	犯	범할	犭	土	6		璧	구슬	玉	金	18
	帆	돛	巾	木	6		癖	버릇	疒	水	18
	氾	넘칠/ 땅 이름	氵	水	6		甓	벽돌	瓦	土	18
	汎	넓을	氵	水	7		襞	주름	衣	木	19
	机	뗏목	木	木	7		疄	가를	田	土	20
	泛	뜰	氵	水	9		闢	열	門	木	21
	訉	말 많을	言	金	10		霹	벼락	雨	水	21
	笵	성씨(법)	艹	木	11		蘗	황경나무	艹	木	23
	梵	불경	木	木	11		鷿	논병아리	鳥	火	24
	釩	떨칠	金	金	11		鼊	거북	黽	水	26
	笵	법	竹	木	11	변 ㊌ ㊋	卞	성씨/법	卜	土	4
	渢	풍류 소리	氵	水	13		弁	고깔/말씀	廾	水	5
	範	법	竹	木	15		采	분별할	采	金	7
	滼	뜰	氵	水	15		忭	기뻐할	忄	火	8
	飄	달릴	風	木	19		抃	손뼉 칠	扌	木	8
배	法	법	氵	水	9		便	편할	亻	火	9
	琺	법랑	玉	金	13		胼	살갗 틀	肉	水	14
배	辟	임금	辛	金	13		賆	더할	貝	金	15
	碧	푸를	石	金	14		辨	분별할	辛	金	16

발음	한자	뜻	부수	자원	획수	발음	한자	뜻	부수	자원	획수
변 ⽔ ⽕	騈	나란히 할 (병)	馬	火	16	병 ⽔ ⼟	炳	불꽃/밝을	火	火	9
	骿	통갈비	骨	金	16		柄	자루	木	木	9
	鴘	매	鳥	火	16		昞	불꽃/밝을	日	火	9
	辮	땋을	糸	木	20		昺	불꽃/밝을	日	火	9
	辯	말씀	辛	金	21		抦	잡을	扌	木	9
	邊	가/성씨	辶	土	22		竝	나란히	立	金	10
	變	변할	言	金	23		倂	아우를	亻	火	10
	籩	제기 이름	竹	木	25		病	병	疒	水	10
별 ⽔ ⽕	別	나눌	刂	金	7		屛	병풍	尸	水	11
	炦	불기운	火	火	9		棅	자루	木	木	12
	勈	클	力	土	12		甁	병	瓦	土	13
	莂	모종 낼	艹	木	13		迸	흩어져 달아날	辶	土	13
	彆	활 뒤틀릴	弓	金	15		鈵	굳을	金	金	13
	馩	짙지 않은 향기	香	木	16		鉼	판금	金	金	14
	瞥	깜짝할	目	木	17		絣	이을	糸	木	14
	襒	털	衤	木	18		缾	두레박	缶	土	14
	鱉	자라	魚	水	23		輧	수레	車	火	15
	鷩	금계	鳥	火	23		餠	떡	食	水	17
	鼈	자라	黽	土	25		騈	나란히 할	馬	火	18
병 ⽔ ⼟	丙	남녘/ 셋째 천간	一	火	5	보 ⽔	步	걸음	止	土	7
	幷	어우를	干	火	6		甫	클	用	水	7
	兵	병사	八	金	7		宝	보배	宀	木	8
	秉	잡을	禾	木	8		保	지킬	亻	火	9
	並	나란히	一	木	8		備	도울	亻	火	9
	幷	어우를	干	火	8		洑	보	氵	水	10

발음	한자	뜻	부수	자원	획수	발음	한자	뜻	부수	자원	획수
	珤	보배	玉	金	11		宓	성씨	宀	木	8
	琔	보배	玉	金	11		匐	길	勹	金	11
	瑎	보배	玉	金	11		復	다시(부)	彳	火	12
	報	갚을/알릴	土	土	12		茯	복령	艹	木	12
	普	넓을	日	火	12		復	회복할	彳	火	12
	堡	작은 성	土	土	12		福	복	示	木	14
	盙	제기 이름	皿	金	12		僕	종	亻	火	14
	睭	볼	目	木	12		箙	전동	竹	木	14
	補	기울/도울	衣	木	13		蔔	무	艹	木	14
보	湺	보	氵	水	13		腹	배	肉	水	15
㉮	輔	도울	車	火	14	복	複	겹칠	衣	木	15
	菩	보살	艹	木	14	㉮	墣	흙덩이	土	土	15
	褓	포대기	衣	木	15	㊍	幞	보자기	巾	木	15
	葆	더부룩할	艹	木	15		蝠	박쥐	虫	水	15
	鴇	능에	鳥	火	15		蝮	살무사	虫	水	15
	潽	물 이름	氵	水	16		輹	복토	車	火	16
	簠	제기 이름	竹	木	18		輻	바퀴살	車	火	16
	譜	족보	言	金	19		鍑	솥	金	金	17
	黼	수	黹	金	19		蕧	무	艹	木	17
	寶	보배	宀	木	20		馥	향기	香	木	18
	寶	보배	雨	水	27		覆	다시	襾	金	18
	卜	점/무	卜	火	2		濮	강 이름	氵	水	18
복	伏	엎드릴	亻	火	6		鵬	수리부엉이	鳥	火	19
㉮	扑	칠	扌	木	6		鰒	전복	漁	水	20
	服	옷	月	水	8	본	本	근본	木	木	5

발음	한자	뜻	부수	자원	획수	발음	한자	뜻	부수	자원	획수
불	叓	음역자	乙	木	8	봉	篷	뜸	竹	木	17
봉 ⊛ ⊕	丰	예쁠	丨	金	4		夫	지아비	大	木	4
	夆	끌	夊	土	7		父	아버지/ 아비	父	木	4
	奉	받들	大	木	8		不	아닐	一	水	4
	封	봉할	寸	土	9		付	줄	亻	火	5
	芃	무성할	艹	木	9		缶	장군	缶	土	6
	峯	봉우리	山	土	10		否	아닐	口	水	7
	峰	봉우리	山	土	10		孚	미쁠	子	水	7
	俸	녹	亻	火	10		扶	도울	扌	木	8
	烽	봉화	火	火	11		府	마을	广	木	8
	漨	물 이름	氵	水	11		咐	분부할	口	水	8
	捧	받들	扌	木	12		阜	언덕	阜	土	8
	棒	막대	木	木	12		斧	도끼	斤	金	8
	蜂	벌	虫	水	13		抔	움킬	扌	木	8
	琫	칼집 장식	玉	金	13		負	질	貝	金	9
	縫	꿰맬	糸	木	13		赴	다다를/갈	走	火	9
	逢	만날	辶	土	14		訃	부고	言	金	9
	鳳	봉새	鳥	火	14		俘	사로잡을	亻	火	9
	菶	풀 무성할	艹	木	14		拊	어루만질	扌	木	9
	熢	봉화/ 연기 자욱할	火	火	15		玞	옥돌	玉	金	9
	鋒	칼날	金	金	15		芙	연꽃	艹	木	10
	漨	내 이름	氵	水	15		釜	가마	金	金	10
	鵬	봉 새/ 성씨(궉)	鳥	火	15		俯	구부릴	亻	火	10
	縫	꿰맬	糸	木	17		剖	쪼갤	刂	金	10
	蓬	쑥	艹	木	17		祔	합사할	示	木	10

발음	한자	뜻	부수	자원	획수	발음	한자	뜻	부수	자원	획수
	罘	그물	罒	木	10		艀	작은 배	舟	木	13
	苤	질경이	艹	木	10		莩	갈대청	艹	木	13
	蚨	파랑강충이	虫	水	10		筟	대청	竹	木	13
	副	버금	刂	金	11		罦	그물	罒	木	13
	婦	며느리	女	土	11		蜉	하루살이	虫	水	13
	浮	뜰	氵	水	11		腐	썩을	肉	水	14
	符	부호	竹	木	11		溥	펼	氵	水	14
	埠	부두	土	土	11		孵	알 깔	子	水	14
	趺	책상다리할	足	土	11		腑	육부	肉	水	14
	桴	마룻대	木	木	11		榑	부상/나무	木	木	14
	苻	귀목풀	艹	木	11		部	떼/거느릴	邑	土	15
	袝	나들이옷	衤	木	11		賦	부세	貝	金	15
부 ㊌	胕	장부	肉	水	11		敷	펼	攵	金	15
	富	부유할	宀	木	12		駙	곁마	馬	火	15
	傅	스승	亻	火	12		頫	구부릴	頁	火	15
	復	다시	彳	火	12		麩	밀기울	麥	木	15
	媍	며느리	女	土	12		鮒	붕어	魚	水	16
	培	그러모을	扌	木	12		膚	살갗	肉	水	17
	涪	물거품	氵	水	12		賻	부의	貝	金	17
	裒	모을	衣	木	12		蔀	빈지문	艹	木	17
	跗	발등	足	土	12		簿	문서	竹	木	19
	鈇	도끼	金	金	12	북	北	북녘/달아날 배	匕	水	5
	復	회복할	彳	火	12	분 ㊌ ㊋	分	나눌	刀	金	4
	附	붙을	阝	土	13		吩	분부할/뿜을	口	水	7
	鳧	오리	鳥	火	13		体	용렬할	亻	火	7

발음	한자	뜻	부수	자원	획수	발음	한자	뜻	부수	자원	획수
	坌	먼지	土	土	7	분 ⽔ ⽕	噴	뿜을	口	水	15
	帉	걸레	巾	木	7		憤	분할	忄	火	16
	汾	클	氵	水	8		奮	떨칠	大	木	16
	昐	햇빛	日	火	8		濆	뿜을	氵	水	16
	奔	달릴	大	木	8		黺	수놓을	黹	金	16
	扮	꾸밀	扌	木	8		糞	똥	米	木	17
	忿	성낼	心	火	8		鼢	두더지	鼠	水	17
	氛	기운	气	水	8		膹	고깃국	肉	水	18
	枌	흰느릅나무	木	木	8		蕡	들깨	艹	木	18
	盆	동이	皿	金	9		轒	병거	車	火	19
	砏	큰소리	石	金	9	불 ⽔ ⽕	不	아닐	一	水	4
	紛	어지러울	糸	木	10		弗	아닐/말	弓	木	5
분 ⽔ ⽕	芬	향기	艹	木	10		佛	부처	亻	火	7
	粉	가루	米	木	10		彿	비슷할	彳	火	8
	畚	삼태기	田	土	10		岪	산길	山	土	8
	朌	머리 클	肉	水	10		拂	떨칠	扌	木	9
	笨	거칠	竹	木	11		祓	푸닥거리할	示	木	10
	賁	클	貝	金	12		紱	인끈	糸	木	11
	雰	눈 가릴	雨	水	12		艴	발끈할	色	土	11
	焚	불사를	火	火	12		芾	풀 우거질	艹	木	11
	棻	향내 나는 나무	木	木	12		韍	폐슬	韋	金	14
	犇	달릴	牛	土	12		髴	비슷할	髟	火	15
	棼	마룻대	木	木	12		黻	수	黹	金	17
	湓	용솟음할	氵	水	13	붕 ⽔ ⽕	朋	벗	月	水	8
	墳	무덤	土	土	15		崩	무너질	山	土	11

발음	한자	뜻	부수	자원	획수	발음	한자	뜻	부수	자원	획수
붕 ㈬ ㈫	堋	묻을	土	土	11	비 ㈬	泌	분비할	氵	水	9
	棚	사다리	木	木	12		砒	비상	石	金	9
	硼	붕사	石	金	13		毖	삼갈	比	火	9
	漰	물결치는 소리	氵	水	15		秕	쭉정이	禾	木	9
	繃	묶을	糸	木	17		飛	날	飛	火	9
	髜	머리 흐트러질	髟	火	18		毗	도울	比	火	9
	鵬	붕새	鳥	火	19		狒	비비	犭	土	9
비 ㈬	匕	비수	匕	金	2		狉	삵의 새끼	犭	土	9
	比	견줄	比	火	4		肥	살찔	肉	水	10
	丕	클	一	水	5		粃	쭉정이	米	木	10
	庀	다스릴	广	木	5		祕	숨길	示	木	10
	妃	왕비	女	土	6		匪	비적	匚	木	10
	仳	떠날/추할	亻	火	6		秘	숨길	禾	木	10
	圮	무너질	土	土	6		剕	발 벨	刂	金	10
	庇	덮을	广	木	7		紕	가선	糸	木	10
	妣	죽은 어머니	女	土	7		芘	당아욱	艹	木	10
	屁	방귀	尸	水	7		芾	작은 모양	艹	木	10
	佊	힘셀	亻	火	7		蚍	왕개미	虫	水	10
	非	아닐	非	木	8		俾	더할	亻	火	10
	卑	낮을	十	土	8		婢	여자 종	女	土	11
	批	비평할	扌	木	8		奜	클	大	木	11
	枇	비파나무	木	木	8		埤	더할	土	土	11
	沘	강 이름	氵	水	8		庳	낮을	广	木	11
	沸	끓을	氵	水	9		備	갖출	亻	火	12
	毗	도울	比	火	9		費	쓸	貝	金	12

발음	한자	뜻	부수	자원	획수	발음	한자	뜻	부수	자원	획수
	悲	슬플	心	火	12		萆	비해	艹	木	14
	斐	문채 날	文	木	12		誹	헐뜯을	言	金	15
	扉	사립문	戶	木	12		郫	고을 이름	邑	土	15
	棐	도지개	木	木	12		憊	고단할	心	火	16
	悱	표현 못할	忄	火	12		蓖	아주까리	艹	木	16
	椑	술통	木	木	12		陴	성가퀴	阝	土	16
	淝	강 이름	氵	水	12		篦	빗치개	竹	木	16
	渒	강 이름	氵	水	12		霏	눈 펄펄 내릴	雨	水	16
	邳	클	邑	土	12		貔	비휴	豸	水	17
	痞	결릴	疒	水	12		馡	향기로울	香	木	17
비 ㉚	碑	비석	石	金	13	비 ㉚	鄙	더러울/마을	邑	土	18
	痺	저릴/왜소	疒	水	13		濞	물소리	氵	水	18
	琵	비파	玉	金	13		騑	곁마	馬	火	18
	閟	문 닫을	門	木	13		髀	넓적다리	骨	金	18
	痹	저릴	疒	水	13		臂	팔	肉	水	19
	睥	흘겨볼	目	木	13		鞴	말 채비할	革	金	19
	裶	도울	衣	木	14		騛	빠를 말	馬	火	19
	緋	비단	糸	木	14		譬	비유할	言	金	20
	翡	물총새	羽	火	14		羆	큰곰	罒	木	20
	榧	비자나무	木	木	14		贔	힘쓸	貝	金	21
	脾	지라	肉	水	14		鼙	마상고	鼓	金	21
	菲	엷을	艹	木	14		轡	고삐	車	火	22
	蜚	바퀴	虫	水	14	빈 ㉚ ㉕	牝	암컷	牛	土	6
	鼻	코	鼻	金	14		份	빛날	亻	火	6
	腓	장딴지/피할	肉	水	14		玭	구슬 이름	玉	金	9

발음	한자	뜻	부수	자원	획수	발음	한자	뜻	부수	자원	획수
빈 ㉠㉡	彬	빛날	彡	火	11	빈 ㉠㉡	馪	향내 물큰 날	香	木	23
	浜	물가	氵	水	11		顰	찡그릴	頁	火	24
	貧	가난할	貝	金	11		鬢	살쩍	髟	火	24
	邠	나라 이름	邑	土	11	빙 ㉠㉢	氷	얼음	水	水	5
	斌	빛날	文	木	12		冰	얼음 (경주 빙 씨)	冫	水	6
	賓	손/손님	貝	金	14		凭	기댈	几	木	8
	儐	인도할	亻	火	16		娉	장가들	女	土	10
	頻	자주	頁	火	16		聘	부를	耳	火	13
	嬪	궁녀 벼슬 이름	女	土	17		憑	기댈	心	火	16
	豳	나라 이름	豕	水	17		騁	달릴	馬	火	17
	濱	물가	氵	水	18	사 ㉦	巳	뱀	己	火	3
	檳	빈랑나무	木	木	18		士	선비	士	木	3
	殯	빈소	歹	水	18		四	넉	口	水	4
	擯	물리칠	扌	木	18		史	사기/성씨	口	水	5
	嚬	찡그릴	口	水	19		司	맡을	口	水	5
	璸	구슬 이름	玉	金	19		仕	섬길/벼슬할	亻	火	5
	霦	옥 광채	雨	水	19		乍	잠깐	丿	金	5
	贇	예쁠(윤)	貝	金	19		寺	절	寸	木	6
	穦	향기	禾	木	19		糸	실	糸	木	6
	矉	찡그릴	目	木	19		死	죽을	歹	水	6
	瀕	물가/가까울	氵	水	20		似	닮을	亻	火	7
	繽	어지러울	糸	木	20		私	사사	禾	木	7
	臏	종지뼈	肉	水	20		些	적을	二	木	7
	鑌	강철	金	金	22		伺	엿볼	亻	火	7
	蘋	네가래	艹	木	22		汜	지류	氵	水	7

발음	한자	뜻	부수	자원	획수	발음	한자	뜻	부수	자원	획수
사(金)	社	모일/토지신	示	木	8	사(金)	赦	용서할	赤	火	11
	事	일	亅	木	8		梭	북	木	木	11
	使	하여금	亻	火	8		邪	간사할	邑	土	11
	舍	집/버릴	舌	火	8		笥	상자	竹	木	11
	沙	모래/봉황	氵	水	8		捨	버릴	扌	木	12
	祀	제사	示	木	8		詞	말/글	言	金	12
	卸	풀	卩	木	8		絲	실	糸	木	12
	咋	잠깐	口	水	8		詐	속일	言	金	12
	姒	손위 동서	女	土	8		斯	이/천할	斤	金	12
	思	생각할	心	火	9		奢	사치할	大	木	12
	査	조사할	木	木	9		傞	춤출	亻	火	12
	泗	물 이름	氵	水	9		痧	곽란	疒	水	12
	砂	모래/봉황	石	金	9		竢	기다릴	立	金	12
	柶	수저	木	木	9		覗	엿볼	見	火	12
	俟	기다릴	亻	火	9		嗣	이을	口	水	13
	師	스승	巾	木	10		莎	사초/비빌	艹	木	13
	紗	비단	糸	木	10		渣	찌꺼기	木	水	13
	娑	춤출/사바 세상	女	土	10		肆	방자할	聿	火	13
	祠	사당	示	木	10		裟	가사	衣	木	13
	唆	부추길	口	水	10		楂	뗏목	木	木	13
	射	쏠	寸	土	10		飼	기를	食	水	14
	剚	칼 꽂을	刂	金	10		獅	사자	犭	土	14
	蛇	긴 뱀	虫	水	11		榭	정자	木	木	14
	斜	비낄	斗	火	11		皶	여드름	皮	金	14
	徙	옮길/고을 이름	彳	火	11		蜡	납제	虫	水	14

발음	한자	뜻	부수	자원	획수	발음	한자	뜻	부수	자원	획수
사 (金)	賜	줄	貝	金	15	산 (金) (火)	刪	깎을	刂	金	7
	寫	베낄	宀	木	15		疝	산증	疒	水	8
	駟	사마	馬	火	15		姍	헐뜯을	女	土	8
	傪	잘게 부술	亻	火	15		珊	산호	玉	金	10
	駛	달릴	馬	火	15		祘	셈	示	木	10
	鯋	문절망둑	魚	水	15		訕	헐뜯을	言	金	10
	篩	체	竹	木	16		產	낳을	生	木	11
	蓑	도롱이	艹	木	16		産	낳을	生	木	11
	謝	사례할	言	金	17		狻	사자	犭	土	11
	鯊	문절망둑	魚	水	18		傘	우산	亻	火	12
	辭	말씀	辛	金	19		散	흩을	攵	金	12
	瀉	쏟을	氵	水	19		剗	깎을	刂	金	13
	麝	사향노루	鹿	土	21		算	셈	竹	木	14
	鰤	방어	魚	水	21		酸	실	酉	金	14
삭 (金) (木)	削	깎을	刂	金	9		憻	온전한 덕	忄	火	15
	朔	초하루	月	水	10		蒜	마늘	竹	木	16
	索	노	糸	木	10		橵	산자	木	木	16
	槊	창	木	木	14		潸	눈물 흐를	氵	水	16
	搠	바를	扌	木	14		潜	눈물 흐를	氵	水	16
	數	자주	攵	金	15		繖	우산	糸	木	18
	蒴	삭조	艹	木	16		鏟	대패	金	金	19
	爍	빛날	火	火	19		霰	싸라기눈	雨	水	20
	鑠	녹일	金	金	23		孿	쌍둥이	子	水	22
산 (金) (火)	山	뫼	山	土	3	살 (金) (火)	乷	음역자	乙	木	8
	汕	오구	氵	水	7		殺	죽일/감할	殳	金	11

발음	한자	뜻	부수	자원	획수	발음	한자	뜻	부수	자원	획수
살 金 火	煞	죽일	火	火	13	삽	鍤	가래	金	金	17
	撒	뿌릴/ 끼얹을	扌	木	16	상 金 土	上	윗	一	木	3
	薩	보살	艹	木	20		床	평상	广	木	7
삼 金 水	三	석	一	火	3		牀	평상	爿	木	8
	杉	삼나무	木	木	7		狀	형상	犬	土	8
	衫	적삼	衣	木	9		尙	오히려/ 성씨	小	金	8
	芟	벨	艹	木	10		庠	학교	广	木	9
	參	참여할	厶	火	11		相	서로	目	木	9
	釤	낫	金	金	11		峠	고개	山	土	9
	森	수풀	木	木	12		桑	뽕나무	木	木	10
	滲	스며들	氵	水	15		晌	정오	日	火	10
	蔘	삼	艹	木	17		祥	성서	示	金	11
	糝	나물죽	米	木	17		常	떳떳할/ 항상	巾	木	11
	鬖	헐클어질	髟	火	21		商	장사	口	水	11
삽 金 水	卅	서른	十	水	4		爽	시원할	爻	火	11
	唼	쪼아먹을	口	水	11		徜	노닐	彳	火	11
	鈒	창	金	金	12		象	코끼리	豕	水	12
	挿	꽂을	扌	木	13		廂	행랑	广	木	12
	插	꽂을	扌	木	13		喪	잃을	口	水	12
	歃	마실	欠	火	13		翔	날	羽	火	12
	颯	바람소리	風	木	14		詳	자세할	言	金	13
	翣	불삽	羽	火	14		想	생각할	心	火	13
	霅	비 올	雨	水	15		湘	강 이름	氵	水	13
	澁	떫을	氵	水	16		傷	다칠	亻	火	13
	霎	가랑비	雨	水	16		嘗	맛볼	甘	土	13

발음	한자	뜻	부수	자원	획수	발음	한자	뜻	부수	자원	획수
	像	모양	亻	火	14	색 (金)(木)	嗇	아낄	口	水	13
	塽	높고 밝은 땅	土	土	14		塞	변방(새)	土	土	13
	嘗	맛볼	口	水	14		槭	앙상할	木	木	15
	裳	치마	衣	木	14		濇	꺼칠할	氵	水	17
	賞	상줄	貝	金	15		穡	거둘	禾	木	18
	箱	상자	竹	木	15		瀒	깔깔할	氵	水	19
	樣	상수리나무	木	木	15	생 (金)(土)	生	날	生	木	5
	愯	성품 밝을	忄	火	15		牲	희생	牛	土	9
상 (金)(土)	殤	일찍 죽을	歹	水	15		省	덜/살필 성	目	木	9
	緗	담황색	糸	木	15		眚	흐릴	目	木	10
	橡	상수리나무	木	木	16		笙	생황	竹	木	11
	潒	세찰	氵	水	16		甥	생질	生	木	12
	償	갚을	亻	火	17		鉎	녹	金	金	13
	霜	서리	雨	水	17	서 (金)	西	서녘	西	金	6
	觴	잔	角	木	18		序	차례	广	木	7
	鐌	방울 소리	金	金	18		忞	용서할	心	火	7
	顙	이마	頁	火	19		抒	풀	扌	木	8
	孀	홀어머니	女	土	20		叙	펼/차례	又	水	9
	鬺	삶을	鬲	土	21		栖	깃들일	木	木	10
새 (金)	塞	변방	土	土	13		書	글	日	木	10
	賽	굿할	貝	金	17		徐	천천히	彳	火	10
	璽	옥새	玉	金	19		恕	용서할	心	火	10
	鰓	아가미	魚	水	20		紓	느슨할	糸	木	10
색 (金)(木)	色	빛	色	土	6		芧	상수리나무	艹	木	10
	索	찾을	糸	木	10		胥	서로	肉	水	11

발음	한자	뜻	부수	자원	획수	발음	한자	뜻	부수	자원	획수
	敍	펼/차례	攴	金	11		誓	맹세할	言	金	14
	庶	여러	广	木	11		穑	가을할	禾	木	14
	念	느슨해질/ 잊을 여	心	火	11		緒	실마리	糸	木	15
	偦	재주 있을	亻	火	11		鋤	호미	金	金	15
	敘	펼/차례	攵	金	11		署	마을	网	木	15
	舒	펼	舌	火	12	서 ⦿	緖	서로	糸	木	15
	棲	깃들일	木	木	12		諝	슬기	言	金	16
	絮	솜	糸	木	12		噬	씹을	口	水	16
	捿	깃들일	扌	木	12		撕	훈계할	扌	木	16
	犀	무소	牛	土	12		嶼	섬	山	土	17
	黍	기장	黍	木	12		嶼	섬	山	土	17
	壻	사위	士	木	12		澨	물가	氵	水	17
	婿	사위	女	土	12		曙	새벽	日	火	18
서 ⦿	烅	밝을	火	火	12		薯	감자	艹	木	20
	惰	지혜	忄	火	13		藇	아름다울	艹	木	20
	筮	점	竹	木	13		夕	저녁	夕	水	3
	鼠	쥐	鼠	木	13		石	돌	石	金	5
	暑	더위	日	火	13		汐	조수	氵	水	7
	揟	고기 잡을	扌	木	13		昔	예/옛/옛날	日	火	8
	湑	거를	氵	水	13		析	쪼갤	木	木	8
	耡	호미	耒	木	13	석 ⦿ ⦿	矽	규소	石	金	8
	鉏	호미	金	金	13		席	자리	巾	木	10
	瑞	상서	玉	金	14		稥	섬	禾	木	10
	墅	농막	土	土	14		晳	밝을	日	火	12
	逝	갈	辶	土	14		惜	아낄	忄	火	12

발음	한자	뜻	부수	자원	획수	발음	한자	뜻	부수	자원	획수
석 (金) (木)	淅	일	氵	水	12	선 (金) (火)	善	착할	口	水	12
	舃	신	臼	土	12		琔	옥	玉	金	12
	晰	밝을	日	火	12		筅	솔	竹	木	12
	鉐	놋쇠	金	金	13		渲	바림	氵	水	13
	碩	클	石	金	14		愃	잊을	忄	火	13
	腊	포	肉	水	14		羨	부러워할	羊	土	13
	蜥	도마뱀	虫	水	14		詵	많을	言	金	13
	奭	클/쌍백	大	火	15		僊	춤출	亻	火	13
	錫	주석	金	金	16		跣	맨발	足	土	13
	蓆	자리	艹	木	16		尠	적을	小	金	13
	潟	개펄	氵	水	16		嫙	예쁠	女	土	14
	褯	자리	衤	木	16		瑄	도리옥	玉	金	14
	鼫	석서	鼠	水	18		銑	무쇠	金	金	14
	釋	풀	釆	火	20		煽	부채질할	火	火	14
선 (金) (火)	仙	신선	亻	火	5		綫	줄	糸	木	14
	屳	신선	山	土	5		線	샘	糸	木	15
	先	먼저	儿	木	6		墡	백토	土	土	15
	亘	베풀/ 뻗칠 긍	二	木	6		嬋	고울	女	土	15
	宣	베풀	宀	木	9		腺	줄	肉	水	15
	扇	부채	戶	木	10		敾	기울	攵	金	16
	洒	엄숙할	氵	水	10		璇	옥	玉	金	16
	洗	깨끗할	氵	水	10		歚	고을	欠	火	16
	珗	옥돌	玉	金	11		瞔	아름다울	目	木	16
	船	배	舟	木	11		鮮	고울/생선	魚	水	17
	旋	돌	方	木	11		禪	선	示	木	17

발음	한자	뜻	부수	자원	획수	발음	한자	뜻	부수	자원	획수
선 (金)(火)	膳	선물/반찬	肉	水	18	설 (金)(火)	紲	고삐	糸	木	11
	繕	기울	糸	木	18		禼	사람 이름	內	土	12
	蟬	매미	虫	水	18		媟	깔볼	女	土	12
	璇	아름다운 옥	玉	金	18		楔	문설주	木	木	13
	選	가릴	辶	土	19		渫	파낼	氵	水	13
	璿	구슬	玉	金	19		揳	셀	扌	木	13
	鏇	갈이틀	金	金	19		說	말씀/기뻐할(열)	言	金	14
	譔	가르칠	言	金	19		稧	볏짚	禾	木	14
	鐥	복자	金	金	20		碟	가죽 다룰	石	金	14
	譱	착할	言	金	20		暬	설만할	日	火	15
	騸	불깔	馬	火	20		揳	없앨	扌	木	15
	饍	반찬	食	水	21		褻	더러울	衣	木	17
	癬	옴	疒	水	22		蔎	향풀	艹	木	17
	蘚	이끼	艹	木	23		薛	성씨	艹	木	19
	鱓	드렁허리	魚	水	23		爇	불사를	灬	火	19
	鱻	고울/생선	魚	水	33		齧	물	齒	金	21
설 (金)(火)	舌	혀	舌	火	6	섬 (金)(水)	閃	번쩍일	門	木	10
	泄	샐	氵	水	9		剡	땅이름	刂	金	10
	契	사람 이름	大	木	9		睒	언뜻 볼	目	木	13
	洩	샐	氵	水	10		銛	쟁기	金	金	14
	屑	가루/달갑게 여길	尸	水	10		陝	땅 이름	阝	土	15
	設	베풀	言	金	11		摻	가늘	扌	木	15
	卨	사람 이름	卜	土	11		暹	햇살 치밀/나라 이름	日	火	16
	雪	눈	雨	水	11		憸	간사할	忄	火	17
	偰	맑을	亻	火	11		韱	부추	韭	木	17

발음	한자	뜻	부수	자원	획수	발음	한자	뜻	부수	자원	획수
섬 (金) (水)	蟾	두꺼비	虫	水	19	성 (金) (土)	娍	아름다울	女	土	10
	贍	넉넉할	貝	金	20		宬	서고	宀	木	10
	孅	가늘	女	土	20		晟	밝을	日	火	11
	譫	헛소리	言	金	20		晠	밝을	日	火	11
	殲	다 죽일	歹	水	21		胜	비릴/ 새 이름(정)	肉	水	11
	纖	가늘	糸	木	23		盛	성할	皿	火	12
섭 (金) (水)	涉	건널	氵	水	11		珹	옥 이름	玉	金	12
	葉	땅 이름	艹	木	15		貹	재물(생)	貝	金	12
	燮	불꽃	火	火	17		聖	성인	耳	火	13
	聶	소곤거릴	耳	火	18		惺	깨달을	忄	火	13
	欆	삿자리	木	木	21		猩	성성이	犭	土	13
	囁	소곤거릴	口	水	21		筬	바디	竹	木	13
	攝	다스릴/잡을	扌	木	22		誠	정성	言	金	14
	懾	두려워할	忄	火	22		瑆	옥빛	玉	金	14
	灄	강 이름	氵	水	22		腥	비릴	肉	水	15
	躞	걸을	足	土	24		醒	깰	酉	金	16
	躡	밟을	足	土	25		聲	소리	耳	火	17
	鑷	족집게	金	金	26		騂	붉은 말	馬	火	17
	顳	관자놀이	頁	火	27	세 (金)	世	인간/대	一	火	5
성 (金) (土)	成	이룰	戈	火	7		忕	익숙해질	忄	火	7
	姓	성씨	女	土	8		洗	씻을	氵	水	10
	省	살필/덜 생	目	木	9		洒	씻을	氵	水	10
	性	성품	忄	火	9		帨	수건	巾	木	10
	星	별	日	火	9		細	가늘	糸	木	11
	城	재/성	土	土	10		笹	조릿대	竹	木	11

발음	한자	뜻	부수	자원	획수	발음	한자	뜻	부수	자원	획수
세 (金)	況	잿물	氵	水	11	소 (金)	素	본디/흴	糸	木	10
	彗	살별	크	火	11		笑	웃을	竹	木	10
	貰	세낼	貝	金	12		宵	밤	宀	木	10
	稅	세금	禾	木	12		紹	이을	糸	木	11
	勢	형세	力	金	13		消	사라질	氵	水	11
	歲	해	止	土	13		巢	새집	巛	水	11
	蛻	허물	虫	水	13		疏	소통할	疋	土	11
	說	달랠	言	金	14		梳	얼레빗	木	木	11
	鐁	구리 녹 날	金	金	15		埽	쓸	土	土	11
	繐	베	糸	木	18		捎	덜	扌	木	11
소 (金)	小	작을	小	水	3		邵	땅 이름/ 성씨	邑	土	12
	少	적을	小	金	4		疎	성길	疋	土	12
	召	부를	口	水	5		甦	깨어날/ 긁어모을	生	木	12
	卲	높을	卩	火	7		訴	호소할	言	金	12
	劭	힘쓸(초)	力	土	7		掃	쓸	扌	木	12
	佋	소목	亻	火	7		酥	연유	酉	金	12
	所	바	戶	木	8		愫	향할	亻	火	12
	昭	밝을	日	火	9		塑	흙 빚을	土	土	13
	沼	못	氵	水	9		嗉	모이주머니	口	水	13
	炤	밝을	火	火	9		塐	흙 빚을	土	土	13
	捎	흔들릴	木	木	9		筱	가는 대	竹	木	13
	咲	웃음	口	水	9		翛	날개 찢어질	羽	火	13
	肖	꺼질/닮을/ 같을 초	肉	水	9		蛸	갈머리	虫	水	13
	泝	거슬러 올라갈	氵	水	9		韶	풍류 이름	音	金	14
	玿	아름다운 옥	玉	金	10		溯	거슬러 올라갈	氵	水	14

발음	한자	뜻	부수	자원	획수	발음	한자	뜻	부수	자원	획수
	逍	노닐	辶	土	14	소(金)	騷	떠들	馬	火	20
	搔	긁을	扌	木	14		瀟	맑고 깊을	氵	水	21
	愫	정성	忄	火	14		蘇	되살아날/차조기	艹	木	22
	愬	하소연할	心	火	14	속(金)(木)	束	묶을	木	木	7
	瘙	피부병	疒	水	15		俗	풍속	亻	火	9
	銷	녹일	金	金	15		洬	비 올	氵	水	10
	霄	하늘/닮을(초)	雨	水	15		涑	헹굴	氵	水	11
	樔	풀막/끊을(초)	木	木	15		粟	조	米	木	12
	箾	퉁소	竹	木	15		速	빠를	辶	土	14
	燒	불사를	火	火	16		謖	일어날	言	金	17
	嘯	휘파람 불	口	水	16		遬	빠를	辶	土	18
	穌	깨어날/긁어모을	禾	木	16		續	이을	糸	木	21
소(金)	膆	멀떠구니	肉	水	16		屬	무리	尸	木	21
	艘	배	舟	木	16		贖	속죄할	貝	金	22
	璅	옥돌	玉	金	16	손(金)(火)	孫	손자/성씨	子	水	10
	遡	거스를	辶	土	17		飧	저녁밥	食	水	11
	篠	조릿대	竹	木	17		巽	부드러울	己	木	12
	繅	고치 켤	糸	木	17		飱	저녁밥	食	水	12
	魈	도깨비	鬼	火	17		損	덜	扌	木	14
	蔬	나물	艹	木	18		蓀	향풀 이름	艹	木	16
	鮹	문어	魚	水	18		遜	겸손할	辶	土	17
	鮹	소금	鹵	水	18	솔(金)(火)	帥	장수	巾	木	9
	簫	퉁소	竹	木	19		乺	솔	乙	木	9
	蕭	쓸쓸할/맑을 대쑥	艹	木	19		率	거느릴	玄	火	11
	霄	하늘/닮을(초)	雨	水	19		窣	구멍에서 갑자기 나올	穴	水	13

발음	한자	뜻	부수	자원	획수	발음	한자	뜻	부수	자원	획수
솔	蟀	귀뚜라미	虫	水	17		囚	가둘	口	水	5
송 金 土	宋	송나라/성씨	宀	木	7		守	지킬	宀	木	6
	松	소나무/ 더벅머리	木	木	8		收	거둘	攵	金	6
	訟	송사할	言	金	11		戍	수 자리	戈	金	6
	悚	두려워할	忄	火	11		秀	빼어날	禾	木	7
	淞	강 이름	氵	水	12		寿	목숨	寸	木	7
	竦	공경할	立	金	12		汓	헤엄칠	氵	水	7
	送	보낼	辶	土	13		受	받을	又	水	8
	頌	칭송할/기릴	頁	火	13		垂	드리울	土	土	8
	誦	외울	言	金	14		岫	산굴	山	土	8
	憽	똑똑할	忄	火	17		峀	산굴	山	土	8
	鬆	소나무	髟	木	18		帥	장수	巾	木	9
쇄 金	刷	인쇄할	刂	金	8	수 金	首	머리	首	水	9
	殺	빠를	殳	金	11		泅	헤엄칠	氵	水	9
	碎	부술	石	金	13		修	닦을	亻	火	10
	瑣	자질구레할	玉	金	15		洙	물가	氵	水	10
	鎖	쇠사슬	金	金	18		狩	사냥할	犭	土	10
	鏁	쇠사슬	金	金	18		殊	다를	歹	水	10
	灑	뿌릴	氵	水	22		祟	빌미	示	木	10
	曬	쬘	日	火	23		叟	늙은이	又	水	10
쇠 金	衰	쇠할	衣	木	10		羞	부끄러울	羊	土	11
	釗	쇠	金	金	10		袖	소매	衣	木	11
수 金	水	물	水	水	4		售	팔	口	水	11
	手	손	手	木	4		宿	별자리/ 잘 숙	宀	木	11
	殳	몽둥이	殳	金	4		琇	옥돌	玉	金	12

발음	한자	뜻	부수	자원	획수	발음	한자	뜻	부수	자원	획수
	授	줄	扌	木	12		漱	양치질할	氵	水	15
	須	모름지기/수염	頁	火	12		瘦	여윌	疒	水	15
	茱	수유/수유나무	艹	木	12		銹	녹슬	金	金	15
	晬	돌/일주년	日	火	12		穗	이삭	禾	木	15
	脩	포	肉	水	13		賥	재물	貝	金	15
	綏	편안할	糸	木	13		竪	세울	豆	木	15
	竪	세울	立	金	13		瞍	소경(소)	目	木	15
	酬	갚을	酉	金	13		樹	나무	木	木	16
	嫂	형수	女	土	13		輸	보낼	車	火	16
	愁	근심	心	火	13		遂	드디어/따를	辶	土	16
	睡	졸음	目	木	13		蒐	모을	艹	木	16
수	眸	바로 볼	目	木	13	수	蓨	수산/기쁠	艹	木	16
金	睢	물 이름	目	木	13	金	腴	파리할	肉	水	16
	廋	숨길	广	木	13		陲	변방	阝	土	16
	搜	찾을	扌	木	14		隋	수나라	阝	土	17
	壽	목숨	士	水	14		燧	부싯돌	火	火	17
	銖	저울눈	金	金	14		雖	비록	隹	火	17
	粹	순수할	米	木	14		穗	이삭	禾	木	17
	嗽	기침할	口	水	14		濉	물 이름	氵	水	17
	需	쓰일/쓸	雨	水	14		璲	패옥	玉	金	18
	綬	끈	糸	木	14		璹	옥 이름	玉	金	18
	溲	반죽할	氵	水	14		獸	짐승	犬	土	19
	腙	윤택할	肉	水	14		繡	수놓을	糸	木	19
	誰	누구	言	金	15		鷞	새매	鳥	火	19
	數	셈할	攵	金	15		膸	골수	肉	水	19

발음	한자	뜻	부수	자원	획수
수(金)	颷	바람 소리	風	木	19
	饈	드릴	食	水	20
	隨	따를	阝	土	21
	隧	길	阝	土	21
	邃	깊을	辶	土	21
	藪	늪	艹	木	21
	璲	구슬	玉	金	21
	籔	조리	竹	木	21
	鬚	수염/모름지기	髟	火	22
	讎	원수	言	金	23
	髓	뼛골	骨	金	23
	讐	원수	言	金	23
숙(金)(木)	夙	이를	夕	木	6
	叔	아저씨/콩	又	水	8
	倏	갑자기	亻	火	10
	俶	비로소	亻	火	10
	宿	잘	宀	木	11
	孰	누구/익을	子	水	11
	婌	궁녀 벼슬 이름	女	土	11
	淑	맑을	氵	水	12
	琡	옥 이름	玉	金	13
	肅	엄숙할	聿	火	13
	塾	글방	土	土	14
	菽	콩	艹	木	14
	熟	익을	火	火	15
슥(金)(木)	橚	줄지어 설	木	木	17
	潚	빠를	氵	水	17
	璹	옥 그릇	玉	金	19
	儵	빠를/갑자기	亻	火	19
	驌	말 이름	馬	火	23
	鷫	신조	鳥	火	24
순(金)(火)	甸	사귈	田	土	5
	旬	열흘	日	火	6
	巡	돌/순행할	巛	水	7
	侚	재빠를	亻	火	8
	盾	방패	目	木	9
	徇	돌/주창할	彳	火	9
	盹	졸	目	木	9
	紃	끈	糸	木	9
	峋	깊숙할	山	土	9
	姁	미칠	女	土	9
	純	순수할	糸	木	10
	洵	참으로	氵	水	10
	殉	따라 죽을	歹	水	10
	恂	정성	忄	火	10
	栒	가름대	木	木	10
	朐	광대뼈/정성스러울	肉	水	10
	珣	옥 이름	玉	金	11
	眴	깜작할	目	木	11
	淳	순박할	氵	水	12

발음	한자	뜻	부수	자원	획수	발음	한자	뜻	부수	자원	획수
순 (金) (火)	焞	밝을	火	火	12	숭 (金) (火)	崇	높을	山	土	11
	順	순할	頁	火	12		崧	우뚝 솟을	山	土	11
	荀	풀 이름	艹	木	12		嵩	높은산	山	土	13
	筍	죽순	竹	木	12		菘	배추	艹	木	14
	舜	순임금	舛	木	12	쉬 (金)	倅	버금	亻	火	10
	循	돌	彳	火	12		淬	담금질할	氵	水	12
	脣	입술	肉	水	13		焠	담금질	火	火	12
	詢	물을	言	金	13	슬 (金) (火)	虱	이	虫	水	8
	馴	길들일	馬	火	13		瑟	큰 거문고	玉	金	14
	楯	난간	木	木	13		蝨	이	虫	水	15
	諄	타이를	言	金	15		璱	푸른 구슬	玉	金	16
	醇	전국술	酉	金	15		膝	무릎	肉	水	17
	錞	악기 이름	金	金	16		瑟	푸른 구슬	玉	金	18
	橓	무궁화 나무	木	木	16	습 (金) (水)	拾	주울	扌	木	10
	駒	말이 달리는 모양	馬	火	16		習	익힐	羽	火	11
	蓴	순채	艹	木	17		慴	두려워할	忄	火	15
	瞬	깜짝일	目	木	17		熠	빛날	火	火	15
	蕣	무궁화	艹	木	18		褶	주름	衣	木	17
	鬊	헝클어진 머리	髟	火	19		濕	젖을	氵	水	18
	鶉	메추라기	鳥	火	19		襲	엄습할	衣	木	22
술 (金) (火)	戌	개/ 열한째 지지	戈	土	6		隰	진펄	阝	土	22
	術	재주	行	火	11	승 (金) (土)	升	되	十	木	4
	絉	끈	糸	木	11		承	이을	水	水	5
	述	펼	辶	土	12		丞	정승/도울	一	木	6
	鉥	돗바늘	金	金	13		承	이을	手	木	8

발음	한자	뜻	부수	자원	획수	발음	한자	뜻	부수	자원	획수
	昇	오를	日	火	8		屍	주검	尸	水	9
	丞	정승/도울	山	土	8		枾	감나무	木	木	9
	乘	탈	丿	火	10		柿	감나무	木	木	9
	勝	이길	力	土	12		枲	모시풀	木	木	9
	阩	오를	阝	土	12		洔	내 이름	氵	水	9
	塍	밭두둑	土	土	13		眎	볼	目	木	9
승	僧	중	亻	火	14		時	때	日	火	10
金	榺	잉아	木	木	14		恃	믿을/어머니	忄	火	10
土	陞	오를	阝	土	15		柴	섶	木	木	10
	階	오를	阝	土	16		翅	날개	羽	火	10
	蠅	파리	虫	水	19		豺	승냥이	豸	水	10
	繩	노끈	糸	木	19		匙	숟가락	匕	金	11
	鬠	머리 헝클어질	髟	火	22	시	偲	굳셀	亻	火	11
	尸	주검	尸	水	3	金	豉	메주	豆	木	11
	矢	화살	矢	金	5		絁	깁	糸	木	11
	市	저자	巾	木	5		視	볼	見	火	12
	示	보일	示	木	5		媤	시집	女	土	12
	豕	돼지	豕	水	7		弑	윗사람 죽일	弋	金	12
시	兕	외뿔소	儿	土	7		猜	시기할	犭	土	12
金	始	비로소	女	土	8		媞	복	女	土	12
	侍	모실	亻	火	8		啻	뿐	口	水	12
	柿	감나무	木	木	9		詩	시	言	金	13
	是	이/옳을	日	火	9		試	시험	言	金	13
	施	베풀	方	土	9		毸	날개 칠	毛	火	13
	屎	똥	尸	水	9		偲	책선할	忄	火	13

발음	한자	뜻	부수	자원	획수	발음	한자	뜻	부수	자원	획수
시(金)	塒	홰	土	土	13	식(金)(木)	寔	이	宀	木	12
	禔	복	示	木	14		湜	물 맑을	氵	火	13
	厮	하인	厂	土	14		軾	수레 앞턱 가로 댄 나무	車	火	13
	翄	날개	羽	火	14		媳	며느리	女	土	13
	嘶	울	口	水	15		飾	꾸밀	食	水	14
	廝	하인	广	木	15		熄	불 꺼질	火	火	14
	緦	삼베	糸	木	15		簿	대밥통	竹	木	15
	漦	흐를	水	水	15		蝕	좀먹을	虫	水	15
	蒔	모종 낼	艹	木	16		識	알	言	金	19
	蓍	톱풀	艹	木	16	신(金)(火)	申	거듭/ 아홉째 지지	田	金	5
	諡	시호	言	金	16		臣	신하	臣	火	6
	諟	이	言	金	16		囟	정수리	囗	水	6
	漸	다할	氵	水	16		伸	펼	亻	火	7
	諰	두려워할	言	金	16		身	몸	身	火	7
	鍉	열쇠	金	金	17		辰	때	辰	土	7
	顋	뺨	頁	火	18		辛	매울	辛	金	7
	釃	술 거를	酉	金	26		汛	뿌릴	氵	水	7
식(金)(木)	式	법	弋	金	6		侁	걷는 모양	亻	火	8
	食	밥/먹을	食	水	9		呻	읊조릴	口	水	8
	息	쉴	心	火	10		信	믿을	亻	火	9
	拭	씻을	扌	木	10		哂	웃을	口	水	9
	栻	점치는 기구	木	木	10		姺	걸을	女	土	9
	埴	찰흙	土	土	11		矧	하물며	矢	金	9
	植	심을	木	木	12		娠	아이 밸	女	土	10
	殖	불릴	歹	水	12		宸	대궐	宀	木	10

발음	한자	뜻	부수	자원	획수	발음	한자	뜻	부수	자원	획수
신(金)(火)	神	귀신	示	木	10	심(金)(水)	心	마음	心	火	4
	迅	빠를	辶	土	10		沈	성씨	氵	水	8
	訊	물을	言	金	10		沁	스며들	氵	水	8
	晨	새벽	日	火	11		甚	심할	甘	土	9
	紳	큰 띠	糸	木	11		芯	골풀	艹	木	10
	敒	다스릴	攵	金	11		深	깊을	氵	水	12
	新	새	斤	金	13		尋	찾을	寸	金	12
	莘	족두리풀/나라 이름	艹	木	13		審	살필	宀	木	15
	蜃	큰 조개	虫	水	13		葚	오디	艹	木	15
	脤	제육	肉	水	13		諶	참	言	金	16
	愼	삼갈/성씨	忄	火	14		潯	물가	氵	水	16
	腎	콩팥	肉	水	14		燖	삶을	火	火	16
	頤	눈 크게 뜨고 볼	頁	火	15		瀋	즙 낼/성씨	氵	水	19
	駪	많을	馬	火	16		鐔	날밑	金	金	20
	燼	불탄 끝	火	火	18		鱘	철갑상어	魚	水	23
	薪	섶	艹	木	19	십(金)(水)	什	열사람	亻	火	4
	璶	옥돌	玉	金	19		十	열/열 번	十	水	10
	蓋	조개풀	艹	木	20		拾	열	扌	木	10
	贐	전별할	貝	金	21	쌍(金)(土)	双	두/쌍	又	水	4
실(金)(火)	失	잃을	大	木	5		雙	두/쌍	隹	火	18
	実	열매	宀	木	8	씨	氏	각시/성씨	氏	火	4
	室	집	宀	木	9	아(土)	丫	가닥	丨	木	3
	悉	다	心	火	11		牙	어금니	牙	金	4
	實	열매	宀	木	14		我	나	戈	金	7
	蟋	귀뚜라미	虫	水	17		児	아이	儿	水	7

발음	한자	뜻	부수	자원	획수	발음	한자	뜻	부수	자원	획수
	亜	버금	二	火	7		猗	부드러울	犭	土	12
	妸	아름다울	女	土	8		椏	가장귀질	木	木	12
	兒	아이	儿	水	8		阿	언덕	阝	土	13
	亞	버금	二	火	8		衙	마을	行	火	13
	妿	여자 스승	女	土	8		莪	쑥	艹	木	13
	枒	가장귀	木	木	8		蛾	나방	虫	水	13
	俄	아까	亻	火	9	아	鴉	갈까마귀	鳥	火	15
	研	갈	石	金	9	(土)	餓	주릴	食	水	16
	芽	싹	艹	木	10		錏	경개	金	金	16
	娥	예쁠	女	土	10		鵝	거위	鳥	火	18
	峨	높을	山	土	10		鵞	거위	鳥	火	18
	哦	읊조릴	口	水	10		岳	큰산	山	土	8
아	峩	높을	山	土	10		咢	시끄럽게 다툴	口	水	9
(土)	疴	병	疒	水	10		堊	흰흙	土	土	11
	笌	대순	竹	木	10		偓	악찰할	亻	火	11
	訝	의심할	言	金	11		鄂	위턱	阝	金	11
	啞	벙어리	口	水	11		幄	휘장	巾	木	12
	婀	아리따울	女	土	11	악	惡	악할	心	火	12
	娿	아리따울	女	土	11	(土)	喔	닭이 울	口	水	12
	婭	동서	女	土	11	(木)	渥	두터울	氵	水	13
	迓	마중할	辶	土	11		握	쥘	扌	木	13
	啊	사랑할	口	水	11		愕	놀랄	忄	火	13
	雅	맑을	隹	火	12		樂	노래	木	木	15
	硪	바위	石	金	12		腭	잇몸	肉	水	15
	皒	흰빛	白	金	12		萼	꽃받침	艹	木	15

발음	한자	뜻	부수	자원	획수	발음	한자	뜻	부수	자원	획수
악 (土) (木)	鄂	나라 이름	邑	土	16	안 (土) (木)	鞍	안장	革	金	15
	噩	놀랄	口	水	16		鮟	아귀	魚	水	17
	覣	오래 볼	見	火	16		顔	낯	頁	火	18
	諤	곧은 말할	言	金	16		餲	배불리 먹을	食	水	18
	鍔	칼날	金	金	17	알 (土) (火)	穵	구멍/팔	穴	水	6
	嶽	큰산	山	土	17		軋	삐걱거릴	車	金	8
	顎	턱/엄할	頁	火	18		訐	들추어낼	言	金	10
	鰐	악어	魚	水	20		揠	뽑을	扌	木	13
	鶚	물수리	鳥	火	20		斡	돌	斗	火	14
	齷	악착할	齒	金	24		嘎	새소리	口	水	14
	齶	잇몸	齒	金	24		頞	콧대	頁	火	15
안 (土) (木)	安	편안할	宀	木	6		謁	뵐	言	金	16
	犴	들개/감옥	犭	土	7		閼	가로막을	門	木	16
	岸	언덕	山	土	8		遏	막을	辶	土	16
	矸	깨끗한	石	金	8		鴶	뻐꾸기	鳥	火	17
	侒	편안할	亻	火	8	암 (土) (水)	岩	바위	石	土	8
	姲	종용할	女	土	9		庵	암자	广	木	11
	案	책상	木	木	10		唵	머금을	口	水	11
	晏	늦을	日	火	10		啽	잠꼬대	口	水	12
	按	누를	扌	木	10		媕	머뭇거릴	女	土	12
	桉	안석	木	木	10		嵓	바위	山	土	12
	眼	눈	目	木	11		晻	어두울	日	火	12
	婩	고울	女	土	11		暗	어두울	日	火	13
	雁	기러기	隹	火	12		菴	암자	艹	木	14
	鴈	기러기	鳥	火	15		腤	고기 삶을	肉	水	15

발음	한자	뜻	부수	자원	획수	발음	한자	뜻	부수	자원	획수
암 (土) (水)	葊	암자	艹	木	15	앙	鴦	원앙	鳥	火	16
	頷	끄덕일	頁	火	15	애 (土)	厓	언덕/흘길	厂	土	8
	諳	외울	言	金	16		艾	쑥	艹	木	8
	闇	숨을	門	木	17		哀	슬플	口	水	9
	癌	암	疒	水	17		埃	티끌	土	土	10
	菴	암자	艹	木	17		唉	물을	口	水	10
	馣	향기로울	香	木	17		娭	여자 종	女	土	10
	黯	검을	黑	水	21		崖	언덕	山	土	11
	巖	바위	山	土	23		焂	빛날	火	火	11
압 (土) (水)	押	누를	扌	木	9		唯	마실	口	水	11
	狎	익숙할	犭	土	9		崕	언덕	山	土	11
	鴨	오리	鳥	火	16		挨	밀칠	扌	木	11
	壓	누를	土	土	17		欸	한숨 쉴	欠	火	11
앙 (土) (土)	卬	나	卩	火	4		涯	물가	氵	水	12
	央	가운데	大	土	5		捱	막을	扌	木	12
	仰	우러를	亻	火	6		愛	사랑	心	火	13
	昂	밝을	日	火	8		碍	거리낄	石	金	13
	坱	먼지	土	土	8		睚	눈초리	目	木	13
	怏	원망할	忄	火	9		獃	어리석을	犬	土	14
	殃	재앙	歹	水	9		賹	사람 이름	貝	金	15
	昻	밝을	日	火	9		僾	어렴풋할	亻	火	15
	泱	깊을	氵	水	9		漄	물가	氵	水	15
	秧	모	禾	木	10		皚	흴	白	金	15
	盎	동이	皿	金	10		磑	맷돌/단단할	石	金	15
	鞅	가슴걸이	革	金	14		噯	숨	口	水	16

발음	한자	뜻	부수	자원	획수	발음	한자	뜻	부수	자원	획수
애 (土)	曖	희미할	日	火	17	앵 (土) (土)	鶯	꾀꼬리	鳥	火	21
	隘	좁을	阝	土	17		鸚	앵무새	鳥	火	28
	騃	어리석을	馬	火	17	야 (土)	也	잇기/어조사	乙	水	3
	曖	가릴	目	木	18		冶	풀무	冫	水	7
	礙	거리낄	石	金	19		夜	밤	夕	水	8
	薆	우거질	艹	木	19		耶	어조사	耳	火	9
	藹	우거질	艹	木	22		野	들	里	土	11
	靄	아지랑이	雨	水	24		倻	가야	亻	火	11
	靉	구름낄	雨	水	25		若	반야	艹	木	11
액 (土) (木)	厄	액	厂	水	4		埜	들	土	土	11
	戹	좁을/재앙	戶	木	5		揶	야유할	扌	木	11
	扼	잡을	扌	木	8		惹	이끌	心	火	13
	呝	닭 소리	口	水	8		椰	야자나무	木	木	13
	液	진액	氵	水	12		爺	아버지/아비	父	木	13
	掖	겨드랑이/낄	扌	木	12		揶	야유할	扌	木	16
	阨	막힐	阝	土	12	약 (土) (木)	約	맺을	糸	木	9
	腋	겨드랑이	肉	水	14		弱	약할	弓	金	10
	搤	조를	扌	木	14		若	같을	艹	木	11
	縊	목맬	糸	木	16		略	간략할/ 다스릴(략)	田	土	11
	額	이마	頁	火	18		畧	다스릴(략)	田	土	11
앵 (土) (土)	娶	새색시	女	土	13		掠	노략질할(략)	扌	木	12
	罃	물동이	缶	土	16		葯	꽃밥	艹	木	15
	罌	양병	缶	土	20		蒻	구약나물	艹	木	16
	嚶	새 지저귈	口	水	20		篛	대 이름	竹	木	16
	櫻	앵두	木	木	21		龠	피리	龠	火	17

발음	한자	뜻	부수	자원	획수	발음	한자	뜻	부수	자원	획수
약 (土) (木)	藥	약	艹	木	21	양 (土) (土)	涼	서늘할(량)	氵	水	12
	躍	뛸	足	土	21		喨	소리 맑을(량)	口	水	12
	爚	빛(삭)	火	火	21		椋	푸조나무(량)	木	木	12
	鸙	댓닭	鳥	火	21		粮	양식(량)	米	木	13
	禴	봄 제사	示	木	22		粱	기장(량)	米	木	13
	籥	피리	竹	木	23		敭	오를	攵	金	13
	鑰	자물쇠	金	金	25		楊	버들	木	木	13
양 (土) (土)	羊	양	羊	土	6		暘	해돋이	日	火	13
	良	어질(량)	艮	土	7		煬	쬘	火	火	13
	兩	두(량)	入	土	8		揚	날릴	扌	木	13
	佯	거짓	亻	火	8		踉	높이 뛸(량)	足	土	14
	亮	밝을(량)	亠	火	9		瘍	헐	疒	水	14
	俍	어질(량)	亻	火	9		輛	수레(량)	車	火	15
	徉	노닐	彳	火	9		諒	살펴 알/ 믿을(량)	言	金	15
	易	별	日	火	9		樑	들보(량)	木	木	15
	凉	서늘할(량)	冫	水	10		樣	모양	木	木	15
	倆	재주/둘(량)	亻	火	10		漾	출렁거릴	氵	水	15
	烊	구울	火	火	10		養	기를	食	水	15
	洋	큰 바다	氵	水	10		輰	수레	車	火	16
	恙	병/근심할	心	火	10		騟	꼬리 흰 말(량)	馬	火	17
	梁	들보(량)	木	木	11		陽	별	阝	土	17
	悢	슬퍼할(량)	忄	火	11		襄	도울	衣	木	17
	痒	가려울	疒	水	11		糧	양식(량)	米	木	18
	眻	눈 아름다울	目	木	11		魎	도깨비(량)	鬼	火	18
	量	헤아릴(량)	里	火	12		颺	날릴	風	木	18

발음	한자	뜻	부수	자원	획수	발음	한자	뜻	부수	자원	획수
양 土 土	瀁	내 이름	氵	水	19	어 土	漁	고기 잡을	氵	水	15
	癢	가려울	疒	水	20		禦	막을	示	木	16
	壤	흙덩이	土	土	20		禦	멈출	行	火	16
	孃	아가씨	女	土	20		齬	어긋날	齒	金	22
	瀼	흠치르르할	氵	水	21	억 土 木	抑	누를	扌	木	8
	攘	물리칠	扌	木	21		億	억	亻	火	15
	禳	제사 이름/ 물리칠	示	木	22		憶	생각할	忄	火	17
	穰	짚	禾	木	22		檍	감탕나무	木	木	17
	蘘	양하	艹	木	23		臆	가슴	肉	水	19
	讓	사양할	言	金	24		繶	끈	糸	木	19
	釀	술 빚을	酉	金	24	언 土 火	言	말씀	言	金	7
	鑲	거푸집 속	金	金	26		彦	선비	彡	火	9
	驤	머리 들	馬	火	27		彦	선비	彡	火	9
어 土	於	어조사	方	土	8		匽	눕힐	匚	水	9
	圄	옥	口	水	10		焉	어찌	灬	火	11
	魚	물고기	魚	水	11		偃	쓰러질	亻	火	11
	御	거느릴/막을	彳	火	11		堰	둑	土	土	12
	唹	고요히 웃을	口	水	11		傿	고을 이름	亻	火	13
	圉	마부	口	水	11		嫣	아름다울	女	土	14
	敔	막을	攵	金	11		諺	언문/속담	言	金	16
	馭	말 부릴	馬	火	12		鄢	고을 이름	邑	土	18
	淤	진흙	氵	水	12		鼴	두더지	鼠	水	22
	瘀	어혈질	疒	水	13		鼹	두더지	鼠	水	23
	飫	물릴	食	水	13		讞	평의할	言	金	27
	語	말씀	言	金	14	얼	乻	땅 이름	乙	木	9

발음	한자	뜻	부수	자원	획수	발음	한자	뜻	부수	자원	획수
얼 (土)(火)	臬	말뚝	自	木	10	엔	円	화폐 단위	冂	土	4
	孼	서자	子	水	19	여 (土)	予	나/줄	亅	金	4
	糱	누룩	米	木	22		如	같을	女	土	6
	蘖	그루터기	艹	木	23		汝	너	氵	水	7
	糵	누룩	米	木	23		余	나/남을	人	火	7
엄 (土)(水)	广	집	广	木	3		呂	성씨/법칙(려)	口	水	7
	奄	문득	大	水	8		妤	여관	女	土	7
	俺	클	亻	水	10		戾	어그러질(려)	戶	木	8
	崦	산 이름	山	土	11		侶	짝(려)	亻	火	9
	淹	담글	氵	水	12		旅	나그네(려)	方	土	10
	掩	가릴	扌	木	12		舁	마주 들을	臼	土	10
	罨	그물	四	木	14		唳	울(려)	口	水	11
	醃	절일	酉	金	15		梠	평고대(려)	木	木	11
	閹	고자	門	木	16		念	잊을	心	火	11
	嚴	엄할	厂	水	17		茹	먹을	艹	木	12
	嚴	엄할	口	水	20		艅	배 이름	舟	木	13
	龑	고명할	龍	土	20		與	더불/줄	臼	土	14
	儼	엄연할	亻	火	22		慮	생각할(려)	心	火	15
	曮	해 다닐	日	火	24		黎	검을(려)	黍	木	15
업 (土)(水)	業	업	木	木	13		閭	마을(려)	門	木	15
	嶪	높고 험할	山	土	16		厲	갈(려)	厂	土	15
	嶪	험준할	山	土	16		餘	남을	食	水	16
	鄴	위나라 서울	邑	土	20		膂	등골뼈(려)	肉	水	16
에 (土)	恚	성낼	心	火	10		輿	수레	車	火	17
	曀	음산할	日	火	16		勵	힘쓸(려)	力	土	17

발음	한자	뜻	부수	자원	획수	발음	한자	뜻	부수	자원	획수
여 ㊏	儢	힘쓰지 아니할(려)	亻	火	17	역 ㊏ ㊍	易	바꿀	日	火	8
	歟	어조사	欠	火	18		疫	전염병	疒	水	9
	癘	창병(려)	疒	水	18		域	지경	土	土	11
	璵	옥	玉	金	19		睗	해 반짝 날	日	火	12
	礖	돌 이름	石	金	19		淢	빨리 흐를	氵	水	12
	麗	고울(려)	鹿	土	19		惄	허출할(녁)	心	火	12
	廬	농막집(려)	广	木	19		逆	거스릴	辶	土	13
	櫚	종려(려)	木	木	19		嶧	산 이름	山	土	16
	濾	거를(려)	氵	水	19		閾	문지방	門	木	16
	曞	퍼질(려)	日	火	19		歷	지날(력)	止	土	16
	礪	숫돌(려)	石	金	20		曆	책력(력)	日	火	16
	轝	수레	車	火	21		懌	기뻐할	忄	火	17
	儷	짝(려)	亻	火	21		繹	풀	糸	木	19
	藜	명아주(려)	艹	木	21		櫟	상수리나무 (력)	木	木	19
	蠣	구 조개(려)	虫	水	21		譯	변역할	言	金	20
	糲	현미(려)	米	木	21		瀝	스밀(력)	氵	水	20
	蠡	좀 먹을(려)	虫	水	21		礫	조약돌(력)	石	金	20
	臚	살갗(려)	肉	水	22		擽	칠(력)	扌	木	20
	邌	천천히 갈(려)	辶	土	22		櫪	말구유(력)	木	木	20
	鑢	줄(려)	金	金	23		癧	연주창(력)	疒	水	21
	驢	당나귀(려)	馬	火	26		轢	칠(력)	車	火	22
	驪	검은 말(려)	馬	火	29		驛	역	馬	火	23
역 ㊏ ㊍	力	힘(력)	力	土	2		轣	갈(력)	車	火	23
	亦	또	亠	水	6		靂	벼락(력)	雨	水	24
	役	부릴	彳	火	7		酈	땅 이름(력)	邑	土	26

발음	한자	뜻	부수	자원	획수	발음	한자	뜻	부수	자원	획수
	延	늘일	廴	土	7		硯	벼루/갈	石	金	12
	妍	고울	女	土	7		堧	빈터	土	土	12
	囦	못	口	水	7		渊	못	氵	水	12
	均	따를	土	土	7		淵	못(구)	氵	水	12
	沇	강 이름	氵	水	8		淵	못(신)	氵	水	13
	兖	바를/땅 이름	儿	木	8		煙	연기	火	火	13
	沿	물 따라갈/따를	氵	水	9		筵	대자리	竹	木	13
	姸	고울	女	土	9		鉛	납	金	金	13
	衍	넓을	行	火	9		椽	서까래	木	木	13
	兗	바를/땅 이름	儿	木	9		莚	뻗을/풀 이름	艹	木	13
	娟	예쁠	女	土	9		掾	인연	扌	木	13
연 (土)(火)	娫	빛날	女	土	10	연 (土)(火)	涏	물 이름	氵	水	13
	烟	연기	火	火	10		煉	달굴(련)	火	火	13
	娟	예쁠	女	土	10		楝	멀구슬나무(련)	木	木	13
	宴	잔치	宀	木	10		湅	익힐(련)	氵	水	13
	埏	땅 가장자리	土	土	10		鳶	솔개	鳥	火	14
	研	갈/벼루	石	金	11		瑌	옥돌	玉	金	14
	軟	연할	車	火	11		連	잇닿을(련)	辶	土	14
	涓	시내	氵	水	11		演	펼	氵	水	15
	捐	버릴	扌	木	11		緣	인연	糸	木	15
	挻	늘일	扌	木	11		嬿	성씨	女	土	15
	涎	침	氵	水	11		蝡	장구벌레	虫	水	15
	硏	벼루	石	金	11		戭	창	戈	金	15
	悁	성낼	忄	火	11		練	익힐(련)	糸	木	15
	然	그럴/불탈	灬	火	12		漣	잔물결(련)	氵	水	15

발음	한자	뜻	부수	자원	획수	발음	한자	뜻	부수	자원	획수
연 (土) (火)	輦	가마(련)	車	火	15	연 (土) (火)	攣	걸릴(련)	手	木	23
	燕	제비/연나라	灬	火	16		臠	저민 고기(련)	肉	水	25
	燃	탈	火	火	16	열 (土) (火)	列	벌일(렬)	刂	金	6
	輭	연할	車	火	16		劣	못할(렬)	力	土	6
	璉	호련(련)	玉	金	16		冽	맑을(렬)	冫	水	8
	憐	불쌍히 여길(련)	忄	火	16		咽	목멜	口	水	9
	繎	길	糸	木	17		烈	세찰(렬)	火	火	10
	鍊	불릴(련)	金	金	17		洌	맑을(렬)	氵	水	10
	聯	연이을(련)	耳	火	17		捩	비틀(렬)	扌	木	10
	蓮	연꽃(련)	艹	木	17		悅	기쁠	忄	火	11
	嚥	삼킬	口	水	19		裂	찢을(렬)	衣	木	12
	嬿	아름다울	女	土	19		挒	비틀(렬)	扌	木	12
	瓀	옥돌	玉	金	19		說	기뻐할	言	金	14
	橼	구연나무	木	木	19		熱	더울	灬	火	15
	鏈	쇠사슬(련)	金	金	19		閱	볼/셀	門	金	15
	䜋	어지러울(련)	言	金	19		噎	목멜	口	水	15
	曣	청명할	日	土	20		颲	사나운 바람(렬)	風	木	15
	蠕	꿈틀거릴	虫	水	20		澧	물 흐르는 모양	氵	水	16
	鰊	청어(련)	魚	水	20	염 (土) (水)	冉	나아갈	冂	土	5
	臙	연지	肉	水	22		炎	불꽃	火	火	8
	孌	아름다울(련)	女	土	22		念	생각(념)	心	火	8
	鰱	연어(련)	魚	水	22		染	물들	木	木	9
	醼	잔치	酉	金	23		拈	집을(념)	扌	木	9
	讌	이야기할	言	金	23		恬	편안할(념)	忄	火	10
	戀	그리워할(련)	心	火	23		苒	풀 우거질	艹	木	11

발음	한자	뜻	부수	자원	획수	발음	한자	뜻	부수	자원	획수
염 ⊕土 ⊛水	焰	불꽃	火	火	12	염 ⊕土 ⊛水	曄	빛날	日	火	16
	扊	문빗장	戶	木	12		燁	빛날	火	火	16
	捻	비틀(념)	扌	木	12		曅	빛날	日	火	16
	琰	옥	玉	金	13		獵	사냥(렵)	犭	土	19
	廉	청렴할(렴)	广	木	13		爗	빛날	火	火	20
	厭	싫어할	厂	水	14		躐	밟을(렵)	足	土	22
	髥	구레나룻	髟	火	14		靨	보조개	面	火	23
	磏	거친 숫돌 (렴)	石	金	15		鬣	갈기(렵)	髟	火	25
	閻	마을	門	木	16	영 ⊕土	永	길/읊을	水	水	5
	濂	물 이름(렴)	氵	水	17		令	하여금(령)	人	火	5
	斂	거둘(렴)	攴	金	17		另	헤어질(령)	口	水	5
	殮	염할(렴)	歹	水	17		佞	아첨할(녕)	亻	火	7
	懕	편안할	心	火	18		伶	영리할(령)	亻	火	7
	檿	산뽕나무	木	木	18		詠	읊을	口	水	8
	艶	고울	色	土	19		姈	슬기로울(령)	女	土	8
	簾	발(렴)	竹	木	19		岑	고개(령)	山	土	8
	瀲	넘칠(렴)	氵	水	21		岭	고개(령)	山	土	8
	饜	포식할	食	水	23		囹	옥(령)	口	水	8
	鹽	소금	鹵	水	24		呤	속삭일(령)	口	水	8
	豔	고울	色	土	24		栄	영화/꽃	木	木	9
	魘	잠꼬대할	鬼	火	24		泳	헤엄칠	氵	水	9
	黶	사마귀	黑	水	26		映	비칠	日	火	9
	灩	출렁거릴	氵	水	32		盈	찰	皿	水	9
엽 ⊕土 ⊛水	爗	이글거릴	火	火	14		榮	영화/꽃	木	木	9
	葉	잎	艹	木	15		栐	나무 이름	木	木	9

발음	한자	뜻	부수	자원	획수	발음	한자	뜻	부수	자원	획수
영 ㈜ ㈜	昑	햇빛(령)	日	火	9	영 ㈜ ㈜	寗	차라리(녕)	宀	火	13
	怜	영리할(령)	忄	火	9		零	떨어질(령)	雨	水	13
	泠	깨우칠(령)	氵	水	9		鈴	방울(령)	金	金	13
	玲	옥 소리(령)	玉	金	10		榮	영화/꽃	木	木	14
	齡	나이(령)	齒	金	10		瑛	옥빛	玉	金	14
	秒	벼 처음 익을(령)	禾	木	10		碤	물속 돌	石	金	14
	英	꽃부리/ 뛰어날	艹	木	11		郢	초나라 서울	邑	土	14
	迎	맞을	辶	土	11		寧	편안할(녕)	宀	火	14
	笭	도꼬마리(령)	竹	木	11		領	거느릴(령)	頁	火	14
	羚	영양(령)	羊	土	11		瑩	밝을	玉	金	15
	翎	깃(령)	羽	火	11		潁	강이름	水	水	15
	聆	들을(령)	耳	火	11		影	그림자	彡	火	15
	苓	도꼬마리(령)	艹	木	11		穎	이삭	禾	木	16
	蛉	잠자리(령)	虫	水	11		嬴	찰	女	土	16
	詠	읊을	言	金	12		縈	얽힐	糸	木	16
	荣	영화/꽃	艹	木	12		儜	괴로워할(녕)	亻	火	16
	睅	똑바로 볼	目	木	12		鹷	소금(령)	鹵	水	16
	逞	쾌할(령)	辶	土	12		鴒	할미새(령)	鳥	火	16
	軨	사냥수레(령)	車	火	12		嬰	어린아이	女	土	17
	渶	물 맑을	氵	水	13		營	경영할	火	火	17
	煐	빛날	火	火	13		霙	진눈깨비	雨	水	17
	暎	비칠	日	火	13		鍈	방울 소리	金	金	17
	楹	기둥	木	木	13		嶸	가파를	山	土	17
	塋	무덤	土	土	13		獰	모질(녕)	犭	土	17
	朠	달빛	月	水	13		嚀	간곡할(녕)	口	水	17

발음	한자	뜻	부수	자원	획수	발음	한자	뜻	부수	자원	획수
영 ⊕ ⊕	嶺	고개(령)	山	土	17	예 ⊕	帠	법	巾	木	9
	澪	깨우칠(령)	氵	水	17		芮	성씨	艹	木	10
	濚	물 졸졸 흐를	氵	水	18		倪	어린이	亻	火	10
	濼	물 졸졸 흐를	氵	水	18		玴	옥돌	玉	金	10
	韺	풍류 이름	音	金	18		芸	재주/심을	艹	木	10
	濘	진창(녕)	氵	水	18		拽	끌	扌	木	10
	瀛	바다	氵	水	20		蚋	파리매	虫	水	10
	蠑	영원	虫	水	20		堄	성가퀴	土	土	11
	嬴	남을	貝	金	20		埶	재주/심을	土	土	11
	瀯	물 졸졸 흐를	氵	水	21		猊	사자	犭	土	12
	瓔	옥돌	玉	金	22		容	밝을	谷	水	12
	癭	혹	疒	水	22		掜	비길	扌	木	12
	纓	갓끈	糸	木	23		涊	물가	氵	水	12
	靈	신령(령)	雨	水	24		詣	이를	言	金	13
	欞	격자창(령)	木	木	28		預	맡길/미리	頁	火	13
예 ⊕	乂	벨	丿	金	2		裔	후손	衣	木	13
	刈	벨	刂	金	4		睨	곁눈질 할	目	木	13
	曳	끌	曰	火	6		睿	슬기/밝을	目	木	14
	礼	예도(례)	示	木	6		嬩	유순할	女	土	14
	汭	물굽이	氵	水	8		嫛	갓난아이	女	土	14
	艾	다스릴	艹	木	8		蜺	애매미	虫	水	14
	枘	장부	木	木	8		銳	날카로울	金	金	15
	兒	다시 난 이	儿	水	8		藝	재주/심을	土	土	15
	例	법식(례)	亻	火	8		郳	나라 이름	邑	土	15
	羿	사람 이름	羽	火	9		嬖	다스릴	辛	金	15

발음	한자	뜻	부수	자원	획수	발음	한자	뜻	부수	자원	획수
	叡	밝을	又	火	16	예 (土)	囈	잠꼬대	口	水	22
	豫	미리	豕	水	16		鷖	갈매기	鳥	火	22
	霓	무지개	雨	水	16		鱧	가물치(례)	魚	水	24
	橤	꽃술	木	木	16	오 (土)	午	낮	十	火	4
	瘱	고요할	疒	水	16		五	다섯	二	土	5
	瞖	흐릴	目	木	16		伍	다섯 사람	亻	火	6
	隷	종(례)	隶	水	16		仵	짝	亻	火	6
	濊	종족 이름/ 깊고 넓은	氵	水	17		圬	흙손	土	土	6
	蓺	심을	艹	木	17		吾	나	口	水	7
	獩	민족 이름	犭	土	17		吳	성씨/오나라	口	水	7
	繄	창전대	糸	木	17		汚	더러울	氵	水	7
예 (土)	翳	깃 일산	羽	火	17		汙	더러울	氵	水	7
	澧	강 이름(례)	氵	水	17		旿	밝을	日	火	8
	隸	종(례)	隶	水	17		忤	거스를	忄	火	8
	穢	더러울	禾	木	18		晤	맞이할	亻	火	9
	蕊	꽃술	艹	木	18		俁	갈래지을	亻	火	9
	禮	예도(례)	示	木	18		烏	까마귀	火	火	10
	叡	밝을	又	火	19		娛	즐길	女	土	10
	薉	거칠	艹	木	19		唔	글 읽는 소리	口	水	10
	鯢	도롱뇽	魚	水	19		迂	굽을	辶	土	10
	麑	사자	鹿	土	19		晤	총명할/만날	日	火	11
	醴	단술(례)	酉	金	20		梧	오동나무	木	木	11
	藝	재주/심을	艹	木	21		悟	깨달을	忄	火	11
	譽	기릴/명예	言	金	21		敖	거만할	攵	金	11
	蘂	꽃술	艹	木	22		浯	강 이름	氵	水	11

발음	한자	뜻	부수	자원	획수	발음	한자	뜻	부수	자원	획수
	迕	만날/거스를	辶	土	11		謷	헐뜯을	言	金	18
	捂	거스를	扌	木	11		遨	놀	辶	土	18
	珸	옥돌	玉	金	12		襖	웃옷	衤	木	19
	惡	미워할	心	火	12		鏊	번철	金	金	19
	塢	둑/마을	土	土	13		鏖	오살할	金	金	19
	蜈	지네	虫	水	13	오	鼯	날 다람쥐	鼠	水	20
	嗚	슬플	口	水	13	(土)	顤	높고 클	頁	火	20
	傲	거만할	亻	火	13		隩	물굽이	阝	土	21
	奧	깊을	大	木	13		驁	준마	馬	火	21
	筽	버들고리	竹	木	13		鰲	자라	魚	水	22
	萭	풀 이름	艹	木	13		鼇	자라	黽	水	24
	誤	그르칠	言	金	14		玉	구슬/성씨	玉	金	5
오	寤	잠 깰/깨달을	宀	木	14	옥	沃	기름질/물 댈	氵	水	8
(土)	嗷	시끄러울	口	水	14	(土)	屋	집	尸	木	9
	嫯	교만할	女	土	14	(木)	鈺	보배	金	金	13
	熬	볶을	火	火	15		獄	옥/감옥	犭	土	15
	獒	개	犬	土	15		昷	어질	日	火	9
	噁	미워할	口	水	15		媼	할머니	女	土	12
	慠	오만할	忄	火	15		媪	할머니	女	土	13
	墺	물가	土	土	16		溫	따뜻할	氵	水	14
	窹	부엌	穴	水	16	온	穩	편안할	禾	木	14
	懊	한할	忄	火	17	(土)	慍	성낼	忄	火	14
	燠	불	火	火	17	(火)	氳	기운 어릴	气	水	14
	澳	깊을	氵	水	17		熅	숯불	火	火	14
	聱	듣지 아니할	耳	火	17		榲	기둥	木	木	14

발음	한자	뜻	부수	자원	획수	발음	한자	뜻	부수	자원	획수
온 ⊕ ⊛	瑥	사람 이름	玉	金	15	옹 ⊕ ⊕	甕	독	瓦	土	18
	瘟	염병	疒	水	15		癰	악창	疒	水	18
	縕	헌솜	糸	木	16		雝	화락할	隹	火	18
	轀	수레	車	火	17		顒	엄숙할	頁	火	18
	醞	빚을	酉	金	17		罋	항아리	缶	土	19
	饂	보리를 서로 먹을	食	水	18		廱	학교	广	木	21
	馧	향기로울	香	木	19		饔	아침	食	水	22
	穩	편안할	禾	木	19		癰	악창	疒	水	23
	韞	감출	韋	金	19	와 ⊕	瓦	기와	瓦	土	5
	薀	쌓을/ 붕어마름	艹	木	19		囘	후림새	口	水	7
	蘊	쌓을	艹	木	22		臥	누울	臣	火	8
올 ⊕ ⊛	兀	우뚝할	儿	木	3		枙	옹이	木	木	8
	杌	나무 그루터기	木	木	7		哇	토할	口	水	9
	嗢	목멜	口	水	13		洼	웅덩이	氵	水	10
	膃	살질	肉	水	16		窊	우묵할	穴	水	10
옹 ⊕ ⊕	瓮	독	瓦	土	9		訛	그릇될	言	金	11
	禺	땅 이름	禸	土	9		媧	날씬할	女	土	11
	邕	막힐/화할	邑	土	10		蛙	개구리	虫	水	12
	翁	늙은이	羽	火	10		渦	소용돌이	氵	水	13
	喁	벌름거릴	口	水	12		猧	발바리	犭	土	13
	雍	화할	隹	火	13		窩	움집	穴	水	14
	滃	구름 일	氵	木	14		窪	웅덩이	穴	水	14
	壅	막을	土	土	16		蝸	달팽이	虫	水	15
	蓊	장다리	艹	木	16		萵	상추	艹	木	15
	擁	낄	扌	木	17		譌	잘못될	言	金	19

발음	한자	뜻	부수	자원	획수	발음	한자	뜻	부수	자원	획수
완 (土) (火)	刓	깎을	刂	金	6	완 (土) (火)	腕	팔뚝	肉	水	14
	完	완전할	宀	木	7		緩	느릴	糸	木	15
	岏	산 뾰족할	山	土	7		豌	완두	豆	木	15
	妴	좋을	女	土	7		翫	희롱할	羽	火	15
	宛	완연할	宀	木	8		鋺	주발	金	金	16
	忨	희롱할	忄	火	8	왈	曰	가로/ 일컫을	曰	火	4
	杬	어루만질	木	木	8	왕 (土) (土)	王	임금	玉	金	4
	抏	꺾을	扌	木	8		往	갈	彳	火	8
	玩	희롱할	玉	金	9		旺	왕성할	日	火	8
	垸	바를	土	土	10		汪	못	氵	水	8
	盌	주발	皿	金	10		枉	굽을	木	木	8
	浣	빨	氵	水	11		迬	갈	辶	土	12
	婠	품성 좋을	女	土	11		瀇	깊을	氵	水	19
	婉	순할/ 아름다울	女	土	11	왜 (土)	娃	예쁠	女	土	9
	梡	도마	木	木	11		歪	기울	止	土	9
	琓	옥 이름	玉	金	12		倭	왜나라	亻	火	10
	椀	주발	木	木	12		媧	사람 이름	女	土	12
	阮	성씨/ 나라 이름	阝	土	12		矮	난쟁이	矢	金	13
	惋	한탄할	忄	火	12	외 (土)	外	바깥	夕	火	5
	涴	물 굽이쳐 흐를	氵	水	12		畏	두려워할	田	土	9
	莞	왕골/ 빙그레 웃을	艹	木	13		偎	가까이할	亻	火	11
	琬	홀/ 아름다운 옥	玉	金	13		嵬	꾸불꾸불할	山	土	12
	碗	주발	石	金	13		嵗	높을	山	土	12
	脘	밥통/위	肉	水	13		猥	외람할	犭	土	13
	頑	완고할	頁	火	13		巍	높을	山	土	13

발음	한자	뜻	부수	자원	획수	발음	한자	뜻	부수	자원	획수
외 (土)	渨	빠질	氵	水	13	요 (土)	堯	요임금/높을	土	土	12
	煨	묻은 불	火	火	13		喓	벌레 소리	口	水	12
	碨	돌 우툴두툴할	石	金	14		淖	진흙(뇨)	氵	水	12
	磈	돌	石	金	15		徭	역사	彳	火	13
	聵	귀머거리	耳	火	18		嫋	예쁠(뇨)	女	土	13
	隗	높을	阝	土	18		僥	요행	亻	火	14
	巍	높고 클	山	土	21		搖	흔들	扌	木	14
요 (土)	了	마칠/밝을(료)	金	金	2		暚	햇빛	日	火	14
	幺	작을	幺	火	3		鬧	시끄러울(뇨)	鬥	金	14
	夭	어릴/일찍죽을	大	水	4		僚	동료/예쁠(료)	火	火	14
	凹	오목할	凵	火	5		廖	텅빌(료)	广	木	14
	妖	요사할/요염할	女	土	7		嶢	높을	山	土	15
	尿	오줌(뇨)	尸	水	7		窯	기와 가마	穴	水	15
	坳	우묵할	土	土	8		瑤	아름다운 옥	玉	金	15
	殀	일찍 죽을	歹	水	8		腰	허리	肉	水	15
	姚	예쁠	女	土	9		樂	좋아할	木	木	15
	要	요긴할	襾	金	9		墝	메마른 땅	土	土	15
	拗	우길	扌	木	9		嬈	아리따울/번거로울	女	土	15
	祅	재앙	示	木	9		寮	동관(료)	宀	木	15
	窔	깊을	穴	水	9		嘹	울(료)	口	水	15
	窈	고요할	穴	水	10		嫽	예쁠(료)	女	土	15
	窅	움펑눈	穴	水	10		橈	굽을(뇨)	木	木	16
	料	헤아릴(료)	斗	火	10		徼	돌	彳	火	16
	傜	날씬할	亻	火	11		澆	물 댈	氵	水	16
	聊	애오라지(료)	耳	火	11		撓	어지러울(뇨)	扌	木	16

발음	한자	뜻	부수	자원	획수	발음	한자	뜻	부수	자원	획수
요 (土)	燎	횃불(료)	火	火	16	요 (土)	鐃	징(뇨)	金	金	20
	撩	다스릴(료)	扌	木	16		鐐	은(료)	金	金	20
	瞭	밝을(료)	日	火	16		飇	바람 소리(료)	風	木	20
	潦	초라할(료)	氵	水	16		饒	넉넉할	食	水	21
	獠	밤 사냥(료)	犭	土	16		鷂	새매	鳥	火	21
	膋	발기름(료)	肉	水	16		飈	바람(료)	風	木	21
	繇	역사	糸	木	17	욕 (木)	辱	욕될	辰	土	10
	遙	멀	辶	土	17		欲	하고자 할	欠	火	11
	謠	노래	言	金	17		浴	목욕	氵	水	11
	嬲	희롱할(뇨)	女	土	17		溽	젖을	氵	水	14
	瞭	밝을(료)	目	木	17		慾	욕심	心	火	15
	蓼	여뀌(료)	艹	木	17		縟	꾸밀	糸	木	16
	療	병 고칠(료)	疒	水	17		褥	요	衤	木	16
	曜	빛날/요일	日	火	18		蓐	깔개	艹	木	16
	燿	빛날	火	火	18	용 (土) (土)	冗	쓸데없을	冖	木	4
	繞	두를	糸	木	18		用	쓸	用	水	5
	蟯	요충	虫	水	18		宂	한가로울	宀	木	5
	蕘	땔나무	艹	木	18		甬	길	用	水	7
	繚	감길(료)	糸	木	18		勇	날랠/용기	力	土	9
	醪	막걸리(료)	酉	金	18		俑	목우/ 허수아비	亻	火	9
	擾	시끄러울	扌	木	19		容	얼굴	宀	木	10
	遶	두를	辶	土	19		埇	길 돋울	土	土	10
	遼	멀(료)	辶	土	19		㦯	사나울	戈	金	10
	耀	빛날	羽	火	20		竜	용(룡)	立	金	10
	邀	맞을	辶	土	20		庸	떳떳할/쓸	广	木	11

발음	한자	뜻	부수	자원	획수	발음	한자	뜻	부수	자원	획수
	涌	물 솟을	氵	水	11	용	龘	용(룡)	龍	土	21
	舂	찧을	臼	土	11		又	또	又	水	2
	茸	풀 날	艹	木	12		于	어조사	二	水	3
	傛	익숙할	亻	火	12		牛	소	牛	土	4
	硧	숫돌	石	金	12		友	벗	又	水	4
	湧	물 솟을	氵	水	13		尤	더욱	尤	土	4
	傭	품 팔	亻	火	13		右	오른쪽/도울	口	水	5
	嵱	산 이름	山	土	13		宇	집	宀	木	6
	蛹	번데기	虫	水	13		羽	깃	羽	火	6
	溶	녹을	氵	水	14		圩	오목할	土	土	6
용	熔	쇠 녹일	火	火	14		吁	탄식할	口	水	6
㉯	榕	벵골보리수	木	木	14		旰	클/해 돋을	日	火	7
㉯	傱	권할	心	火	14	우	佑	도울	亻	火	7
	墉	담	土	土	14	㉯	泚	비	水	水	7
	踊	뛸	足	土	14		扜	당길	扌	木	7
	瑢	패옥 소리	玉	金	15		杅	사발	木	木	7
	槦	나무 이름	木	木	15		雨	비	雨	水	8
	慵	게으를	忄	火	15		玗	옥돌	玉	金	8
	憃	천치	心	火	15		盂	사발	皿	金	8
	蓉	연꽃	艹	木	16		盱	쳐다볼	目	木	8
	踴	뛸	足	土	16		禹	성씨/우임금	内	土	9
	龍	용(룡)	龍	土	16		紆	굽을	糸	木	9
	聳	솟을	耳	火	17		芋	토란	艹	木	9
	鎔	쇠 녹일	金	金	18		俣	클	亻	火	9
	鏞	쇠 북	金	金	19		疣	혹	疒	水	9

발음	한자	뜻	부수	자원	획수	발음	한자	뜻	부수	자원	획수
우 (土)	竽	피리	竹	木	9	우 (土)	遇	만날	辶	土	16
	祐	복/도울	示	火	10		踽	외로울	足	土	16
	迂	에돌	辶	土	10		優	넉넉할/ 뛰어날	亻	火	17
	邘	땅 이름	邑	土	10		隅	모퉁이	阝	土	17
	偶	짝	亻	火	11		燠	위로할	火	火	17
	釪	창고달	金	金	11		鍝	톱	金	金	17
	雩	기우제	雨	水	11		謣	망령될	言	金	18
	偊	혼자 걸을	亻	火	11		麌	수사슴	鹿	土	18
	盂	물 소용돌이쳐 흐를	皿	金	11		藕	연뿌리	艹	木	21
	寓	부칠	宀	木	12		耰	곰방메	耒	木	21
	堣	모퉁이	土	土	12		齲	충치	齒	金	24
	嵎	산굽이	山	土	12	욱 (土) (木)	旭	아침 해	日	火	6
	庽	부칠	广	木	12		昱	햇빛 밝을	日	火	9
	禹	날	亠	火	12		彧	문채	彡	火	10
	虞	염려할/ 나라 이름	虍	木	13		栯	산앵두	木	木	10
	愚	어리석을	心	火	13		勖	힘쓸	力	土	11
	惆	기쁠	忄	火	13		煜	빛날	火	火	13
	麀	암사슴	鹿	土	13		郁	성할	邑	土	13
	瑀	패옥	玉	金	14		頊	삼갈	頁	金	13
	禑	복	示	木	14		稶	서직 무성할	禾	木	13
	霂	물소리/깃	雨	水	14		穆	서직 무성할	禾	木	15
	郵	우편	邑	土	15		燠	따뜻할	火	火	17
	憂	근심	心	火	15	운 (土) (火)	云	이를/구름	二	水	4
	愮	공경할	忄	火	15		会	높을	大	木	7
	耦	나란히 갈	耒	木	15		沄	돌아 흐를	氵	水	8

발음	한자	뜻	부수	자원	획수	발음	한자	뜻	부수	자원	획수
	芸	평지	艹	木	10	울 ⊕⊗	蔚	고을 이름	艹	木	17
	耘	김맬	耒	木	10		鬱	답답할/울창할	鬯	木	29
	紜	어지러울	糸	木	10	웅 ⊕⊕	雄	수컷/두목	隹	火	12
	員	더할	口	水	10		熊	곰/빛나는 모양	火	火	14
	雲	구름	雨	水	12		元	으뜸	儿	木	4
	暈	어지러울/달무리	日	火	13		沅	강 이름	氵	水	8
	惲	혼후할	忄	火	13		杬	나무 이름	木	木	8
	韵	운/운치	音	金	13		朊	희미할	月	水	8
	煴	노란 모양	火	火	14		垣	담/울타리	土	土	9
	殞	죽을	歹	水	14		爰	이에	瓜	木	9
	實	떨어질	穴	水	15		怨	원망할	心	火	9
운 ⊕⊗	賱	넉넉할	貝	金	16		負	수효	貝	金	9
	運	옮길	辶	土	16		原	언덕/근원	厂	土	10
	橒	나무무늬	木	木	16		洹	물 이름	氵	水	10
	澐	큰 물결	氵	水	16	원 ⊕⊗	員	인원	口	水	10
	篔	왕대	竹	木	16		袁	성씨	衣	木	10
	鄖	나라 이름	邑	土	17		笎	대무늬	竹	木	10
	蕓	평지	艹	木	18		冤	원통할	冖	木	10
	隕	떨어질	阝	土	18		芫	팥꽃나무	艹	木	10
	篔	왕대	竹	木	18		俒	즐거워할	亻	火	10
	霣	떨어질	雨	水	18		苑	나라 동산	艹	木	11
	韻	운/음운	音	金	19		婉	순할/아름다울	女	土	11
	顒	둥글	頁	火	19		寃	원통할	宀	木	11
울 ⊕⊗	亐	땅 이름	二	木	4		媛	여자	女	土	12
	菀	무성할	艹	木	14		阮	나라 이름	阝	土	12

발음	한자	뜻	부수	자원	획수	발음	한자	뜻	부수	자원	획수
	嫄	사람 이름	女	土	13		月	달	月	水	4
	湲	흐를	氵	水	13	월	刖	벨	刂	金	6
	園	동산	口	水	13	(土)	越	넘을	走	火	12
	圓	둥글	口	水	13	(火)	粵	어조사/나라 이름	米	木	12
	援	도울	扌	木	13		鉞	도끼	金	金	13
	楥	신골/느티나무	木	木	13		危	위태할	卩	水	6
	猨	원숭이	犭	土	13		位	자리	亻	火	7
	源	근원	氵	水	14		委	맡길	女	土	8
	愿	원할	心	火	14		韋	가죽	韋	金	9
	瑗	구슬	玉	金	14		威	위엄	女	土	9
	猿	원숭이	犭	土	14		偉	클	亻	火	11
원	蜿	굼틀거릴	虫	水	14		尉	벼슬/위로할	寸	土	11
(土)	院	집	阝	土	15		胃	밥통	肉	水	11
(火)	褑	패옥 띠	衤	木	15	위	圍	에워쌀	口	水	12
	鴛	원앙	鳥	火	16	(土)	爲	하/할	爪	金	12
	鋺	저울판	金	金	16		喟	한숨 쉴	口	水	12
	轅	끌채	車	火	17		幃	휘장	巾	木	12
	遠	멀	辶	土	17		暐	햇빛	日	火	13
	諼	천천히 말할	言	金	17		渭	물 이름	氵	水	13
	黿	자라	黽	水	17		痿	저릴	疒	水	13
	願	원할	頁	火	19		骪	굽을	骨	金	13
	薗	동산	艹	木	19		瑋	옥	玉	金	14
	鵷	원추새	鳥	火	19		萎	시들	艹	木	14
	騵	절따말	馬	火	20		僞	거짓	心	火	14
	邍	넓은 들판	辶	土	23		蝟	고슴도치	虫	水	15

발음	한자	뜻	부수	자원	획수	발음	한자	뜻	부수	자원	획수
위 ㈜	禕	아름다울	礻	木	15	유 ㈜	乳	젖	乙	水	8
	葦	갈대	艹	木	15		呦	울	口	水	8
	緯	씨/예언서	糸	木	15		杻	감탕나무(뉴)	木	木	8
	衛	지킬	行	火	15		忸	익을(뉴)	忄	火	8
	慰	위로할	心	火	15		柔	부드러울	木	木	9
	熨	찜질할	火	火	15		宥	너그러울	宀	木	9
	蔿	둥굴레	艹	木	15		俞	대답할/성씨	入	火	9
	諉	번거롭게 할	言	金	15		柚	유자	木	木	9
	逶	구불구불 갈	辶	土	15		臾	잠깐	臼	土	9
	謂	이를	言	金	16		油	기름	氵	水	9
	衛	지킬	行	火	16		幽	그윽할/멀	幺	火	9
	違	어긋날	辶	土	16		姷	짝	女	土	9
	闈	문	門	木	17		俞	대답할	人	火	9
	餧	먹일	食	水	17		囿	동산	口	水	9
	魏	나라 이름/위나라	鬼	火	18		泑	물빛 검을	氵	水	9
	蔿	애기풀	艹	木	18		柳	버들(류)	木	木	9
	韙	옳을	韋	金	18		洧	강 이름	氵	水	10
	韡	활짝 필	韋	火	21		秞	무성할	禾	木	10
유 ㈜	尢	망설일	尢	火	4		紐	맺을(뉴)	糸	水	10
	由	말미암을/행할	田	木	5		留	머무를(류)	田	土	10
	幼	어릴	幺	火	5		流	흐를(류)	氵	水	10
	有	있을	月	水	6		悠	멀	心	火	11
	攸	바/어조사	攵	金	7		唯	오직	口	水	11
	酉	닭/열째 지지	酉	金	7		聊	교요할	耳	火	11
	侑	권할	亻	火	8		婑	아리따울	女	土	11

발음	한자	뜻	부수	자원	획수	발음	한자	뜻	부수	자원	획수
	蚴	굼틀거릴	虫	水	11		旒	깃발(류)	方	土	13
	蚰	그리마	虫	水	11		瑜	아름다운 옥	玉	金	14
	帷	휘장	巾	木	11		誘	꾈	言	金	14
	釉	광택	釆	木	12		維	벼리	糸	木	14
	庾	곳집/노적가리	广	木	12		逌	웃을	辶	土	14
	喻	깨우칠	口	水	12		瘉	병 나을	疒	水	14
	惟	생각할	忄	火	12		瘐	병들	疒	水	14
	甤	꽃	生	木	12		窬	협문	穴	水	14
	鈕	인꼭지(뉴)	金	金	12		綾	갓끈	糸	木	14
	琉	유리(류)	玉	金	12		瑈	옥 이름	玉	金	14
	硫	유황(류)	石	金	12		榴	석류나무(류)	木	木	14
	愈	나을	心	火	13		溜	낙숫물(류)	氵	水	14
유	裕	넉넉할	衣	木	13	유	萸	수유/수유나무	艹	木	15
(土)	愉	즐거울	忄	火	13	(土)	牖	들창/깨우칠	片	木	15
	楡	느릅나무	木	木	13		窳	이지러질	穴	水	15
	猷	꾀할	犬	土	13		糅	섞을	米	木	15
	猶	오히려	犭	土	13		腴	살찔	肉	水	15
	游	헤엄칠/깃발	氵	水	13		蝤	하루살이	虫	水	15
	揄	야유할	扌	木	13		褕	고울	衤	木	15
	楢	졸참나무	木	木	13		劉	죽일(류)	刂	金	15
	湤	깊을	氵	水	13		瑠	맑은 유리(류)	玉	金	15
	瑈	옥돌	玉	金	13		瘤	혹(류)	疒	水	15
	蕿	가라지	艹	木	13		儒	선비	亻	火	16
	湨	물 이름	氵	水	13		遊	놀	辶	土	16
	揉	주무를	扌	木	13		踰	넘을	足	土	16

발음	한자	뜻	부수	자원	획수	발음	한자	뜻	부수	자원	획수
유 (土)	蹂	밟을	足	土	16	유 (土)	譴	성낼	言	金	23
	諛	아첨할	言	金	16		籲	부를	龠	火	26
	諭	타이를	言	金	16		籲	부를	竹	木	32
	逾	넘을	辶	土	16	육 (土) (木)	肉	고기	肉	水	6
	榴	석류나무(류)	木	木	16		六	여섯(륙)	八	土	6
	鍮	놋쇠	金	金	17		忸	부끄러워할	忄	火	8
	孺	젖먹이	子	水	17		育	기를	肉	水	10
	黝	검푸른 빛	黑	水	17		堉	기름진 땅	土	土	11
	鮪	참다랑어	魚	水	17		勠	합할(륙)	力	土	13
	縲	포승(류)	糸	木	17		毓	기를	毋	土	14
	遛	머무를(류)	辶	土	17		戮	죽일(륙)	戈	金	15
	濡	적실	氵	水	18		陸	뭍(륙)	阝	土	16
	癒	병 나을	疒	水	18		儥	팔	亻	火	17
	曘	햇빛	日	火	18	윤 (土)	尹	성씨/다스릴	尸	水	4
	鼬	족제비	鼠	水	18		允	맏/진실로	儿	土	4
	蕕	누린내풀	艹	木	18		昀	햇빛	日	火	8
	鞣	가죽	革	金	18		侖	생각할/ 둥글(륜)	人	火	8
	蕤	꽃	艹	木	18		玧	귀막이 구슬	玉	金	9
	謬	그르칠(류)	言	金	18		倫	인륜(륜)	亻	火	10
	遺	남길/끼칠	辶	土	19		胤	자손	肉	水	11
	壝	제단의 담	土	土	19		徹	자손	彳	火	11
	類	무리(류)	頁	火	19		崙	산 이름(륜)	山	土	11
	瀏	맑을(류)	氵	水	19		崘	산 이름(륜)	山	土	11
	纍	맬(류)	糸	木	21		圇	완전할(륜)	囗	水	11
	鶹	올빼미(류)	鳥	火	21		阭	높을	阝	土	12

발음	한자	뜻	부수	자원	획수	발음	한자	뜻	부수	자원	획수
윤 (土)(火)	閏	윤달	門	火	12	율 (土)(火)	慄	떨릴(률)	忄	火	14
	鋆	병기	金	金	12		溧	강 이름(률)	氵	水	14
	淪	빠질(륜)	氵	水	12		瑮	옥 무늬(률)	玉	金	15
	掄	가릴(륜)	扌	木	12		燏	빛날	火	火	16
	茚	연뿌리	艹	木	13		潏	사주	氵	水	16
	閏	윤달	門	火	13		鴥	빨리 날	鳥	火	16
	綸	벼리(륜)	糸	木	14	융 (土)(土)	戎	병장기/오랑캐	戈	金	6
	淪	물 깊고 넓을(구)	大	水	14		狨	원숭이 이름	犭	土	10
	淪	물 깊고 넓을(신)	大	水	15		絨	가는 베/융	糸	木	12
	閏	윤달	門	火	15		融	녹을/화할	虫	水	16
	鋆	금	金	金	15		隆	높을(륭)	阝	土	17
	輪	바퀴(륜)	車	火	15		癃	느른할(륭)	疒	水	17
	潤	윤택할	氵	水	16		窿	활꼴(륭)	穴	水	17
	橍	나무 이름	木	木	16		瀜	물 깊고 넓은 모양	氵	水	20
	錀	금(륜)	金	金	16	은 (土)(火)	听	웃을	口	水	7
	贇	예쁠	貝	金	19		圻	지경	土	土	7
율 (土)(火)	聿	붓	聿	火	6		垠	지경	土	土	9
	汨	흐를	氵	水	8		恩	은혜	心	火	10
	律	법칙(률)	彳	火	9		殷	성할/은나라	殳	金	10
	栗	밤(률)	木	木	10		垠	물가	氵	水	10
	率	비율(률)	玄	火	11		垽	앙금	土	土	10
	矞	송곳질할	矛	金	12		訔	언쟁할	言	金	10
	崒	가파를(률)	山	土	12		圁	물 이름	口	水	10
	建	걸어가는 모양	辶	土	13		珢	옥돌	玉	金	11
	颭	큰바람	風	木	13		訢	화평할	言	金	11

발음	한자	뜻	부수	자원	획수	발음	한자	뜻	부수	자원	획수
은 ㊏㊋	狺	으르렁거릴	犭	土	11	음 ㊏㊌	喑	벙어리	口	水	12
	澖	물소리	氵	水	14		飮	마실	食	水	13
	銀	은	金	金	14		愔	조용할	忄	火	13
	慇	괴로워할	心	火	14		廕	덮을	广	木	14
	誾	향기/온화할	言	金	15		陰	그늘	阝	土	16
	憖	억지로/기뻐할	心	火	16		蔭	그늘	艹	木	17
	蒑	풀빛 푸른	艹	木	16		霪	장마	雨	水	19
	蒽	풀 이름	艹	木	16		馨	화할	音	金	20
	億	기댈	亻	火	16	읍 ㊏㊌	邑	고을	邑	土	7
	檼	도지개	木	木	17		泣	울	氵	水	9
	㶅	강 이름	氵	水	18		悒	근심할	忄	火	11
	檼	마룻대	木	木	18		挹	뜰	扌	木	11
	嚚	어리석을	口	水	18		浥	젖을	氵	水	11
	鄞	고을 이름	邑	土	18		揖	읍할	扌	木	13
	齗	잇몸	齒	金	19	응 ㊏㊏	凝	엉길	冫	水	16
	隱	숨을	阝	土	22		應	응할	心	火	17
	癮	두드러기	疒	水	22		膺	가슴	肉	水	19
	蘟	나물 이름	艹	木	23		鷹	매/송골매	鳥	火	24
을 ㊏㊋	乙	새/둘째 천간	乙	木	1	의 ㊏	衣	옷	衣	木	6
	圪	흙더미 우뚝할	土	土	6		矣	어조사	矢	金	7
	鳦	제비	鳥	火	12		宜	마땅	宀	木	8
음 ㊏㊌	吟	읊을	口	水	7		依	의지할	亻	火	8
	音	소리	音	金	9		嫛	여자의 자	女	土	9
	崟	험준할	山	土	11		倚	의지할	亻	火	10
	淫	음란할/장마	氵	水	12		椅	의자/의나무	木	木	12

발음	한자	뜻	부수	자원	획수	발음	한자	뜻	부수	자원	획수
의 (土)	澄	눈 서리 쌓일	冫	水	12	이 (土)	以	써	人	火	5
	歖	아	欠	火	12		尔	너	小	火	5
	猗	불깐 개	犭	土	12		尼	여승(니)	尸	水	5
	義	옳을	羊	土	13		耳	귀	耳	火	6
	意	뜻	忄	火	13		而	말 이을	而	水	6
	疑	의심할	疋	火	14		伊	저	亻	火	6
	儀	거동/법식	亻	火	15		弛	늦출	弓	金	6
	誼	정/옳을	言	金	15		夷	오랑캐	大	木	6
	毅	굳셀	殳	金	15		吏	벼슬아치(리)	口	水	6
	漪	잔물결	氵	水	15		杝	피나무	木	木	7
	儗	참람할	亻	火	16		利	이로울(리)	刂	金	7
	劓	코 벨	刂	金	16		里	마을(리)	里	土	7
	螘	개미	虫	水	16		李	오얏/ 성씨(리)	木	木	7
	嶷	산 이름	山	土	17		易	쉬울	日	火	8
	醫	의원	酉	金	18		隶	미칠	隶	木	8
	擬	비길/헤아릴	扌	木	18		佴	버금	亻	火	8
	礒	바위	石	金	18		呢	소곤거릴(니)	口	水	8
	薏	율무	艹	木	19		怡	기쁠	忄	火	9
	艤	배 댈	舟	木	19		姨	이모	女	土	9
	蟻	개미	虫	水	19		姌	여자의 자	女	土	9
	議	의논할	言	金	20		咿	선웃음 칠	口	水	9
	饐	쉴	食	水	21		姫	아름다울	己	火	9
	懿	아름다울	心	火	22		泥	진흙(니)	氵	水	9
이 (土)	二	두	二	木	2		柅	무성할(니)	木	木	9
	已	이미	己	火	3		怩	부끄러워할 (니)	忄	火	9

발음	한자	뜻	부수	자원	획수	발음	한자	뜻	부수	자원	획수
이 ⊕	俐	똑똑할(리)	亻	火	9	이 ⊕	胂	힘줄이 질길	肉	水	12
	俚	속될(리)	亻	火	9		迤	비스듬할	辶	土	12
	厘	다스릴(리)	厂	土	9		羡	고을 이름	羊	土	12
	珆	옥돌	玉	金	10		理	다스릴(리)	玉	金	12
	栮	목이버섯	木	木	10		犁	밭 갈(리)	牛	土	12
	浰	콧물	氵	水	10		痢	설사(리)	疒	水	12
	訑	으쓱거릴	言	金	10		犂	밭 갈(리)	牛	土	12
	祢	아비 사당(니)	示	木	10		肄	익힐	聿	火	13
	唎	가는소리(리)	口	水	10		莉	말리(리)	艹	木	13
	哩	어조사(리)	口	水	10		裏	속(리)	衣	木	13
	移	옮길	禾	木	11		裡	속(리)	衣	木	13
	珥	귀고리	玉	金	11		剺	벗길(리)	刀	金	13
	苡	질경이	艹	木	11		莅	다다를(리)	艹	木	13
	異	다를	田	土	11		蜊	참조개(리)	虫	水	13
	痍	상처	疒	水	11		飴	엿	食	水	14
	梨	배나무(리)	木	木	11		爾	너	爻	火	14
	悧	영리할(리)	忄	火	11		廙	공경할	广	木	14
	浬	해리(리)	氵	水	11		馜	진한 향기(니)	香	木	14
	离	떠날/ 산신(리)	禸	火	11		嫠	과부(리)	女	土	14
	狸	삵(리)	犭	土	11		貍	삵(리)	豸	水	14
	浬	다다를(리)	氵	水	11		頤	턱	頁	火	15
	貳	두/갖은두	貝	金	12		履	밟을/신(리)	尸	木	15
	萓	벨	艹	木	12		摛	퍼질(리)	扌	木	15
	貽	끼칠	貝	金	12		漓	스며들(리)	氵	水	15
	婓	기쁠	女	土	12		彝	떳떳할	彑	火	16

발음	한자	뜻	부수	자원	획수	발음	한자	뜻	부수	자원	획수
이 (土)	璃	유리(리)	玉	金	16	익	鷁	익조	鳥	火	21
	罹	걸릴(리)	网	木	16	인 (土) (火)	人	사람	人	火	2
	鸝	제비	鳥	火	17		儿	어진 사람	儿	水	2
	螭	교룡(리)	虫	水	17		刃	칼날	刀	金	3
	彛	떳떳할	크	火	18		引	끌/인도할	弓	火	4
	膩	기름질(니)	肉	水	18		仁	어질	亻	火	4
	瀰	많을(니)	氵	水	18		仞	길	亻	火	5
	鯉	잉어(리)	魚	水	18		因	인할	口	水	6
	釐	다스릴(리)	里	土	18		印	도장	卩	木	6
	禰	아버지 사당(니)	示	木	19		忈	어질	心	火	6
	羸	파리할(리)	羊	土	19		忍	참을	心	火	7
	離	떠날(리)	隹	火	19		忎	어질	心	火	7
	邇	가까울	辶	土	21		牣	찰	牛	土	7
	魑	도깨비(리)	鬼	火	21		沏	젖어 맞붙을	氵	水	7
	黐	끈끈이(리)	黍	木	23		吝	아낄(린)	口	水	7
	籬	울타리(리)	竹	木	25		姻	혼인/시집갈	女	土	9
	邐	이어질(리)	辶	土	26		咽	목구멍	口	水	9
익 (土) (木)	弋	주살	弋	金	3		蚓	지렁이	虫	水	10
	益	더할	皿	水	10		氤	기운 어릴	气	水	10
	翊	도울	羽	火	11		茵	씨	艹	木	10
	翌	다음날	羽	火	11		洇	빠질	氵	水	10
	熤	사람 이름	火	火	15		寅	범/ 셋째 지지	宀	木	11
	謚	웃을	言	金	17		絪	벼꽃	禾	木	11
	翼	날개	羽	火	17		悋	아낄(린)	忄	火	11
	瀷	강 이름	氵	水	21		絪	기운	糸	木	12

발음	한자	뜻	부수	자원	획수	발음	한자	뜻	부수	자원	획수
	茵	자리	艹	木	12		濜	물줄기	氵	水	18
	靭	질길/ 부드러울	革	金	12		蟒	반딧불(린)	虫	水	18
	靱	질길/ 부드러울	韋	金	12		繗	이을(린)	糸	木	18
	堙	막을	土	土	12		鄰	이웃(린)	邑	土	19
	婣	혼인/시집갈	女	土	12		轔	수레 소리(린)	車	火	19
	裀	요/자리	衤	木	12	인 ⊕ ㉗	隣	이웃(린)	阝	土	20
	粦	도깨비불(린)	米	木	12		鏻	굳셀(린)	金	金	20
	湮	묻힐/잠길	氵	水	13		藺	골풀(린)	艹	木	22
	靭	가슴걸이	革	金	13		驎	얼룩말(린)	馬	火	22
	認	알	言	金	14		麟	기린(린)	鹿	土	23
	䌸	작은 북	日	火	14		鱗	비늘(린)	魚	水	23
	夤	조심할	夕	水	14		躏	짓밟을(린)	足	土	23
	禋	제사 지낼	示	木	14		躙	짓밟을(린)	足	土	27
인 ⊕ ㉗	戭	창	戈	金	15		一	한/하나	一	木	1
	嶙	가파를(린)	山	土	15		日	날	日	火	4
	粼	물 맑을 린(린)	米	水	15		佚	편안할/숨을	亻	火	7
	諲	공경할	言	金	16		劮	기쁠	力	土	7
	璌	사람 이름	玉	金	16		佾	줄 춤	亻	火	8
	潾	맑을(린)	氵	水	16	일 ⊕ ㉗	泆	음탕할	氵	水	9
	燐	도깨비불(린)	火	火	16		昵	친할(닐)	日	火	9
	撛	붙들(린)	扌	木	16		壹	한/갖은 한	士	木	12
	獜	튼튼할/ 기린(린)	犭	土	16		軼	앞지를	車	火	12
	橉	나무 이름(린)	木	木	16		溢	넘칠	氵	水	14
	璘	옥빛(린)	玉	金	17		馹	역말/역마	馬	火	14
	磷	물 흐르는 모양(린)	石	金	17		逸	편안할/ 달아날	辶	土	15

발음	한자	뜻	부수	자원	획수	발음	한자	뜻	부수	자원	획수
일 (土) (火)	暱	친할(닐)	日	火	15	임	臨	임할(림)	臣	火	17
	鎰	무게 이름	金	金	18	입 (土) (水)	入	들	入	木	2
임 (土) (水)	壬	북방/ 아홉째 천간	土	水	4		廿	스물	十	水	3
	任	맡길/맞을	亻	火	6		卄	스물	十	水	4
	妊	임신할	女	土	7		立	설(립)	立	金	5
	林	수풀(림)	木	木	8		岦	산 우뚝할 (립)	山	土	8
	姙	임신할	女	土	9		砬	돌 소리(립)	石	金	10
	玪	옥(림)	玉	金	9		笠	삿갓(립)	竹	木	11
	恁	생각할	心	火	10		粒	낟알(립)	米	木	11
	衽	옷섶	衤	木	10	잉 (土) (土)	仍	인할	亻	火	4
	訨	생각할	言	金	11		孕	아이 밸	子	水	5
	荏	들깨	艹	木	12		芿	새 풀싹	艹	木	10
	絍	짤	糸	木	12		剩	남을	刂	金	12
	淋	장마(림)	氵	水	12		媵	줄	女	土	13
	棽	무성할(림)	木	木	12	자 (金)	子	아들	子	水	3
	晽	알고자 할 (림)	日	火	12		仔	자세할	亻	火	5
	稔	여물	禾	木	13		字	글자	宀	木	6
	賃	품삯	貝	金	13		自	스스로	自	木	6
	餁	익힐	食	水	13		孖	쌍둥이	子	水	6
	訲	믿을	言	金	13		孜	힘쓸	子	水	7
	琳	옥(림)	玉	金	13		姊	손위 누이	女	土	8
	碄	깊을(림)	石	金	13		姉	손위 누이	女	土	8
	痳	임질(림)	疒	水	13		炙	구울	火	火	8
	銋	젖을	金	金	14		刺	찌를	刂	金	8
	霖	장마(림)	雨	水	16		秄	북을 돋을	禾	木	8

발음	한자	뜻	부수	자원	획수	발음	한자	뜻	부수	자원	획수
	姿	모양/맵시	女	土	9		孳	부지런할	子	水	13
	咨	물을	口	水	9		觜	별 이름	角	木	13
	柘	산뽕나무	木	木	9		訾	헐뜯을	言	金	13
	秄	북을 돋을	禾	木	9		貲	재물	貝	金	13
	蚝	며루	虫	水	9		磁	자석	石	金	14
	呰	흠/하자	口	水	9		雌	암컷	隹	火	14
	兹	이/검을	玄	火	10		莿	까끄라기	艹	木	14
	恣	마음대로/방자할	心	火	10	자 (金)	諮	물을	言	金	16
	泚	강 이름	氵	水	10		赭	붉은 흙	赤	火	16
	牸	암소	牛	土	10		嬨	너그럽고 순할	女	土	16
	疵	허물	疒	水	11		髭	윗수염	髟	火	16
자 (金)	瓷	사기그릇	瓦	土	11		鮓	생선젓	魚	水	16
	者	놈	老	土	11		褯	포대기	衤	木	16
	眦	흘길	目	木	11		蔗	사탕수수	竹	木	17
	眥	흘길	目	木	11		鎡	호미	金	金	17
	紫	자줏빛	糸	木	12		頾	윗수염	頁	火	18
	茨	지붕 일	艹	木	12		藉	깔/깔개	艹	木	20
	胾	고깃점	肉	水	12		鷀	가마우지	鳥	火	20
	茈	지치/능소화나무	艹	木	12		鷓	자고새	鳥	火	22
	粢	기장	米	木	12		勺	구기	勹	金	3
	滋	불을/이	艹	木	12		作	지을	亻	火	7
	慈	사랑	心	火	13	작 (金) (木)	灼	불사를	火	火	7
	滋	불을/늘	氵	水	13		汋	샘 솟을	氵	水	7
	資	재물	貝	金	13		豹	아롱 짐승	豸	土	7
	煮	삶을	灬	火	13		岝	높을	山	土	8

발음	한자	뜻	부수	자원	획수	발음	한자	뜻	부수	자원	획수
작 金 木	昨	어제	日	火	9	잠 金 水	暫	잠깐	日	火	15
	芍	함박꽃	艹	木	9		箴	경계/바늘	竹	木	15
	斫	벨	斤	金	9		潜	잠길	氵	水	16
	炸	터질	火	火	9		潛	잠길	氵	水	16
	怍	부끄러워할	忄	火	9		簪	비녀	竹	木	18
	柞	조롱나무	木	木	9		蠶	누에	虫	水	24
	酌	술 부을	酉	金	10	잡 金 水	卡	지킬	卜	火	5
	雀	참새	隹	火	11		眨	깜작일	目	木	10
	舃	까치	臼	火	12		磼	높을	石	金	17
	焯	밝을	火	火	12		雜	섞일/ 어수선할	隹	火	18
	斬	벨	斤	金	13		襍	섞일/ 어수선할	衤	木	18
	碏	사람 이름	石	金	13		囃	메기는 소리	口	水	21
	綽	너그러울	糸	木	14	장 金 土	丈	어른	一	木	3
	爵	벼슬	爪	金	18		仗	의장/무기	亻	火	5
	鵲	까치	鳥	火	19		匠	장인	匚	土	6
	嚼	씹을	口	水	21		庄	씩씩할/전장	广	木	6
잔 金 火	剗	깎을	刂	金	10		壮	장할/굳셀	士	木	6
	殘	잔인할	歹	水	12		壯	장할/굳셀	士	木	7
	棧	사다리	木	木	12		杖	지팡이	木	木	7
	孱	나약할	子	水	12		妝	단장할	女	土	7
	盞	잔	皿	金	13		狀	문서	犬	土	8
	潺	졸졸 흐를	氵	水	16		長	길/어른	長	木	8
	驏	안장 없는 말	馬	火	22		戕	죽일	戈	金	8
잠 金 土	岑	봉우리	山	土	7		奘	클	大	木	10
	涔	괸 물	氵	水	11		將	장수/장차	寸	土	10

발음	한자	뜻	부수	자원	획수	발음	한자	뜻	부수	자원	획수
	牂	암양	爿	土	10		墻	담장	爿	土	16
	牂	숫양	羊	土	10		嬙	궁녀	女	土	16
	張	베풀/성씨	弓	金	11		廧	담/담장	广	木	16
	章	글	立	金	11		瘴	장기	疒	水	16
	將	장수/장차	寸	土	11		牆	담/담장	爿	土	17
	帳	장막/휘장	巾	木	11		檣	돛대	木	木	17
	場	마당	土	土	12		蔣	성씨/줄	艹	木	17
	粧	단장할	米	木	12		糡	단장할	米	木	17
	掌	손바닥	手	木	12		餦	엿	食	水	17
	莊	씩씩할/단정할	艹	木	13	장 ㉖ ㉗	醬	장/젓갈	酉	金	18
	裝	꾸밀	衣	木	13		鄣	고을 이름/막을	邑	土	18
장 ㉖ ㉗	偉	두려워할	亻	火	13		薔	장미	艹	木	19
	臧	착할	臣	火	14		障	막을	阝	土	19
	奬	장려할	大	木	14		鏘	금옥 소리	金	金	19
	嶂	산봉우리	山	土	14		藏	감출	艹	木	20
	萇	양도	艹	木	14		臟	장물	貝	金	21
	暲	밝을/해 돋을	日	火	15		欌	장롱	木	木	22
	漳	물 이름	氵	水	15		麞	노루	鹿	土	22
	樟	녹나무	木	木	15		臟	오장	肉	水	24
	奬	권면할	大	木	15		才	재주(신)	扌	木	3
	獐	노루	犭	土	15		才	재주(구)	扌	木	4
	漿	즙/미음	氵	水	15	재 ㉖	在	있을	土	土	6
	腸	창자	肉	水	15		再	두	冂	木	6
	葬	장사 지낼	艹	木	15		材	재목	木	木	7
	璋	홀	玉	金	16		災	재앙	火	火	7

발음	한자	뜻	부수	자원	획수	발음	한자	뜻	부수	자원	획수
재(金)	扗	있을	扌	木	7	쟁(金土)	箏	쟁	竹	木	14
	灾	재앙	火	火	7		諍	간할	言	金	15
	哉	어조사	口	水	9		錚	쇳소리	金	金	16
	夈	재계할	夂	土	9		鎗	종소리	金	金	18
	栽	심을	木	木	10	저(金)	宁	뜰	宀	木	5
	宰	재상	宀	木	10		氐	근본	氏	火	5
	財	재물	貝	金	10		佇	우두커니 설	亻	火	7
	梓	가래나무	木	木	11		低	낮을	亻	水	7
	捚	손바닥에 받을	扌	木	11		咀	씹을	口	水	8
	裁	마를	衣	木	12		姐	누이/교만할	女	土	8
	崽	자식	山	土	12		杵	공이	木	木	8
	載	실을	車	火	13		底	밑	广	木	8
	渽	맑을	氵	水	13		岨	돌산	山	土	8
	滓	찌꺼기	氵	水	14		杼	북/매자기풀	木	木	8
	榟	가래나무	木	木	14		狙	원숭이/엿볼	犭	土	9
	溨	물 이름	氵	水	14		抵	막을/거스를	扌	木	9
	縡	일	糸	木	16		沮	막을	氵	水	9
	賳	재물	貝	金	16		柢	뿌리	木	木	9
	齋	재계할/집	齋	土	17		牴	부딪칠/숫양	牛	土	9
	齎	가져올	齊	土	21		疽	등창	广	水	10
	纔	재주	糸	木	23		苧	모시풀	艹	木	11
쟁(金土)	爭	다툴	爪	火	8		紵	모시	糸	木	11
	崢	가파를	山	土	11		置	그물	四	木	11
	猙	짐승 이름	犭	土	12		羝	숫양	羊	土	11
	琤	옥 소리	玉	金	13		苴	깔	艹	木	11

발음	한자	뜻	부수	자원	획수	발음	한자	뜻	부수	자원	획수
	蛆	구더기	虫	水	11		赤	붉을	赤	火	7
	祇	속적삼	衤	木	11		的	과녁	白	火	8
	貯	쌓을/저축할	貝	金	12		炙	구울	火	火	8
	詛	저주할	言	金	12		狄	오랑캐	犭	土	8
	邸	집	邑	土	12		笛	피리	竹	木	11
	觝	닿을	角	木	12		寂	고요할	宀	木	11
	詆	꾸짖을	言	金	12		迪	나아갈	辶	土	12
	渚	물가	氵	木	13		勣	공적	力	土	13
	猪	돼지	犭	土	13		荻	물억새	艹	木	13
	楮	닥나무	木	木	13		迹	자취	辶	土	13
	雎	물수리	隹	火	13		賊	도둑	貝	金	13
저	菹	김치	艹	木	14	적	跡	발자취	足	土	13
(金)	這	이/이제	辶	土	14	(金)	駒	별박이/준마	馬	火	13
	著	나타날	艹	木	15	(木)	翟	꿩	羽	火	14
	樗	가죽나무	木	木	15		嫡	정실	女	土	14
	箸	젓가락	竹	木	15		菂	연밥	艹	木	14
	褚	솜옷	衤	木	15		逖	멀	辶	土	14
	潴	웅덩이	氵	水	16		滴	물방울	氵	水	15
	陼	물가	阝	土	17		摘	딸/들출	扌	木	15
	儲	쌓을	亻	火	18		敵	대적할	攵	金	15
	藷	감자	艹	木	20		樀	추녀	木	木	15
	齟	어긋날	齒	金	20		積	쌓을	禾	木	16
	躇	머뭇거릴	足	土	20		磧	서덜	石	金	16
	瀦	웅덩이	氵	水	20		績	길쌈	糸	木	17
적	吊	이를/도달	口	水	6		適	맞을	辶	土	18

발음	한자	뜻	부수	자원	획수	발음	한자	뜻	부수	자원	획수
적 金 木	謫	귀양 갈	言	金	18		荃	향초/ 겨차무침	艹	木	12
	蹟	자취	足	土	18		筌	통발	竹	木	12
	鏑	화살촉	金	金	19		奠	정할/제사	大	木	12
	籍	문서/호적	竹	木	20		牋	종이	片	木	12
	糴	쌀 살	米	木	22		餰	죽	食	水	12
	覿	볼	見	火	22		傳	전할	亻	火	13
전 金 火	田	밭	田	土	5	전 金 火	詮	설명할	言	金	13
	全	온전할	入	土	6		瑱	옥 이름/ 귀막이	玉	金	13
	甸	경기	田	土	7		塡	메울	土	土	13
	佃	밭 갈	亻	火	7		殿	전각/궁궐	殳	金	13
	吮	빨	口	水	7		鈿	비녀	金	金	13
	典	법	八	金	8		煎	달일/ 마음 졸일	火	火	13
	佺	신선 이름	亻	火	8		電	번개	雨	水	13
	屇	구멍	尸	木	8		雋	살찐 고기(준)	隹	火	13
	前	앞/자를	刂	金	9		揃	자를/기록할	扌	木	13
	畑	화전	田	土	9		湔	씻을	氵	水	13
	畋	밭 갈	攵	金	9		輇	상여	車	火	13
	展	펼	尸	水	10		銓	사람 가릴	金	金	14
	栓	마개/나무못	木	木	10		塼	벽돌	土	土	14
	旃	기	方	木	10		箋	기록할	竹	木	14
	栴	단향목	木	木	10		嫥	오로지	女	土	14
	專	오로지	寸	土	11		戩	다할	戈	金	14
	剪	자를	刀	金	11		腆	두터울	肉	水	14
	悛	고칠	忄	火	11		廛	가게	广	木	15
	痊	나을	疒	水	11		箭	화살	竹	木	15

발음	한자	뜻	부수	자원	획수	발음	한자	뜻	부수	자원	획수
	篆	전자/글씨체	竹	木	15		纏	얽힐	糸	木	21
	翦	자를	羽	金	15		囀	지저귈	口	水	21
	鐫	새길	金	金	15		顫	떨	頁	火	22
	戰	싸움	戈	金	16		巓	산꼭대기	山	土	22
	錢	돈	金	金	16	전	籛	성씨	竹	木	22
	甎	벽돌	瓦	土	16	(金)	躔	궤도	足	土	22
	磚	벽돌	石	金	16	(火)	鄽	가게	邑	土	22
	錪	가마	金	金	16		癲	미칠	广	水	24
	靛	청대	青	木	16		鱣	잉어	魚	水	24
	靦	뻔뻔스러울	面	火	16		鸇	송골매	鳥	火	24
	氈	모전	毛	木	17		切	끊을	刀	金	4
	輾	돌아누울	車	火	17		峜	산굽이	山	土	7
전	餞	보낼	食	水	17		折	꺾을	扌	木	8
(金)	澱	앙금	氵	水	17		晢	밝을	日	火	11
(火)	澶	물 고요히 흐를	氵	水	17	절	浙	강 이름	氵	水	11
	膞	저민 고기	肉	水	17	(金)	絶	끊을	糸	木	12
	轉	구를	車	火	18	(火)	絕	끊을	糸	木	12
	癜	어루러기	广	水	18		截	끊을/다스릴	戈	金	14
	顓	오로지	頁	火	18		節	마디	竹	木	15
	饘	된죽	食	水	18		癤	부스럼	广	水	20
	顚	엎드러질/이마	頁	火	19		竊	훔칠	穴	水	22
	羶	누린내	羊	土	19		占	점칠/점령할	卜	火	5
	鬋	귀밑머리 늘어질	髟	火	19	점	佔	엿볼	亻	火	7
	邅	머뭇거릴	辶	土	20	(金)	店	가게	广	木	8
	鐫	새길	金	金	21	(水)	岾	땅 이름	山	土	8

발음	한자	뜻	부수	자원	획수	발음	한자	뜻	부수	자원	획수
점 金 水	奌	점찍을	大	木	8	접	鰈	가자미	魚	水	20
	点	점	火	火	9	정 金 土	丁	고무래/장정	一	火	2
	玷	이지러질	玉	金	10		井	우물	二	水	4
	粘	붙을	米	木	11		正	바를	止	土	5
	笘	회초리	竹	木	11		叮	신신당부할	口	水	5
	苫	이엉	艹	木	11		汀	물가	氵	水	6
	蚸	쐐기	虫	水	11		灯	등잔	火	火	6
	覘	엿볼	見	火	12		朾	칠/문설주	木	木	6
	墊	빠질	土	土	14		廷	조정	廴	木	7
	颭	물결	風	木	14		玎	옥 소리	玉	金	7
	漸	점점/적실	氵	水	15		町	밭두둑	田	土	7
	鮎	메기	魚	水	16		呈	드릴	口	水	7
	霑	젖을	雨	水	16		姸	엄전할	女	土	7
	點	점	黑	水	17		征	황급할	彳	火	7
	蔪	우거질	艹	木	17		疔	정/종기	疒	水	7
	黏	차질	黍	木	17		政	정사/칠	攵	金	8
	簟	대자리	竹	木	18		定	정할	宀	木	8
접 金 水	接	이를	扌	木	12		征	칠/정벌	彳	火	8
	椄	접붙일	木	木	12		姃	단정할	女	土	8
	跕	밟을	足	土	12		炡	빛날	火	火	9
	楪	마루	木	木	13		訂	바로잡을	言	金	9
	蜨	나비	虫	水	14		貞	곧을	貝	金	9
	蝶	나비	虫	水	15		柾	사람 이름	木	木	9
	摺	접을	扌	木	15		侹	평탄할	亻	火	9
	蹀	밟을	足	土	16		亭	정자	亠	火	9

발음	한자	뜻	부수	자원	획수	발음	한자	뜻	부수	자원	획수
정金土	穽	함정	穴	水	9	정金土	幀	그림 족자	巾	木	12
	酊	술 취할	酉	金	9		根	문설주	木	木	12
	怔	황겁할	忄	火	9		証	간할	言	金	12
	庭	뜰	广	木	10		掟	벌릴	扌	木	12
	釘	못	金	金	10		晸	해 뜨는 모양(구)	日	火	12
	眐	바라볼	目	木	10		晸	해 뜨는 모양(신)	日	火	13
	涏	곧을	氵	水	11		靖	편안할	青	木	13
	挺	빼어날	扌	木	11		淳	물 괼	氵	水	13
	旌	기	方	木	11		湞	물 이름	氵	水	13
	頂	정수리	頁	火	11		鼎	솥	鼎	火	13
	停	머무를	亻	火	11		睛	눈동자	目	木	13
	程	기둥/탁자	木	木	11		碇	닻	石	金	13
	偵	염탐할	亻	火	11		艇	배/거룻배	舟	木	13
	埩	밭 갈	土	土	11		楨	광나무	木	木	13
	梃	막대기	木	木	11		鉦	징소리	金	金	13
	胜	새 이름	肉	水	11		綎	가죽띠	糸	木	13
	婧	날씬할	女	土	11		筳	가는 대	竹	木	13
	婷	예쁠	女	土	12		莛	풀줄기	艹	木	13
	淨	깨끗할	氵	水	12		精	정할/찧을	米	木	14
	情	뜻	忄	火	12		静	고요할	青	木	14
	晶	맑을	日	火	12		禎	상서로울	示	木	14
	珽	옥 이름	玉	金	12		靘	검푸른 빛	青	木	14
	淀	앙금	氵	水	12		醒	숙취	酉	金	14
	程	한도/길	禾	木	12		靚	단장할	青	木	15
	珵	패옥	玉	金	12		鋌	쇳덩이	金	金	15

발음	한자	뜻	부수	자원	획수	발음	한자	뜻	부수	자원	획수
정 (金) (土)	鋥	칼날 세울	金	金	15	제 (金)	濟	건널	氵	水	12
	霆	천둥소리	雨	水	15		猘	미친개	犭	土	12
	靜	고요할	靑	木	16		睇	흘깃 볼	目	木	12
	諪	조정할	言	金	16		稊	돌피	禾	木	12
	整	가지런할	攵	金	16		提	끌	扌	木	13
	錠	덩이/제기 이름	金	金	16		製	지을	衣	木	14
	遉	엿볼	辶	土	16		齊	가지런할	齊	土	14
	頲	곧을	頁	火	16		瑅	옥 이름	玉	金	14
	檉	위성류	木	木	17		禔	복	示	木	14
	鄭	나라/성씨	邑	土	19		除	덜/감면할	阝	土	15
	瀞	깨끗할	氵	水	20		緹	붉을	糸	木	15
제 (金)	弟	아우	弓	水	7		諸	모두/성씨	言	金	16
	制	절제할	刂	金	8		劑	약제	刂	金	16
	帝	임금	巾	木	9		蹄	굽	足	土	16
	姼	예쁠	女	土	9		醍	맑은 술	酉	金	16
	娣	손아래 누이	女	土	10		儕	무리	亻	火	16
	第	차례	竹	木	11		踶	밟을	足	土	16
	悌	공손할	忄	火	11		鯷	메기	魚	水	17
	梯	사다리	木	木	11		蹏	굽/발	足	土	17
	祭	제사	示	木	11		鍗	큰 가마	金	金	17
	俤	준걸	亻	火	11		隄	둑	阝	土	17
	晢	별 반짝반짝할	日	火	11		題	제목	頁	火	18
	嗁	울	口	水	12		濟	건널	氵	水	18
	堤	둑	土	土	12		擠	미칠	扌	木	18
	媞	안존할	女	土	12		際	즈음/가	阝	土	19

발음	한자	뜻	부수	자원	획수	발음	한자	뜻	부수	자원	획수
제 (金)	虀	회/양념	韭	木	19	조 (金)	凋	시들	冫	水	10
	薺	냉이	艹	木	20		祖	조상/ 할아버지	示	金	10
	臍	배꼽	肉	水	20		笊	조리	竹	木	10
	鯷	메기	魚	水	20		厝	둘	厂	土	10
	躋	오를	足	土	21		組	짤	糸	木	11
	霽	비 갤	雨	水	22		彫	새길	彡	火	11
조 (金)	刁	조두	刀	金	2		窕	으늑할	穴	水	11
	爪	손톱	爪	木	4		曹	무리/성씨	日	金	11
	弔	조상할	弓	土	4		眺	바라볼	目	木	11
	兆	조/빌미	儿	火	6		粗	거칠	米	木	11
	早	이를	日	火	6		釣	낚을/낚시	金	金	11
	助	도울	力	土	7		鳥	새	鳥	火	11
	皁	하인	白	金	7		條	가지	木	木	11
	佻	경박할	亻	火	8		胙	제육	肉	水	11
	徂	갈	彳	火	8		祧	천묘	示	木	11
	找	채울	扌	木	8		朝	아침	月	水	12
	枣	대추나무	木	木	8		措	둘/놓을	扌	木	12
	俎	도마	亻	火	9		詔	조서/고할	言	金	12
	殂	죽을	歹	水	9		棗	대추	木	木	12
	昭	비출	日	火	9		絩	실 수효	糸	木	12
	祚	복	示	金	10		銚	낚을/낚시	金	金	12
	曺	성씨/무리	曰	火	10		照	비칠	火	火	13
	租	조세/구실	禾	木	10		稠	빽빽할	禾	木	13
	晁	아침	日	火	10		阻	막힐	阝	土	13
	蚤	벼룩	虫	水	10		絛	끈	糸	木	13

발음	한자	뜻	부수	자원	획수	발음	한자	뜻	부수	자원	획수
조 金	誂	꾈	言	金	13	조 金	懆	근심할	忄	火	17
	傮	마칠	亻	火	13		澡	씻을	氵	水	17
	琱	아로새길	玉	金	13		遭	만날	辶	土	18
	造	지을	辶	土	14		璪	면류관 드림 옥	玉	金	18
	趙	나라/찌를	走	火	14		鼂	아침	黽	水	18
	肇	비롯할	聿	火	14		繰	아청 통견	糸	木	19
	嘈	들렐	口	水	14		臊	누릴/누린내	肉	水	19
	蜩	쓰르라미	虫	水	14		鯛	도미	魚	水	19
	銚	가래	金	金	14		鵰	독수리	鳥	火	19
	嶆	깊을	山	土	14		躁	조급할	足	土	20
	調	고를	言	金	15		譟	떠들	言	金	20
	槽	구유	木	木	15		竈	부엌	穴	水	21
	漕	배로 실어 나를	氵	水	15		藻	마름	艹	木	22
	嘲	비웃을	口	水	15		糶	쌀 팔	米	木	25
	潮	밀물/조수	氵	水	16	족 金 木	足	발	足	土	7
	雕	독수리/새길	隹	火	16		族	겨레	方	木	11
	銲	불리지 않은	金	金	16		瘯	옴	疒	水	16
	噪	떠들썩할	口	水	16		簇	가는 대	竹	木	17
	糟	지게미	米	木	17		鏃	화살촉	金	金	19
	燥	마를	火	火	17	존 金 火	存	있을	子	水	6
	操	잡을	扌	木	17		拵	의거할	扌	木	10
	糙	매조미 쌀	米	木	17		尊	높을	寸	木	12
	艚	거룻배	舟	木	17	졸 金 火	卒	군사/마칠	十	金	8
	蔦	담쟁이	艹	木	17		拙	옹졸할	扌	木	9
	嬥	날씬할	女	土	17		猝	갑자기	犭	土	12

발음	한자	뜻	부수	자원	획수	발음	한자	뜻	부수	자원	획수
	公	허겁지겁할	亻	火	6	종	鐘	쇠북	金	金	20
	宗	마루/성씨	宀	木	8		左	왼	工	火	5
	柊	나무 이름	木	木	9		佐	도울	亻	火	7
	倧	상고 신인	亻	火	10		坐	앉을	土	土	7
	終	마칠	糸	木	11		剉	꺾을	刂	金	9
	從	좇을	彳	火	11	좌	座	자리	广	木	10
	淙	물소리	氵	水	12	金	挫	꺾을	扌	木	11
	棕	종려나무	木	木	12		痤	부스럼	疒	水	12
	悰	즐길	忄	火	12		莝	여물	艹	木	13
	琮	옥홀	玉	金	13		髽	북상투/존엄	髟	火	17
	椶	종려나무	木	木	13	죄	罪	허물	罒	水	14
	種	씨	禾	木	14		主	주인/임금	丶	木	5
종	綜	모을	糸	木	14		州	고을	川	水	6
金	瘇	수중다리	疒	水	14		朱	붉을	木	木	6
土	踪	자취/발자취	足	土	15		舟	배	舟	木	6
	慫	권할	心	火	15		丢	아주 갈	一	水	6
	腫	종기	肉	水	15		走	달릴	走	火	7
	憽	생각할	忄	火	15		住	살/거주할	亻	火	7
	樅	전나무	木	木	15		周	두루	口	水	8
	踵	발꿈치	足	土	16	주	姝	사람 이름/예쁠	女	土	8
	璁	패옥 소리	玉	金	16	金	侏	난쟁이/동자기둥	亻	火	8
	鍾	쇠북/술병	金	金	17		宙	집	宀	木	8
	縱	세로	糸	木	17		呪	빌	口	水	8
	螽	메뚜기	虫	水	17		侜	가릴	亻	火	8
	蹤	발자취	足	土	18		炷	심지	火	火	9

발음	한자	뜻	부수	자원	획수	발음	한자	뜻	부수	자원	획수
주 (金)	柱	기둥	木	木	9	주 (金)	尌	하인	寸	土	12
	姝	예쁠	女	土	9		晭	밝을	日	火	12
	注	부을/ 주를 달	氵	水	9		椆	영수목	木	木	12
	奏	아뢸	大	木	9		湊	모일	氵	水	13
	拄	버틸	扌	木	9		郑	나라 이름	邑	土	13
	紂	껑거리 끈	糸	木	9		皗	밝을	白	金	13
	株	그루/뿌리	木	木	10		誅	벨	言	金	13
	酒	술	酉	金	10		鉒	쇳돌	金	金	13
	洲	물가/섬	氵	水	10		趎	사람 이름	走	火	13
	酎	전국술	酉	金	10		輈	끌채/굳셀	車	火	13
	珠	구슬	玉	金	11		逎	닥칠/다할	辶	土	14
	做	지을	亻	火	11		喉	부추길	口	水	14
	晝	낮	日	火	11		聛	귀	耳	火	14
	冑	맏아들/ 투구	肉	水	11		逎	닥칠	辶	土	14
	紬	명주	糸	木	11		綢	얽을	糸	木	14
	硃	주사	石	金	11		裯	홑이불	衤	木	14
	肘	장부/ 팔꿈치	肉	水	11		週	돌	辶	土	15
	蛀	나무굼벵이	虫	水	11		廚	부엌	广	木	15
	珘	구슬	玉	金	11		駐	머무를	馬	火	15
	絑	댈	糸	木	11		賙	진휼할	貝	金	15
	註	글 뜻 풀	言	金	12		腠	살결	肉	水	15
	跓	재물	貝	金	12		調	아침	言	金	15
	絑	붉을	糸	木	12		遒	닥칠/다할	辶	土	16
	蛛	거미	虫	水	12		澍	단비	氵	水	16
	詋	방자	言	金	12		輳	몰려들	車	火	16

발음	한자	뜻	부수	자원	획수	발음	한자	뜻	부수	자원	획수
주 金	儔	무리/누구	亻	火	16		畯	농부/권농	田	土	12
	霔	운우 모양	雨	水	16		瞬	볼	目	木	12
	霌	장마	雨	水	16		準	준할/본받을	冫	水	12
	幬	휘장	巾	木	17		容	준설할	谷	水	12
	蔟	대주	艹	木	17		皴	틀/주름	皮	金	12
	燽	밝을	火	火	18		惷	어수선할	心	火	13
	疇	이랑/누구	田	土	19		逡	앞설	辶	土	13
	鼄	거미	黽	水	19		雋	영특할/ 살찐 고기	隹	火	13
	籌	살	竹	木	20		準	준할/본받을	氵	水	14
	躊	머뭇거릴	足	土	21		逡	뒷걸음질 칠	辶	土	14
	籒	주문	竹	木	21		僔	모일	亻	火	14
	鑄	불릴	金	金	22	준 金 金	踆	마칠	足	土	14
죽 金 木	竹	대	竹	木	6		綧	어지러울	糸	木	14
	粥	죽/미음	米	木	12		儁	준걸/뛰어날	亻	火	15
준 金 金	俊	준걸/뛰어날	亻	火	9		陖	가파를/높을	阝	土	15
	峻	높을/준엄할	山	土	10		蔽	클/생강	艹	木	15
	准	준할/본받을	冫	水	10		墫	술그릇	土	土	15
	埈	높을	土	土	10		寯	모일/준걸	宀	木	16
	隼	송골매	隹	火	10		樽	술통	木	木	16
	純	가선	糸	木	10		餕	대궁	食	水	16
	浚	깊게 할	氵	水	11		撙	누를	扌	木	16
	晙	밝을/이를	日	火	11		駿	준마/준걸	馬	火	17
	焌	구울/태울	火	火	11		竴	기쁠	立	金	17
	埻	과녁	土	土	11		憁	똑똑할	忄	火	17
	竣	마칠	立	土	12		濬	깊을/심오할	氵	水	18

발음	한자	뜻	부수	자원	획수	발음	한자	뜻	부수	자원	획수
쥰 (金) (火)	鵔	금계	鳥	火	18	증 (金) (土)	烝	김 오를	火	火	10
	罇	술두루미	缶	土	18		症	증세/병세	疒	水	10
	遵	좇을	辶	土	19		曾	일찍	日	火	12
	蹲	쭈그릴	足	土	19		增	더할	土	土	15
	鐏	창 물미	金	金	20		嶒	높을	山	土	15
	蠢	꿈틀거릴	虫	水	21		憎	미울	忄	火	16
	鱒	송어	魚	水	23		蒸	찔	艹	木	16
쥴 (金) (火)	乼	줄	乙	木	9		甑	시루	瓦	土	17
	茁	싹	艹	木	11		矰	주살	矢	金	17
중 (金)	中	가운데	丨	土	4		繒	비단	糸	木	18
	仲	버금	亻	火	6		罾	그물	罒	木	18
	重	무거울	里	土	9		贈	줄/바칠	貝	金	19
	眾	무리	目	木	11		證	증거	言	金	19
	衆	무리	血	水	12	지 (金)	支	지탱할	支	土	4
즉 (金) (木)	即	곧	卩	水	7		之	갈	丿	土	4
	卽	곧	卩	水	9		止	그칠	止	土	4
	喞	두런거릴	口	水	12		只	다만	口	水	5
즐 (金) (火)	櫛	빗	木	木	19		地	땅	土	土	6
	騭	수말	馬	火	20		至	이를	至	土	6
즙 (金) (水)	汁	즙/국물	氵	水	6		旨	뜻	日	火	6
	楫	노	木	木	13		址	터	土	土	7
	葺	기울	艹	木	15		池	못	氵	水	7
	檝	노/배	木	木	17		志	뜻	心	火	7
	蕺	삼백초	艹	木	19		吱	가는 소리	口	水	7
증	拯	건질	扌	木	10		坻	숫돌	厂	土	7

발음	한자	뜻	부수	자원	획수	발음	한자	뜻	부수	자원	획수
	坁	머무를	土	土	7		觝	만날	角	木	11
	枝	가지	木	木	8		智	슬기/지혜	日	火	12
	知	알	矢	金	8		脂	기름	肉	水	12
	沚	물가	氵	水	8		痣	사마귀	疒	水	12
	泜	붙을	氵	水	8		軹	굴대 끝	車	火	12
	坻	모래톱	土	土	8		阯	터	阝	土	12
	抵	칠	扌	木	8		誌	기록할	言	金	14
	怟	기댈	忄	火	8		蜘	거미	虫	水	14
	祉	복	示	木	9		駤	굳셀	馬	火	14
	咫	여덟 치/ 길이	口	水	9		楮	주춧돌	木	木	14
	枳	탱자나무	木	木	9		搘	버틸	扌	木	14
지 (金)	祇	다만	示	木	9	지 (金)	禔	복	示	木	14
	泜	물 이름	氵	水	9		誌	기록할/새길	金	金	15
	祗	다만/공경할	示	木	10		漬	담글	氵	水	15
	紙	종이	糸	木	10		摯	잡을	木	木	15
	芝	지초/영지	艹	木	10		墀	지대뜰	土	土	15
	茋	어수리	艹	木	10		踟	머뭇거릴	足	土	15
	砥	숫돌	石	金	10		篪	피리	竹	木	16
	肢	사지	肉	水	10		鮨	물고기 젓	魚	水	17
	持	가질	扌	木	10		贄	폐백	貝	金	18
	指	가리킬	扌	木	10		遲	더딜/늦을	辶	土	19
	洔	섬	氵	水	10		識	적을/알	言	金	19
	秪	다만	禾	木	10		躓	넘어질	足	土	22
	舐	핥을	舌	火	10		鷙	맹금	鳥	火	22
	趾	발	足	土	11	직	直	곧을	目	木	8

발음	한자	뜻	부수	자원	획수	발음	한자	뜻	부수	자원	획수
직 (金)(木)	稙	올벼/이를	禾	木	13	진 (金)(火)	眹	밝을	臣	火	11
	稷	피/곡신	禾	木	15		璡	옥 이름	玉	金	11
	禝	사람 이름	示	木	15		眹	눈동자	目	木	11
	職	직분/벼슬	耳	火	18		診	진찰할/볼	言	金	12
	織	짤	糸	木	18		軫	수레 뒤턱 나무	車	火	12
진 (金)(火)	尽	다할	尸	水	6		趁	쫓을	走	火	12
	辰	별/다섯째 지지	辰	土	7		塡	진정할	土	土	13
	杺	바디/베틀	木	木	8		嗔	성낼	口	水	13
	抮	되돌릴	扌	木	9		鉁	보배	金	金	13
	殄	다할/멸할	歹	水	9		靖	바를	青	木	13
	昣	밝을	日	火	9		賑	구휼할/넉넉할	貝	金	14
	侲	아이	亻	火	9		榛	개암나무	木	木	14
	眞	참/진리	目	木	10		溱	많을/성할	氵	水	14
	真	참/진리	目	木	10		搢	꽂을	扌	木	14
	津	나루/언덕	氵	水	10		盡	할/완수할	皿	金	14
	珍	보배/진귀할	玉	金	10		塵	티끌	土	土	14
	晉	나아갈/진나라	日	火	10		槇	결 고울	木	木	14
	晋	진나라/나아갈	日	火	10		進	나아갈	辶	土	15
	秦	성씨/나라 이름	禾	木	10		禛	복 받을	示	木	15
	畛	두둑/지경	田	土	10		瑨	아름다운 돌	玉	金	15
	唇	놀랄	口	水	10		陣	진 칠/ 대열	阝	土	15
	疹	마마/홍역	疒	水	10		瑱	귀막이 옥/누를	玉	金	15
	桭	평고대	木	木	11		瞋	부릅뜰/성낼	目	木	15
	袗	홑옷	衤	木	11		震	우레	雨	水	15
	振	떨칠	扌	木	11		稹	빽빽할	禾	木	15

발음	한자	뜻	부수	자원	획수	발음	한자	뜻	부수	자원	획수
진 (金) (火)	陳	베풀/묵을	阝	土	16	질 (金) (火)	郅	고을 이름	邑	土	13
	縝	고울	糸	木	16		質	바탕/본질	貝	金	15
	縉	붉은 비단/ 분홍빛	糸	木	16		蒺	남가새	艹	木	16
	臻	이를	至	土	16		膣	음도	肉	水	17
	儘	다할	亻	火	16		瓆	사람 이름	玉	金	20
	蓁	우거질	艹	木	16		鑕	도끼	金	金	23
	璡	옥돌	玉	金	17	짐 (金) (水)	朕	나/전조	月	火	10
	蒖	더워지기	艹	木	17		斟	짐작할/ 헤아릴	斗	火	13
	蠀	설렐	虫	水	17		鴆	짐새	鳥	火	15
	鎭	진압할/ 진정할	金	金	18	집 (金) (水)	什	세간/ 열 사람	亻	火	4
	鬒	숱 많고 검을	髟	火	20		咠	소곤거릴	口	水	9
질 (金) (火)	叱	꾸짖을	口	水	5		執	잡을/다스릴	土	土	11
	佚	어리석을/ 단단할	亻	火	8		集	모을/이를	隹	火	12
	帙	책권 차례	巾	木	8		楫	노	木	木	13
	姪	조카	女	土	9		戢	거둘	戈	金	13
	垤	개밋둑/ 작은 산	土	土	9		緝	모을	糸	木	15
	秩	차례	禾	木	10		潗	샘솟을/ 물 끓을	氵	水	16
	桎	차꼬/속박	木	木	10		輯	모을/화목할	車	火	16
	疾	병/괴로울	疒	水	10		鏶	판금/금속판	金	金	20
	窒	막힐	穴	水	11	징 (金) (土)	徵	부를/소집할	彳	火	15
	迭	번갈아들일	辶	土	12		澄	맑을	氵	水	16
	蛭	거머리	虫	水	12		潵	맑을	氵	水	16
	跌	거꾸러질	足	土	12		瞪	바로 볼	目	木	17
	絰	질	糸	木	12		懲	징계할	心	火	19
	嫉	미워할	女	土	13		澂	맑을	氵	水	19

발음	한자	뜻	부수	자원	획수	발음	한자	뜻	부수	자원	획수
징	癥	적취	疒	水	20		窄	좁을	穴	水	10
	叉	갈래/작살	叉	水	3		捉	잡을	扌	木	11
	且	또/우선	一	木	5		着	붙을	目	土	12
	次	버금/다음	欠	火	6		搾	짤	扌	木	14
	此	이/이에	止	土	6	착	斲	깎을	斤	金	14
	車	수레	車	火	7	金	錯	어긋날/섞을	金	金	16
	岔	갈림길	山	土	7	木	擉	작살	扌	木	17
	侘	낙망할/실의할	亻	火	8		戳	찌를	戈	金	18
	伿	잴/재빠를	亻	火	8		齚	악착할	齒	金	22
	姹	자랑할	女	土	9		鑿	뚫을	金	金	28
차	借	빌릴	亻	火	10		粲	정미/고울	米	木	13
金	差	다를	工	火	10		贊	도울/밝힐	貝	金	15
	借	빌릴	彳	火	11		撰	지을	扌	木	16
	茶	차/동백나무	艹	木	12		餐	밥/음식	食	水	16
	硨	옥돌	石	金	12		篡	빼앗을	竹	木	16
	嵯	우뚝 솟을	山	土	13		儹	모을	亻	火	17
	嗟	탄식할	口	水	13		燦	빛날/찬란할	火	火	17
	箚	찌를	竹	木	14	찬	澯	맑을	氵	水	17
	槎	나무 벨	木	木	14	金	篹	빼앗을	竹	木	17
	瑳	고울	玉	金	15	火	竄	숨을	穴	水	18
	磋	갈/연마할	石	金	15		璨	옥빛/빛날	玉	金	18
	蹉	미끄러질	足	土	17		贊	도울/밝힐	貝	金	19
	遮	가릴	辶	土	18		纂	모을	糸	木	20
	醝	소금	鹵	水	20		儧	모을	亻	火	21
	奲	관대할	大	木	24		饌	반찬/지을	食	水	21

발음	한자	뜻	부수	자원	획수	발음	한자	뜻	부수	자원	획수
찬 金 火	剗	깎을	刂	金	21	참 金 水	慙	부끄러울	心	火	15
	讚	기릴	言	金	22		慘	참혹할	忄	火	15
	巑	산 뾰족할	山	土	22		槧	판	木	木	15
	孏	희고 환할	女	土	22		憯	비통할	忄	火	16
	欑	모을	木	木	23		毚	약은 토끼	比	火	17
	攢	모일	扌	木	23		儳	어긋날	亻	火	19
	瓚	옥잔/큰 홀	玉	金	24		譖	참소	言	金	19
	纘	이을	糸	木	25		鏨	새길	金	金	19
	讃	기릴	言	金	26		巉	가파를	山	土	20
	趲	놀라 흩어질	走	火	26		懺	뉘우칠	忄	火	21
	鑽	뚫을	金	金	27		攙	찌를	扌	木	21
	爨	부뚜막	火	火	30		欃	살별 이름	木	木	21
찰 金 火	札	편지	木	木	5		驂	곁마	馬	火	21
	扎	편지/뽑을	扌	木	5		黲	검푸르죽죽할	黑	水	23
	刹	절	刂	金	8		讒	참소할	言	金	24
	紮	감을	糸	木	11		讖	예언	言	金	24
	察	살필	宀	木	14		鑱	침	金	金	25
	擦	문지를	扌	木	18		饞	탐할	食	水	26
참 金 土	站	역마을/ 우두커니 설	立	金	10	창 金 土	昌	창성할	日	火	8
	參	참여할	厶	火	11		刱	비롯할/다칠	刀	金	8
	斬	벨/끊을	斤	金	11		昶	해 길/트일	日	火	9
	僭	주제넘을	亻	火	14		倉	곳집	人	火	10
	塹	구덩이	土	土	14		倡	광대/기생	亻	火	10
	嶄	가파를	山	土	14		鬯	울창주	鬯	金	10
	慚	부끄러워할	忄	火	15		倀	갈팡질팡할	亻	火	10

발음	한자	뜻	부수	자원	획수	발음	한자	뜻	부수	자원	획수
	唱	부를	口	水	11		瘡	부스럼	疒	水	15
	窓	창/굴뚝	穴	水	11		瑲	옥 소리	玉	金	15
	娼	창녀	女	土	11		蒼	푸를/우거질	艹	木	16
	敞	시원할/높을	攵	金	12	창 金 土	艙	부두	舟	木	16
	創	비롯할/다칠	刂	金	12		氅	새털	毛	火	16
	猖	미쳐 날뛸	犭	土	12		鋹	날카로울	金	金	16
	傖	천할	亻	火	12		閶	문/ 하늘의 문	門	木	16
	滄	찰/차가울	冫	水	12		蹌	추장할	足	土	17
	悵	원망할	忄	火	12		鶬	재두루미	鳥	火	21
	惝	경황없을	忄	火	12		采	풍채/캘	采	木	8
	窗	창/창문	穴	水	12		彩	채색/ 고운 빛깔	彡	火	11
창 金 土	淐	물 이름	氵	水	12		埰	사패지/영지	土	土	11
	晿	사람 이름	日	火	12		寀	녹봉	宀	木	11
	淌	큰 물결	氵	水	12		砦	진터	石	金	11
	彰	드러날/밝을	彡	火	14		釵	비녀	金	金	11
	滄	큰 바다	氵	水	14		責	빚	貝	金	11
	暢	화창할/통할	日	火	14	채 金	婇	여자의 자	女	土	11
	菖	창포	艹	木	14		採	캘/풍채	扌	木	12
	愴	슬플	忄	火	14		棌	참나무	木	木	12
	槍	창/어지럽힐	木	木	14		茝	어수리	艹	木	12
	脹	부을/배부를	肉	水	14		債	빚/빌릴	亻	火	13
	戧	비롯할/다칠	戈	金	14		琗	옥빛	玉	金	13
	搶	부딪칠	扌	木	14		睬	주목할	目	木	13
	廠	공장/헛간	广	木	15		菜	나물	艹	木	14
	漲	넘칠	氵	水	15		綵	비단	糸	木	14

발음	한자	뜻	부수	자원	획수	발음	한자	뜻	부수	자원	획수
채 金	寨	목책/울타리	宀	木	14	척 金 木	拓	넓힐/주울	扌	木	9
	蔡	성씨/나라 이름	艹	木	17		剔	뼈 바를	刂	金	10
책 金 木	冊	책/문서	冂	木	5		倜	기개 있을	亻	火	10
	册	책/문서	冂	木	5		隻	외짝/새 한 마리	隹	火	10
	栅	울타리/잔교	木	木	9		戚	친척/근심할	戈	金	11
	責	꾸짖을	貝	金	11		捗	칠	扌	木	11
	筴	책/채찍	竹	木	11		脊	등마루	肉	水	12
	蚱	메뚜기	虫	水	11		惕	두려워할	忄	火	12
	策	꾀/채찍	竹	木	12		跖	밟을/이를	足	土	12
	嘖	들렐	口	水	14		堉	메마른 땅	土	土	13
	幘	머리쓰개	巾	木	14		墌	터	土	土	14
	磔	찢을	石	金	15		蜴	도마뱀	虫	水	14
	簀	살평상	竹	木	17		陟	오를	阝	土	15
처 金	妻	아내	女	土	8		憾	근심할	忄	火	15
	凄	쓸쓸할/찰	冫	水	10		滌	씻을	氵	水	15
	處	곳/처소	虍	土	11		瘠	여윌	疒	水	15
	悽	슬퍼할	忄	火	12		慼	근심할	心	火	15
	凄	쓸쓸할/찰	氵	水	12		摭	주울	扌	木	15
	萋	우거질/공손할	艹	木	14		蹠	밟을/이를	足	土	18
	郪	땅 이름	邑	土	15		擲	던질	扌	木	19
	覰	엿볼	見	火	19		躑	머뭇거릴	足	土	22
척 金 木	尺	자	尸	木	4	천 金 火	千	일천	十	水	3
	斥	물리칠	斤	金	5		川	내	川	水	3
	坧	터	土	土	8		天	하늘	大	火	4
	刺	찌를	刂	金	8		仟	일천/밭두둑	亻	火	5

발음	한자	뜻	부수	자원	획수	발음	한자	뜻	부수	자원	획수
	舛	어그러질	舛	木	6		靝	하늘	青	火	18
	玔	옥 고리	玉	金	8	천 金火	薦	천거할	艹	木	19
	泉	샘	水	水	9		濺	흩뿌릴	氵	水	19
	穿	뚫을	穴	水	9		闡	밝힐/분명히 할	門	木	20
	祆	하늘	示	火	9		韆	그네	革	金	24
	芊	우거질	艹	木	9		凸	볼록할	凵	水	5
	俴	얕을	亻	火	10		哲	밝을/슬기로울	口	水	10
	倩	남자의 미칭	亻	火	10		剟	깎을	刂	金	10
	洊	이를	氵	水	10		埑	밝을/슬기로울	土	土	10
	辿	천천히 걸을	辶	土	10		悊	밝을	心	火	11
	阡	두렁	阝	土	11		啜	먹을	口	水	11
	釧	팔찌	金	金	11		喆	밝을/쌍길	口	水	12
천 金火	喘	숨찰	口	水	12		惙	근심할	忄	火	12
	淺	얕을	氵	水	12		掇	주을	扌	木	12
	茜	꼭두서니	艹	木	12		銕	쇠	金	金	13
	辬	거듭	至	土	12	철 金火	綴	엮을	糸	木	14
	荐	천거할	艹	木	12		銿	쇠	金	金	14
	僐	등질	亻	火	14		飻	탐할	食	水	14
	踐	밟을/이행할	足	土	15		徹	통할/꿰뚫을	彳	火	15
	賤	천할	貝	金	15		輟	그칠	車	火	15
	儃	머뭇거릴	亻	火	15		澈	맑을	氵	水	16
	蒨	꼭두서니/선명할	艹	木	16		撤	거둘	扌	木	16
	擅	멋대로 할	扌	木	17		錣	바늘	金	金	16
	遷	옮길	辶	土	18		瞮	눈 밝을	目	木	17
	蕆	신칙할	艹	木	18		餮	탐할	食	水	18

발음	한자	뜻	부수	자원	획수	발음	한자	뜻	부수	자원	획수
철 金 火	轍	바퀴 자국	車	火	19	첩 金 水	怗	고요할	忄	火	9
	歠	들이마실	欠	火	19		倢	빠를	亻	火	10
	鐵	쇠/단단할	金	金	21		捷	빠를/이길	扌	木	12
첨 金 水	尖	뾰족할	小	金	6		堞	성가퀴	土	土	12
	忝	더럽힐	忄	火	8		貼	붙일	貝	金	12
	沾	더할	氵	水	9		喋	재재거릴	口	水	12
	甜	달/ 기분 좋을	甘	土	11		牒	편지/문서	片	木	13
	甛	달/ 기분 좋을	甘	土	11		睫	속눈썹	目	木	13
	添	더할	氵	水	12		輒	문득	車	火	14
	惉	가락 어지러울	心	火	12		諜	염탐할/ 안심할	言	金	16
	僉	다/여러	人	火	13		褺	겹옷	衣	木	17
	詹	이를/도달할	言	金	13		疊	거듭/겹쳐질	田	土	22
	諂	아첨할	言	金	15	청 金 土	青	푸를/젊을	青	木	8
	幨	수레 휘장	巾	木	16		靑	푸를/젊을	青	木	8
	檐	처마	木	木	17		清	서늘할	冫	水	10
	瞻	볼/우러러볼	目	木	18		圊	뒷간	口	水	11
	簽	제비/쪽지	竹	木	19		婧	날씬할	女	土	11
	簷	처마	竹	木	19		淸	맑을/선명할	氵	水	12
	襜	행주치마	衤	木	19		晴	갤	日	火	12
	櫼	쐐기	木	木	21		清	맑을/선명할	氵	水	12
	瀸	건수/적실	氵	水	21		菁	우거질	艹	木	14
	籤	제비/쪽지	竹	木	23		蜻	잠자리	虫	水	14
첩 金 水	帖	문서/표제	巾	木	8		請	청할	言	金	15
	妾	첩	女	土	8		鯖	청어	魚	水	19
	呫	소곤거릴	口	水	8		鶄	푸른 백로	鳥	火	19

발음	한자	뜻	부수	자원	획수	발음	한자	뜻	부수	자원	획수
청 (金)(土)	聽	들을	耳	火	22		炒	볶을/시끄러울	火	火	8
	廳	관청/대청	广	木	25		岧	높을	山	土	8
체 (金)	切	온통	刀	金	4		杪	나무 끝	木	木	8
	剃	머리 깎을	刂	金	9		肖	닮을/같을	肉	水	9
	砌	섬돌	石	金	9		招	부를/손짓할	扌	木	9
	涕	눈물	氵	水	11		秒	분초	禾	木	9
	玼	옥빛 깨끗할	玉	金	11		俏	거문고 탈/예쁠	亻	火	9
	替	바꿀/쇠퇴할	日	火	12		怊	슬퍼할	忄	火	9
	彘	돼지	彐	火	12		哨	망볼/작을	口	水	10
	棣	산앵두나무	木	木	12		峭	가파를	山	土	10
	締	맺을	糸	木	15		耖	써레	耒	木	10
	滯	막힐	氵	水	15	초 (金)	苕	완두/이삭	艹	木	11
	逮	잡을	辶	土	15		梢	나뭇가지 끝/말단	木	木	11
	殢	나른할	歹	水	15		釥	좋은 쇠	金	金	11
	蒂	꼭지/꽃받침	艹	木	15		偢	인정 없을	亻	火	11
	髢	머리 깎을	髟	火	15		悄	근심할	忄	火	11
	諦	살필	言	金	16		草	풀/초원	艹	木	12
	諟	살필	言	金	16		超	뛰어넘을	走	火	12
	遞	갈릴	辶	土	17		焦	탈/태울	火	火	12
	蔕	꼭지/꽃받침	艹	木	17		椒	산초나무	木	木	12
	體	몸	骨	金	23		稍	점점/끝	禾	木	12
	�	구름 낄	雨	水	24		貂	담비	豸	水	12
초 (金)	艸	풀	艸	木	6		酢	초/신맛 나는	酉	金	12
	初	처음	刀	金	7		硝	화약	石	金	12
	抄	뽑을/베낄	扌	木	8		軺	수레 이름	車	火	12

발음	한자	뜻	부수	자원	획수	발음	한자	뜻	부수	자원	획수
	迢	멀	辶	土	12		譙	꾸짖을	言	金	19
	鈔	노략질할/현묘할	金	金	12	초 金	齠	이 갈	齒	金	20
	楚	초나라/회초리	木	木	13		顦	야윌	頁	火	21
	剿	끊을	刂	金	13		鷦	뱁새	鳥	火	23
	勦	노곤할/끊을	力	土	13		促	재촉할	亻	火	9
	愀	근심할	忄	火	13		蜀	나라 이름	虫	水	13
	綃	생사	糸	木	13		燭	촛불	火	火	17
	僬	밝게 볼	亻	火	14		蜀	접시꽃	艹	木	19
	誚	꾸짖을	言	金	14		觸	닿을	角	木	20
	醋	초	酉	金	15	촉 金 木	躅	머뭇거릴	足	土	20
	噍	지저귈	口	水	15		髑	해골	骨	金	23
	嫶	야윌	女	土	15		囑	부탁할	口	水	24
	嶕	높을	山	土	15		矗	우거질	目	木	24
	趒	넘을	走	火	15		曯	비출	日	火	25
	髫	늘어뜨린 머리	髟	火	15		爥	촛불	火	火	25
초 金	樵	나무할/땔나무	木	木	16		矚	볼	目	木	26
	憔	파리할	忄	火	16		寸	마디	寸	木	3
	鞘	칼집	革	金	16		吋	마디	口	水	6
	燋	그을릴	火	火	16	촌 金 火	村	마을	木	木	7
	礁	암초	石	金	17		忖	헤아릴	忄	火	7
	鍫	가래	金	金	17		邨	마을	邑	土	11
	鍬	가래	金	金	17		冢	무덤/언덕	冖	土	10
	礎	주춧돌	石	金	18		悤	바쁠/총명할	心	火	11
	蕉	파초/땔나무	艹	木	18	총 金 土	塚	무덤/봉토	土	土	13
	醮	제사 지낼	酉	金	19		聰	귀 밝을/총명할	耳	火	14

발음	한자	뜻	부수	자원	획수	발음	한자	뜻	부수	자원	획수
총 ⑭ ⊕	銃	총	金	金	14	최 ⑯	隹	새	隹	火	8
	総	다/합할	糸	木	14		帚	비/빗자루	巾	木	8
	悤	분주할	忄	火	15		秋	가을	禾	木	9
	摠	다/합할	扌	木	15		抽	뽑을/뺄	扌	木	9
	葱	파/부들	艹	木	15		酋	우두머리/오래된 술	酉	金	9
	聰	귀 밝을/총명할	耳	火	17		芻	꼴	艸	木	10
	蔥	파/부들	艹	木	17		娵	별 이름	女	土	11
	總	다/합할	糸	木	17		推	밀/추천할	扌	木	12
	蓯	우거질	艹	木	17		椎	쇠몽치/등골	木	木	12
	叢	떨기/모일	又	水	18		啾	작은 소리	口	水	12
	寵	사랑할	宀	木	19		惆	실심할	忄	火	12
	鏦	창	金	金	19		捶	때릴	扌	木	12
	驄	총이말	馬	火	21		追	쫓을/따를	辶	土	13
철	撤	모을/사진 찍을	扌	木	16		楸	가래/개오동	木	木	13
최 ⑯	崔	성씨/높을	山	土	11		湫	다할	氵	水	13
	最	가장/최상	曰	水	12		揫	모을	手	木	13
	催	재촉할	亻	火	13		僦	품삯	亻	火	14
	脧	불알	肉	水	13		搊	칠	扌	木	14
	榱	서까래	木	木	14		甃	벽돌	瓦	土	14
	嘬	물	口	水	15		箠	채찍	竹	木	14
	摧	꺾을	扌	木	15		樞	지도리	木	木	15
	漼	깊을/무너질	氵	水	15		墜	떨어질	土	土	15
	璀	빛날	玉	金	16		皺	주름	皮	金	15
	磪	높을	石	金	16		萩	사철쑥	艹	木	15
	縗	상복 이름	糸	木	16		諏	물을	言	金	15

발음	한자	뜻	부수	자원	획수	발음	한자	뜻	부수	자원	획수
	錘	저울추	金	金	16		竺	나라 이름/ 대나무	竹	木	8
	錐	송곳	金	金	16		妯	동서	女	土	8
	瘳	나을	广	水	16		豕	돼지 걸음	豕	水	8
	縋	매달	糸	木	16		祝	빌	示	木	10
	縐	주름질	糸	木	16		畜	짐승/쌓을	田	土	10
	芻	꼴	艹	木	16		舳	고물	舟	木	11
	陬	구석	阝	土	16		筑	악기 이름	竹	木	12
	鄒	추나라	邑	土	17		軸	굴대	車	火	12
	醜	추할	酉	金	17		逐	쫓을	辶	土	14
	趨	달아날	走	火	17		蓄	모을	艹	木	16
	篘	버금 자리	竹	木	17		築	쌓을/ 악기 이름	竹	木	16
	鎚	쇠망치	金	金	18		縮	줄일	糸	木	17
	雛	병아리	隹	火	18		蹙	닥칠	足	土	18
	騶	오추마	馬	火	18		蹜	종종걸음칠	足	土	18
	魋	몽치 머리	鬼	火	18		鼀	두꺼비	黽	水	18
	鞦	밀치	革	金	18		蹴	찰/밟을	足	土	19
추 金	鶵	비둘기	鳥	火	19	춘 金 火	春	봄	日	火	9
	騶	마부/기수	馬	火	20		椿	참죽나무	木	木	13
	鰍	미꾸라지	魚	水	20		瑃	옥 이름	玉	金	14
	鰌	미꾸라지	魚	水	20		賰	넉넉할	貝	金	16
	鷲	무수리	鳥	火	20	출 金 火	出	날	凵	土	5
	鶔	난새	鳥	火	21		朮	차조	木	木	5
	龝	가을	龜	水	21		秫	차조/찰벼	禾	木	10
	麤	거칠	鹿	土	33		黜	내칠	黑	水	17
축 丑	丑	소/ 둘째 지지	一	土	4	충	充	채울/가득할	儿	木	6

발음	한자	뜻	부수	자원	획수	발음	한자	뜻	부수	자원	획수
충 金土	沖	화할/찌를	冫	水	6	취 金	毳	솜털	毛	火	12
	虫	벌레	虫	水	6		翠	푸를/물총새	羽	火	14
	忠	충성	心	火	8		聚	모을	耳	火	14
	沖	화할/찌를	氵	水	8		趣	뜻	走	火	15
	忡	근심할	忄	火	8		醉	취할	酉	金	15
	衷	속마음	衣	木	10		嘴	부리	口	水	16
	琗	귀고리 옥	玉	金	11		橇	썰매	木	木	16
	衝	찌를/움직일	行	火	15		鷲	독수리	鳥	火	23
	蟲	벌레	虫	水	18		驟	달릴	馬	火	24
췌 金	悴	파리할	忄	火	12	측 金木	仄	기울	人	火	4
	惴	두려워할	忄	火	13		昃	기울	日	火	8
	揣	헤아릴	扌	木	13		側	곁	亻	火	11
	瘁	병들	疒	水	13		厠	뒷간	厂	木	11
	萃	모을	艹	木	14		廁	뒷간	广	木	12
	顇	야윌	頁	火	17		測	헤아릴	氵	水	13
	膵	췌장	肉	水	18		惻	슬퍼할	忄	火	13
	贅	혹/군더더기	貝	水	18	층	層	계단/층	尸	木	15
취 金	吹	불	口	火	7	치 金	卮	잔/술잔	卩	木	5
	取	가질/취할	又	水	8		豸	벌레/해태	豸	水	7
	炊	불땔	火	火	8		侈	사치할	亻	火	8
	臭	냄새	自	水	10		治	다스릴	氵	水	9
	冣	모을	冖	木	10		峙	언덕	山	土	9
	娶	장가들	女	土	11		哆	입 딱 벌릴	口	水	9
	就	나아갈	尢	土	12		致	이를/다할	至	土	10
	脆	연할	肉	水	12		蚩	어리석을	虫	水	10

발음	한자	뜻	부수	자원	획수	발음	한자	뜻	부수	자원	획수
	値	값	亻	火	10		褫	빼앗을	衤	木	16
	恥	부끄러울	心	火	10		錙	저울눈	金	金	16
	梔	치자나무	木	木	11		鴟	올빼미	鳥	火	16
	痔	치질	疒	水	11		鴙	꿩	鳥	火	16
	畤	제사터	田	土	11	치	稚	어릴(구)	禾	木	16
	痓	악할	疒	水	11	(金)	穉	어릴(신)	禾	木	17
	阤	비탈	阝	土	11		鵄	올빼미	鳥	火	17
	淄	검은빛	氵	水	12		癡	어리석을	疒	水	19
	稚	어릴	禾	木	13		薙	목련	艹	木	19
	雉	꿩	隹	火	13		鯔	숭어	魚	水	19
	馳	달릴	馬	火	13	칙	則	법칙	刂	金	9
	嗤	비웃을	口	水	13	(金)	勅	칙서	力	土	9
치	痴	어리석을	疒	水	13	(木)	敕	칙서/ 신칙할	攵	金	11
(金)	寘	둘/그칠	宀	木	13		飭	신칙할/ 경계할	食	水	13
	絺	칡베	糸	木	13	친	親	친할	見	火	16
	踬	그칠	足	土	13	(金)	櫬	무궁화 나무	木	木	20
	緇	검을	糸	木	14	(火)	襯	속옷	衤	木	22
	置	둘/버릴	罒	木	14	칠	七	일곱	一	金	7
	菑	묵정밭	艹	木	14	(金)	柒	옻/옻나무	木	木	9
	幟	기/표기	巾	木	15	(火)	漆	옻/일곱	氵	水	15
	輜	짐수레	車	火	15		沈	잠길	氵	水	8
	齒	이/나이	齒	金	15		枕	베개	木	木	8
	緻	빽빽할/ 이를(구)	糸	木	15	침	忱	정성	忄	火	8
	緻	빽빽할/ 이를(신)	糸	木	16	(金) (水)	侵	침노할	亻	火	9
	熾	성할	火	火	16		砧	다듬잇돌	石	金	10

발음	한자	뜻	부수	자원	획수	발음	한자	뜻	부수	자원	획수
	針	바늘	金	金	10		扡	끌	扌	木	9
	浸	잠길	氵	水	11		柁	키/나무 단단할	木	木	9
	梣	우거질	木	木	12		沱	물 이름	氵	水	9
	琛	보배	玉	金	13		舵	키	舟	木	11
침	寖	잠길	宀	水	13		唾	침/침 뱉을	口	水	11
金	椹	모탕/과녁	木	木	13		詑	속일	言	金	12
水	寢	잘/쉴	宀	木	14		跢	헛디딜	足	土	12
	郴	고을 이름	邑	土	15		楕	길고 둥글	木	木	13
	鋟	새길	金	金	15		馱	실을	馬	火	13
	鍼	침/바느질	金	金	17		惰	게으를	忄	火	13
	駸	달릴	馬	火	17	타	陀	비탈질/사타	阝	土	13
칩	蟄	숨을	虫	水	17	火	詫	속일	言	金	13
칭	秤	저울	禾	木	10		躱	감출	身	火	13
金 水	稱	일컬을/저울	禾	木	14		墮	떨어질	土	土	15
	夬	터놓을/쾌괘	木	木	4		駝	낙타	馬	火	15
쾌 木	快	쾌할	忄	火	8		駞	곱사등이/낙타	馬	火	15
	噲	목구멍	口	水	16		橢	길쭉할	木	木	16
	他	다를/남	亻	火	5		鮀	문절망둑	魚	水	16
	打	칠/때릴	扌	木	6		鴕	타조	鳥	火	16
	朶	늘어질	木	木	6		鼉	악어	黽	水	25
타	妥	온당할	女	土	7		托	맡길	扌	木	7
火	佗	다를/짊어질	亻	火	7		卓	높을	十	木	8
	坨	비탈질	土	土	8	탁	坼	터질	土	土	8
	拖	끌	扌	木	9	火 木	砓	나무 이름	石	金	8
	咤	꾸짖을	口	水	9		柝	딱따기/쪼갤	木	木	9

발음	한자	뜻	부수	자원	획수	발음	한자	뜻	부수	자원	획수
탁 (火) (木)	度	헤아릴	广	木	9	탄 (火) (火)	嘆	탄식할	口	水	14
	拓	박을	扌	木	9		綻	터질/필	糸	木	14
	拆	터질	扌	木	9		歎	탄식할	欠	金	15
	沰	떨어뜨릴	氵	水	9		彈	탄알	弓	金	15
	倬	클/밝을	亻	火	10		憚	꺼릴	忄	火	16
	託	부탁할	言	金	10		殫	다할	歹	水	16
	啄	쫄	口	水	11		暺	밝을	日	火	16
	晫	밝을	日	火	12		憻	평탄할/ 너그러울	忄	火	17
	涿	칠	氵	水	12		驒	연전총	馬	火	22
	琸	사람 이름	玉	金	13		灘	여울	氵	水	23
	琢	다듬을	玉	金	13		攤	펼	扌	木	23
	槖	전대	木	木	14		癱	중풍	广	水	24
	踔	멀	足	土	15	탈 (火) (火)	侻	가벼울	亻	火	9
	逴	멀	辶	土	15		脫	벗을	肉	水	13
	橐	전대	木	木	16		奪	빼앗을	大	木	14
	濁	흐릴	氵	水	17	탐 (火) (火)	忐	마음 허할	心	火	7
	擢	뽑을/빼낼	扌	木	18		眈	노려볼	目	木	9
	濯	씻을/빛날	氵	水	18		耽	즐길	耳	火	10
	鐸	방울	金	金	21		貪	탐낼	貝	金	11
	籜	대껍질	竹	木	22		酖	즐길	酉	金	11
	蘀	낙엽	艹	木	22		探	찾을	扌	木	12
탄 (火) (火)	呑	삼킬	口	水	7		噉	여럿이 먹는 소리	口	水	14
	坦	평탄할/ 너그러울	土	土	8	탑 (火) (水)	傝	나쁠	亻	火	12
	炭	숯	火	火	9		塔	탑	土	土	13
	誕	낳을/거짓	言	金	14		塌	무너질	土	土	13

발음	한자	뜻	부수	자원	획수	발음	한자	뜻	부수	자원	획수
탑(火)(永)	榻	걸상	木	木	14		埭	둑	土	土	11
	搨	베낄	扌	木	14		邰	나라 이름	邑	土	12
탕(火)(土)	帑	금고	巾	木	8		跆	밟을	足	土	12
	宕	호탕할	宀	木	8		鈦	티타늄	金	金	12
	湯	끓일	氵	水	13	태(火)	迨	미칠	辶	土	12
	碭	무늬 있는 돌	石	金	14		脫	기뻐할	肉	水	13
	糖	엿	米	木	16		態	모습/모양	心	火	14
	燙	데울	火	火	16		颱	태풍	風	木	14
	盪	씻을	皿	金	17		駘	둔마	馬	火	15
	蕩	방탕할	艹	木	18		鮐	복어	魚	水	16
	薀	쓸	艹	木	23		宅	집	宀	木	6
	太	클	大	木	4	택(火)(木)	垞	사람 이름/언덕	土	土	9
	台	별/태풍	口	水	5		澤	못/윤택할	氵	水	17
	兌	바꿀/기쁠	儿	金	7		擇	가릴/고를	扌	木	17
	汰	일/걸러낼	氵	水	8	탱(火)(土)	牚	버틸	牙	金	12
	孡	아이 밸	子	水	8		撐	버틸	扌	木	16
	怠	게으를	心	火	9		撑	버틸	扌	木	16
태(火)	殆	거의/위태로울	歹	水	9	터	攄	펼/나타낼	扌	木	19
	泰	클(구)	水	水	9		土	흙	土	土	3
	泰	클(신)	氺	水	10		吐	토할	口	水	6
	珆	옥 무늬	玉	金	10	토	兎	토끼	儿	木	7
	娧	아름다울	女	土	10		兔	토끼	儿	木	8
	胎	아이 밸	肉	水	11		討	칠/다스릴	言	金	10
	苔	이끼/설태	艹	木	11	톤	噃	느릿할	口	水	15
	笞	볼기칠	竹	木	11	통	洞	밝을/통달할	氵	水	10

발음	한자	뜻	부수	자원	획수	발음	한자	뜻	부수	자원	획수
통㊋㊏	恫	상심할	忄	火	10	퉁㊋	佟	성씨	亻	火	7
	桶	통	木	木	11	특㊋㊍	忒	틀릴/의심할	心	火	7
	統	거느릴	糸	木	12		特	특별할	牛	土	10
	痛	아플	疒	水	12		慝	사특할/요사스런	心	火	15
	筒	대통	竹	木	12		闖	엿볼	門	木	18
	箽	대통	竹	木	13	파㊌	巴	꼬리/땅 이름	己	土	4
	通	통할	辶	土	14		叵	어려울	口	水	5
	慟	서러워할	忄	火	15		妑	새앙머리	女	土	7
	樋	나무 이름	木	木	15		坡	언덕/제방	土	土	8
퇴㊋	堆	쌓을/언덕	土	土	11		杷	비파나무	木	木	8
	退	물러날	辶	土	13		把	잡을	扌	木	8
	槌	망치	木	木	14		爬	긁을	爪	木	8
	腿	넓적다리	肉	水	16		岥	비탈질	山	土	8
	頹	무너질/턱	頁	火	16		爸	아버지/아비	父	木	8
	褪	바랠	衤	木	16		波	물결	氵	水	9
	隤	무너질	阝	土	20		怕	두려워할	忄	火	9
투㊋	妒	강샘할/투기할	女	土	7		派	갈래/지류	氵	水	10
	投	던질	扌	木	8		芭	파초/꽃	艹	木	10
	妬	샘낼	女	土	8		破	깨트릴	石	金	10
	套	씌울	大	木	10		玻	유리	玉	金	10
	偸	훔칠	亻	火	11		笆	가시대	竹	木	10
	渝	변할	氵	水	13		耙	써레	耒	木	10
	透	사무칠/통할	辶	土	14		婆	할머니	女	土	11
	骰	주사위	骨	金	14		跛	절름발이	足	土	12
	鬪	싸울	鬥	金	20		琶	비파	玉	金	13

발음	한자	뜻	부수	자원	획수	발음	한자	뜻	부수	자원	획수
파 水	頗	자못/매우	頁	火	14	패 水	孛	살별	子	水	7
	菠	시금치	艹	木	14		佩	찰/휴대할	亻	火	8
	葩	꽃/화려할	艹	木	15		沛	비 쏟아질/ 늪	氵	水	8
	播	뿌릴/퍼트릴	扌	木	16		唄	염불 소리	口	水	10
	罷	마칠	罒	木	16		斾	기/선구	方	木	10
	皤	흴	白	金	17		浿	강 이름	氵	水	11
	擺	열/벌여놓을	扌	木	19		狽	이리/낭패할	犭	土	11
	簸	까부를	竹	木	19		悖	거스를	忄	火	11
	鄱	고을 이름	邑	土	19		敗	패할	攵	金	11
	灞	물 이름	氵	水	25		珮	찰/병	玉	金	11
판 水 火	判	판단할	刂	金	7		牌	패/명찰	片	木	12
	坂	언덕/비탈	土	土	7		稗	피/작을	禾	木	13
	板	널빤지	木	木	8		霈	비 쏟아질	雨	水	15
	版	판목/널	片	木	8		霸	으뜸/두목	西	金	19
	販	팔/무역할	貝	金	11		覇	으뜸/두목	雨	水	21
	阪	언덕/비탈	阝	土	12	팽 水 土	祊	제사	示	木	9
	鈑	금박	金	金	12		砰	돌 구르는 소리	石	金	10
	辦	힘들일/갖출	辛	金	16		烹	삶을	火	火	11
	瓣	외씨/꽃잎	瓜	木	19		彭	성씨/ 땅 이름	彡	火	12
팔 水 火	叭	입 벌릴/나팔	口	水	5		澎	물소리	氵	水	16
	朳	고무래	木	木	6		膨	부를/부풀	肉	水	18
	汃	물결치는 소리	氵	水	6		蟚	방게	虫	水	18
	八	여덟	八	金	8		蟛	방게	虫	水	18
	捌	깨뜨릴/여덟	扌	木	11	팍	愎	강팍할	忄	火	13
패	貝	조개	貝	金	7	편	片	조각	片	木	4

발음	한자	뜻	부수	자원	획수	발음	한자	뜻	부수	자원	획수
편㊌㊋	便	편할/아첨	亻	火	9	평㊌㊏	怦	곧을	忄	火	9
	扁	작을/마음 좁을	戶	木	9		抨	탄핵할	扌	木	9
	偏	치우칠	亻	火	11		苹	개구리밥	艹	木	11
	匾	납작할	匚	水	11		評	평할	言	金	12
	徧	두루 미칠	彳	火	12		萍	부평초/개구리밥	艹	木	14
	惼	편협할	忄	火	13		鮃	넙치	魚	水	16
	篇	책	竹	木	15		蓱	부평초/개구리밥	艹	木	17
	編	엮을	糸	木	15	폐㊌	吠	짖을	口	水	7
	翩	나부낄	羽	火	15		肺	허파	肉	水	10
	緶	꿰맬	糸	木	15		閉	닫을	門	木	11
	艑	거룻배	舟	木	15		狴	감옥	犭	土	11
	蔈	마디풀	艹	木	15		敝	해질	攵	金	12
	蝙	박쥐	虫	水	15		廢	폐할/버릴	广	木	15
	褊	좁을	衤	木	15		弊	폐단/해질	廾	水	15
	遍	두루	辶	土	16		幣	화폐/재물	巾	木	15
	諞	말 잘할	言	金	16		陛	대궐 섬돌	阝	土	15
	鞭	채찍	革	金	18		嬖	사랑할	女	土	16
	騙	속일/기만할	馬	火	19		獘	넘어질/짐승 이름	犬	土	16
폄㊌	砭	돌침	石	金	10		癈	폐질	疒	水	17
	窆	하관할/구덩이	穴	水	10		蔽	덮을/총괄할	艹	木	18
	貶	낮출/폄하할	貝	金	12		斃	죽을/넘어질	攵	金	18
평㊌㊏	平	평평할/평탄할	于	木	5	포㊌	布	베/펼	巾	木	5
	坪	들/평	土	土	8		包	쌀/꾸러미	勹	金	5
	枰	바둑판/장기판	木	木	9		佈	펼/널리	亻	火	7
	泙	물소리	氵	水	9		咆	고함지를	口	水	8

발음	한자	뜻	부수	자원	획수	발음	한자	뜻	부수	자원	획수
포 (水)	抛	던질	扌	木	8	포 (水)	鞄	혁공	革	金	14
	庖	부엌	广	木	8		葡	포도	艹	木	15
	抱	안을/던질	扌	木	9		褒	기릴/칭찬할	衣	木	15
	匍	길/힘을 다할	勹	木	9		鋪	펼/가게	金	金	15
	怖	두려워할	忄	火	9		暴	사나울	日	火	15
	泡	거품/성할	氵	水	9		蒲	부들/창포	艹	木	16
	抛	던질	扌	木	9		鮑	절인 물고기	魚	水	16
	炮	통째로 구울	火	火	9		餔	저녁밥	食	水	16
	炰	통째로 구울	灬	火	9		儤	번을 설	亻	火	17
	砲	대포	石	金	10		曓	사나울	日	火	17
	哺	먹일	口	水	10		鰾	돌고래	魚	水	18
	圃	채마밭	口	水	10	폭 (水 木)	幅	폭/넓이	巾	木	12
	疱	물집	疒	水	10		暴	사나울	日	火	15
	胞	세포/태보	肉	水	11		輻	바퀴살	車	火	16
	浦	개/물가	氵	水	11		曝	사나울	日	水	19
	捕	잡을	扌	木	11		瀑	폭포/소나기	氵	水	19
	匏	바가지	勹	木	11		爆	불 터질	火	火	19
	袍	도포/두루마기	衤	木	11	표 (水)	杓	북두자루	木	木	7
	苞	쌀/무성할	艹	木	11		表	겉/시계(신)	衣	木	8
	晡	신시/해 질 무렵	日	火	11		表	겉/시계(구)	衣	木	9
	脯	포	肉	水	13		俵	나누어 줄	亻	火	10
	鉋	대패/발굴할	金	金	13		豹	표범	豸	水	10
	飽	배부를	食	水	14		髟	늘어질	髟	火	10
	逋	도망갈	辶	土	14		票	표/증표	示	火	11
	誧	도울	言	金	14		彪	범/문채	彡	火	11

발음	한자	뜻	부수	자원	획수	발음	한자	뜻	부수	자원	획수
표 ㊌	殍	주려 죽을	歹	水	11	풍 ㊌ ㊏	楓	단풍	木	木	13
	剽	겁박할	刂	金	13		豊	풍년/부를	豆	木	13
	僄	날랠/가벼울	亻	火	13		瘋	두풍	疒	水	14
	勡	으를	力	土	13		諷	풍자할	言	金	16
	嘌	빠를	口	水	14		豐	풍년/부를	豆	木	18
	嫖	날랠/암탕할	女	土	14	피 ㊌	皮	가죽	皮	金	5
	裱	목도리	衤	木	14		彼	저/저쪽	彳	火	8
	標	표할	木	木	15		披	헤칠/개척할	扌	木	9
	漂	떠다닐	氵	水	15		疲	피곤할	疒	水	10
	慓	급할	忄	火	15		被	입을/덮을	衣	木	11
	摽	칠	扌	木	15		誠	치우칠	言	金	12
	熛	불똥	火	火	15		陂	방죽	阝	土	13
	瓢	바가지	瓜	木	16		鞁	가슴걸이	革	金	14
	縹	휘날릴/옥색	糸	木	17		髲	다리	髟	火	15
	鏢	칼집 끝 장식	金	金	19		避	피할	辶	土	20
	飄	나부낄	風	木	20	픽	腷	답답할	肉	水	15
	驃	황부루	馬	火	21	필 ㊌ ㊋	匹	짝/배우자	匸	水	4
	飈	폭풍	風	木	21		疋	짝/피륙	疋	土	5
	飆	폭풍	風	木	21		必	반드시/꼭	心	火	5
	鰾	부레	魚	水	22		佖	점잖을	亻	火	7
	鑣	재갈	金	金	23		咇	향내 날	口	水	8
품 ㊌ ㊌	品	물건	口	水	9		泌	스며 흐를	氵	水	9
	稟	여쭐/아뢸	禾	木	13		珌	칼집 장식	玉	金	10
풍 ㊌ ㊏	風	바람	風	木	9		苾	향기로울	艹	木	11
	馮	성씨	馬	火	12		畢	마칠	田	土	11

발음	한자	뜻	부수	자원	획수	발음	한자	뜻	부수	자원	획수
필 (水)(火)	筆	붓	竹	木	12	하 (土)	歌	껄껄 웃을	欠	火	9
	弼	도울/도지개	弓	金	12		抲	지휘할	扌	木	9
	㵊	샘이 용솟을	水	水	12		夏	여름/나라 이름	夂	火	10
	鈗	창 자루	金	金	13		賀	하례할	貝	金	12
	馝	좋은 향내가 날	香	木	14		厦	문간방	厂	木	12
	潷	용솟음할	氵	水	15		荷	멜/연꽃	艹	木	13
	駜	살찔	馬	火	15		廈	문간방/큰집	广	木	13
	斁	다할	攵	金	15		閜	크게 열릴	門	木	13
	觱	악기 이름	角	木	16		煆	데울	火	火	13
	篳	사립짝	竹	木	17		瑕	허물/티	玉	金	14
	罼	족대	罒	木	17		嘏	클/복	口	水	14
	蓽	콩	艹	木	17		碬	숫돌	石	金	14
	蹕	벽제할	足	土	18		瘕	기생충병	疒	水	14
	鵯	직박구리	鳥	火	19		蝦	두꺼비/새우	虫	水	15
	韠	슬갑	革	金	20		遐	멀/어찌	辶	土	16
	韠	슬갑	韋	金	20		赮	붉을	赤	火	16
핍 (水)(水)	乏	모자랄	丿	金	5		嗄	웃을	口	水	16
	偪	핍박할	亻	火	11		霞	노을	雨	水	17
	逼	핍박할	辶	土	16		嚇	웃음소리	口	水	17
하 (土)	下	아래	一	水	3		罅	틈	缶	土	17
	何	어찌/멜	亻	火	7		鍜	경개	金	金	17
	呀	입 딱 벌릴	口	水	7		懗	속일	忄	火	18
	岈	산골 휑할	山	土	7		蕸	연잎	艹	木	18
	河	물/황하	氵	水	9		鰕	새우/도롱뇽	魚	水	20
	昰	여름/하나라	日	火	9	학	學	배울	子	水	8

발음	한자	뜻	부수	자원	획수	발음	한자	뜻	부수	자원	획수
학 (土)(木)	虐	모질/사나울	虍	木	9	한 (土)(火)	限	한할/한정	阝	土	14
	狢	오소리	犭	土	10		倝	굳셀	亻	火	14
	确	자갈땅/돌산	石	金	12		漢	한수/한나라	氵	水	15
	嗃	엄할	口	水	13		嫺	우아할	女	土	15
	瘧	학질	疒	水	14		嫻	우아할	女	土	15
	郝	땅 이름	邑	土	14		暵	마를	日	火	15
	學	배울	子	水	16		翰	편지/날개	羽	火	16
	謔	희롱할	言	金	16		澖	넓을	氵	水	16
	壑	골/산골짜기	土	土	17		闲	익힐/법률	門	木	16
	鶴	학/두루미	鳥	火	21		橺	큰 나무	木	木	16
	皬	흴	白	金	21		韓	한국/나라	韋	金	17
	鸒	비둘기	鳥	火	24		澣	빨래할/열흘	氵	水	17
한 (土)(火)	汗	땀	氵	水	7		駻	사나울	馬	火	17
	旱	가물	日	火	7		鼾	코 고는 소리	鼻	金	17
	忓	아름다울	忄	火	7		瀚	넓고 큰 모양	氵	水	20
	扞	막을	扌	木	7		鷳	백한	鳥	火	23
	罕	드물	罓	木	9	할 (土)(火)	割	벨/나눌	刂	金	12
	恨	한/원통할	忄	火	10		瞎	애꾸눈	目	木	15
	邗	땅 이름	邑	土	10		轄	다스릴/비녀장	車	火	17
	悍	사나울/세찰	忄	火	11	함 (土)(水)	含	머금을	口	水	7
	捍	막을	扌	木	11		函	함/상자	凵	木	8
	閈	이문	門	木	11		咸	다/짤	口	水	9
	閒	한가할	門	木	12		啣	재갈 머금을	口	水	11
	閑	한가할	門	木	12		涵	젖을/잠길	氵	水	12
	寒	찰	宀	水	12		喊	소리칠/다물	口	水	12

발음	한자	뜻	부수	자원	획수	발음	한자	뜻	부수	자원	획수
함 (土) (水)	菡	꽃술	艹	木	13	항 (土) (土)	亢	높을/극진할	亠	水	4
	銜	재갈/관	金	金	14		夯	멜	大	土	5
	菡	연꽃	艹	木	14		行	항렬	行	火	6
	緘	봉할/새끼줄	糸	木	15		伉	짝/굳셀	亻	火	6
	陷	빠질	阝	土	16		沆	넓을	氵	水	8
	諴	화동할	言	金	16		杭	건널	木	木	8
	檻	난간/우리	木	木	18		抗	겨룰	扌	木	8
	鹹	짤/다	鹵	水	20		炕	마를	火	火	8
	艦	큰배/군함	舟	木	20		缸	항아리	缶	土	9
	闞	범 소리	門	木	20		肛	항문	肉	水	9
	轞	함거	車	火	21		巷	거리	己	土	9
합 (土) (水)	合	합할/쪽문	口	水	6		姮	항아/ 여자 이름	女	土	9
	匌	돌/만날	勹	金	8		桁	차꼬	木	木	10
	哈	물고기 많은 모양	口	水	9		恒	항상	忄	火	10
	柙	우리/궤	木	木	9		恆	항상	忄	火	10
	盍	덮을/합할	皿	水	10		航	배/방주	舟	木	10
	盒	합/소반	皿	金	11		項	항목/목덜미	頁	火	12
	蛤	대합조개	虫	水	12		缿	투서함	缶	土	12
	嗑	입 다물	口	水	13		港	항구	氵	水	13
	郃	고을 이름	邑	土	13		頏	새 날아 내릴	頁	火	13
	閤	쪽문/마을	門	木	14		降	항복할	阝	土	14
	榼	통	木	木	14		嫦	항아/여자 이름	女	土	14
	溘	갑자기	氵	水	14	해 (土)	亥	돼지/ 열두째 지지	亠	水	6
	陜	좁을/ 땅 이름	阝	土	15		哈	비웃을	口	水	8
	闔	문짝/ 하늘 문	門	木	18		咳	어린아이 웃을/ 기침	口	水	9

발음	한자	뜻	부수	자원	획수	발음	한자	뜻	부수	자원	획수
해 (土)	垓	지경	土	土	9	해 (土)	蟹	게	虫	水	19
	孩	어린아이	子	水	9		薤	염교	艹	木	19
	祄	도울(개)	示	木	9		瀣	이슬 기운	氵	水	20
	奚	어찌	大	水	10		邂	만날	辶	土	20
	害	해할/해로울	宀	木	10	핵 (土) (木)	劾	꾸짖을	力	水	8
	欬	기침	欠	火	10		核	씨	木	木	10
	晐	갖출	日	火	10		翮	깃촉	羽	火	16
	偕	함께	亻	火	11		覈	핵실할	襾	金	19
	海	바다	氵	水	11	행 (土) (土)	行	다닐	行	火	6
	痎	학질	疒	水	11		杏	살구나무	木	木	7
	該	갖출/마땅	言	金	13		幸	다행/행복	干	木	8
	楷	본보기/해서	木	木	13		倖	요행/총애할	亻	火	10
	解	풀/풀이할	角	木	13		荇	노랑어리연꽃	艹	木	12
	瑎	검은 옥돌	玉	金	14		涬	기운	氵	水	12
	頦	아래턱	頁	火	15		悻	성낼/강직할	忄	火	12
	諧	화할/화합	言	金	16	향 (土) (土)	向	향할/나아갈	口	水	6
	駭	놀랄	馬	火	16		享	누릴	亠	土	8
	骸	뼈	骨	金	16		香	향기	香	木	9
	嶰	골짜기	山	土	16		晑	밝을	日	火	10
	廨	공해/공관	广	木	16		珦	옥 이름	玉	金	11
	懈	게으를	忄	火	17		餉	건량/군량	食	水	15
	獬	해태	犭	土	17		鄕	시골/마을	邑	土	17
	醢	육장	酉	金	17		嚮	향할	口	水	19
	鮭	어채	魚	水	17		薌	곡식 향내	艹	木	19
	澥	바다 이름	氵	水	17		麠	사향 사슴	鹿	土	20

발음	한자	뜻	부수	자원	획수	발음	한자	뜻	부수	자원	획수
향 (土)	響	울릴	音	金	22		奕	클/아름다울	大	木	9
(土)	饗	잔치할	食	水	22		弈	바둑/도박	廾	水	9
허 (土)	許	성씨/허락할	言	金	11		洫	봇도랑	氵	水	10
	虛	빌/공허할	虍	木	12	혁 (土) (木)	烆	빛날	火	火	11
	墟	터/언덕	土	土	15		焱	불꽃	火	火	12
	噓	불/울	口	水	15		赫	빛날	赤	火	14
	歔	흐느낄	欠	火	16		嚇	성낼	口	水	17
헌 (土) (火)	昍	밝을(훤)	日	火	8		爀	불빛/붉은색	火	火	18
	軒	집/처마	車	火	10		鬩	다툴	鬥	金	18
	憲	법/깨우침	心	火	16	현 (土) (火)	玄	검을/심오할	玄	火	5
	輯	초헌	車	火	16		見	볼	見	火	7
	幰	수레 휘장	巾	木	19		呟	소리	口	水	8
	櫶	나무 이름	木	木	20		弦	시위	弓	木	8
	獻	드릴/바칠	犬	土	20		妶	여자의 자	女	土	8
	攇	죌	扌	木	20		泫	이슬 빛날	氵	水	9
	憶	총명할	忄	火	20		炫	밝을/빛날	火	火	9
	巘	봉우리	山	土	23		眩	햇빛/당혹할	日	火	9
헐 (土)	歇	쉴	欠	火	13		俔	염탐할	亻	火	9
험 (土) (水)	嶮	험할	山	土	16		怰	팔	忄	火	9
	獫	오랑캐 이름	犭	土	17		玹	옥돌/ 옥 이름	玉	金	10
	險	험할	阝	土	21		峴	고개/ 산 이름	山	土	10
	驗	시험/효과	馬	火	23		眩	어지러울	目	木	10
	玁	오랑캐 이름	犭	土	24		痃	현벽	疒	水	10
혁 (土) (木)	佝	고요할	亻	火	8		娊	허리 가늘	女	土	10
	革	가죽	革	金	9		晛	햇살/밝을	日	火	11

발음	한자	뜻	부수	자원	획수	발음	한자	뜻	부수	자원	획수
	絃	줄/끈	糸	木	11	현	灦	물이 깊고 맑을	氵	水	27
	衒	자랑할/팔	行	火	11		孑	외로울	子	水	3
	舷	뱃전	舟	木	11		穴	구멍	穴	水	5
	弦	활	弓	金	11	혈	血	피	血	水	6
	絢	무늬/문채	糸	木	12	㊏	頁	머리	頁	火	9
	現	나타날/드러낼	玉	金	12	㊌	絜	헤아릴	糸	木	12
	睍	불거진 눈	目	火	12		趐	나아갈	走	火	13
	琄	옥 모양	玉	金	12	혐	嫌	싫어할	女	土	13
	峴	땅 이름	木	木	12		叶	맞을	口	水	5
	鉉	솥귀/재상	金	金	13		夾	낄/부축할	大	木	7
	蜆	도롱이벌레	虫	水	13		協	화합할/도울	十	水	8
	誢	말다툼할	言	金	14		冾	화할	冫	水	8
현	賢	어질/넉넉할	貝	金	15		俠	의기로울	亻	火	9
㊏	儇	영리할	亻	火	15		匧	상자	匚	木	9
㊌	晛	한정할	阝	土	15		峽	골짜기	山	土	10
	鋗	노구솥	金	金	15		埉	물가	土	土	10
	縣	고을/매달	糸	木	16		恊	화합할/으를	忄	火	10
	嬛	산뜻할	女	土	16	협	挾	낄	扌	木	11
	駽	돗총이/검푸른 말	馬	火	17	㊏	浹	두루 미칠	氵	水	11
	顯	나타날/명확할	頁	火	18	㊌	狹	좁을	犭	土	11
	繯	맬	糸	木	19		悏	쾌할	忄	火	11
	翾	날	羽	水	19		脅	위협할/겨드랑이	肉	水	12
	懸	매달/걸	心	火	20		脇	위협할/책망할	肓	水	12
	譞	영리할	言	金	20		莢	꼬투리/비수리 풀	艹	木	13
	顥	나타날/명확할	頁	火	23		愜	쾌할	忄	火	13

발음	한자	뜻	부수	자원	획수	발음	한자	뜻	부수	자원	획수
협 (土) (水)	鋏	집게/가위	金	金	15	형 (土) (土)	鑅	줄/문지를	金	金	18
	篋	상자	竹	木	15		瀅	물 맑을	氵	水	19
	頰	뺨/기분 좋을	頁	火	16		馨	꽃다울/향기로울	香	木	20
형 (土) (土)	兄	형/맏이	儿	木	5		瀯	물 이름	氵	水	22
	刑	형벌/탕기	刂	金	6	혜 (土)	匸	감출	匸	水	2
	亨	형통할	亠	土	7		兮	어조사	八	金	4
	形	모양/형상	彡	火	7		盻	흘겨볼	目	木	9
	侀	이룰/힘쓸	亻	火	8		恵	은혜	心	火	10
	泂	멀/깊을	氵	水	9		彗	살별/꼬리별	彐	火	11
	炯	빛날/밝을	火	火	9		詇	진실한 말	言	金	11
	型	모형/본보기	土	土	9		惠	은혜	心	火	12
	娙	여관	女	土	10		傒	가둘	亻	火	12
	邢	성씨/나라 이름	邑	土	11		徯	기다릴/샛길	彳	火	13
	珩	노리개/패옥	玉	金	11		嘒	작은 소리	口	水	14
	荊	가시나무/곤장	艹	木	12		慧	슬기로울	心	火	15
	迥	멀/뛰어날	辶	土	12		暳	별 반짝일	日	火	15
	詗	염탐할	言	金	12		鞋	신발	革	金	15
	逈	멀/뛰어날	辶	土	13		寭	밝힐/깨달을	宀	火	15
	熒	등불/빛날	火	火	14		槥	널/작은 관	木	木	15
	滎	실개천/못 이름	氵	水	14		憓	사랑할/순종할	忄	火	16
	敻	멀/아득할	夊	木	14		蹊	좁은 길/지름길	足	土	17
	瑩	의혹할/밝을	玉	金	15		謑	꾸짖을	言	金	17
	陘	지레목	阝	土	15		蕙	풀 이름/혜초	艹	木	18
	衡	저울대	行	火	16		醯	식혜/식초	酉	金	19
	螢	반딧불	虫	水	16		譓	슬기로울	言	金	19

발음	한자	뜻	부수	자원	획수	발음	한자	뜻	부수	자원	획수
혜 ㊏	鏸	날카로울	金	金	20		毫	터럭/붓끝	手	火	11
	譓	슬기로울	言	金	22		嫭	재치 있을	女	土	11
	戶	집/지게	戶	木	4		皓	흴/깨끗할	白	金	12
	互	서로	二	水	4		淏	맑을	氵	水	12
	乎	어조사	丿	金	5		壺	병	土	木	12
	号	이름/부르짖을	口	水	5		號	이름/부르짖을	虍	木	13
	好	좋을	女	土	6		湖	호수	氵	水	13
	冱	얼	冫	水	6		琥	호박/옥	玉	金	13
	昊	하늘/클	日	火	8		猢	원숭이	犭	土	13
	呼	부를	口	水	8		聕	들릴	耳	火	13
	岵	산	山	土	8	호 ㊏	豪	호걸/귀인	豕	水	14
	弧	활	弓	木	8		瑚	산호/호련	玉	金	14
호 ㊏	虎	범/용맹스럴	虍	木	8		犒	호궤할	牛	土	14
	冴	얼	氵	水	8		滈	장마	氵	水	14
	狐	여우	犭	土	9		嫮	아름다울	女	土	14
	芐	지황(하)	艹	木	9		嫭	아름다울	女	土	14
	怙	믿을/아버지	忄	火	9		滸	물가	氵	水	15
	祜	복/행복	示	金	10		葫	마늘/호리병박	艹	木	15
	芦	지황	艹	木	10		蝴	나비	虫	水	15
	瓳	반호	瓦	土	10		糊	풀칠할/죽	米	木	15
	浩	넓을	氵	水	11		皞	밝을	白	金	15
	晧	밝을/빛날	日	火	11		滬	물 이름	氵	水	15
	扈	따를/파랑새	戶	木	11		皜	흴/깨끗할	白	金	15
	胡	되/수염	肉	火	11		噑	울부짖을	口	水	15
	瓠	박/항아리	瓜	木	11		熩	빛날	火	火	15

발음	한자	뜻	부수	자원	획수	발음	한자	뜻	부수	자원	획수
호 (土)	澔	넓을/넉넉할	氵	水	16	혼 (土) (火)	混	섞을	氵	水	12
	縞	명주/ 고운 빛깔	糸	木	16		焜	빛날	火	火	12
	蒿	쑥/땅 이름	艹	木	16		渾	흐릴/뒤섞일	氵	水	13
	儫	호걸/귀인	亻	火	16		溷	어지러울	氵	水	13
	醐	우락 더껑이	酉	金	16		琿	아름다운 옥	玉	金	14
	壕	해자/도랑	土	土	17		魂	넋/마음	鬼	火	14
	蔰	빛	艹	木	17		溷	어지러울	氵	水	14
	鄗	땅 이름	邑	土	17		閽	문지기	門	木	16
	鎬	호경/ 밝은 모양	金	金	18		顝	둥글	頁	火	19
	濩	퍼질	氵	水	18	홀 (土) (火)	圀	온전할	囗	水	7
	濠	호주	氵	水	18		忽	갑자기	心	火	8
	餬	죽/풀칠할	食	水	18		笏	홀/ 피리 가락	竹	木	10
	鬍	되/수염	髟	火	19		惚	황홀할	忄	火	12
	顥	클/빛날	頁	火	21	홍 (土)	弘	클/넓힐	弓	火	5
	護	도울	言	金	21		汞	수은	水	水	7
	頀	구할	音	金	23		紅	붉을	赤	木	9
	灝	넓을	氵	水	25		泓	물 깊을	氵	水	9
혹 (土) (木)	或	혹/늘	戈	金	8		虹	무지개	虫	水	9
	惑	미혹할	心	火	12		哄	떠들썩할	口	水	9
	酷	심할	酉	金	14		洪	넓을/큰물	氵	水	10
	熇	뜨거울	火	火	14		烘	화톳불	火	火	10
혼 (土) (火)	昏	어두울	日	火	8		訌	어지러울	言	金	10
	俒	완전할	亻	火	9		晎	날 밝을 여할	日	火	10
	圂	뒷간	囗	水	10		鈂	쇠뇌 고동/ 석궁	金	金	14
	婚	혼인할	女	土	11		篊	통발	竹	木	15

발음	한자	뜻	부수	자원	획수	발음	한자	뜻	부수	자원	획수
홍 土 土	澒	수은	氵	水	16	확 土 木	碻	굳을/확실할	石	金	15
	鬨	싸울	鬥	金	16		穫	거둘	禾	木	19
	鴻	기러기/원기	鳥	火	17		擴	넓힐	扌	木	19
화 土	化	될/화할	匕	火	4		矍	두리번거릴	目	木	20
	火	불	火	火	4		礭	회초리	石	金	21
	禾	벼	禾	木	5		鑊	가마솥/형구	金	金	22
	和	화할/화목할	口	水	8		攫	움킬	扌	木	24
	花	꽃	艹	木	10		矡	창	矛	金	25
	俰	화할	亻	火	10	환 土 火	丸	둥글	丶	土	3
	貨	재물	貝	金	11		幻	헛보일/변할	幺	火	4
	畫	그림/그릴	田	土	12		奐	빛날/성대할	大	木	9
	話	말씀/이야기	言	金	13		宦	벼슬/환관	宀	木	9
	畵	그림/그릴	田	土	13		紈	흰 비단/맺을	糸	木	9
	靴	신/가죽신	革	金	13		桓	굳셀	木	木	10
	華	빛날	艹	木	14		洹	세차게 흐를	氵	水	10
	禍	재앙	示	木	14		晥	환할/밝은 별	日	火	11
	嬅	탐스러울	女	土	15		患	근심	心	火	11
	嘩	떠들썩할	口	水	15		喚	부를	口	水	12
	樺	벗나무/자작나무	木	木	16		睆	가득 찬 모양	目	木	12
	澕	깊을	氵	水	16		絙	끈	糸	木	12
	譁	시끄러울	言	金	19		皖	환할	白	金	12
	驊	준마	馬	火	22		渙	흩어질	氵	水	13
	龢	화할	龠	火	22		煥	불꽃/빛날	火	火	13
호	廓	클/외성	广	木	14		換	바꿀/고칠	扌	木	13
	確	굳을/확실할	石	金	15		豢	기를	豕	水	13

발음	한자	뜻	부수	자원	획수	발음	한자	뜻	부수	자원	획수
환 (土) (火)	圜	두를/에워쌀	口	水	16	황 (土) (土)	晃	밝을/빛날	日	火	10
	寰	경기 고을	宀	木	16		晄	밝을/빛날	日	火	10
	鍰	여섯 냥쭝	金	金	17		恍	황홀할	忄	火	10
	擐	꿸	扌	木	17		凰	봉황	几	木	11
	環	고리/둥근 옥	玉	土	18		黃	누를	黃	土	12
	還	돌아올	辶	土	20		堭	당집	土	土	12
	轘	거열할	車	火	20		媓	어머니	女	土	12
	鐶	고리/반지	金	金	21		徨	헤맬/노닐	彳	火	12
	鰥	환어/홀아버지	魚	水	21		荒	거칠/버릴	艹	木	12
	歡	기쁠	欠	金	22		喤	울음소리	口	水	12
	懽	기뻐할/재앙	忄	火	22		貺	줄/하사할	貝	金	12
	鬟	쪽	髟	火	23		煌	빛날/성할	火	火	13
	瓛	옥홀	玉	金	25		熀	빛날/성할	火	火	13
	驩	기뻐할/말 이름	馬	火	28		幌	휘장	巾	木	13
활 (土) (火)	活	살/생기 있을	氵	水	10		惶	두려울	忄	火	13
	蛞	올챙이	虫	水	12		湟	성지/해자	氵	水	13
	滑	미끄러울	氵	水	14		楻	깃대	木	木	13
	猾	교활할	犭	土	14		滉	깊을/넓을	氵	水	14
	闊	넓을/트일	門	木	17		榥	책상	木	木	14
	豁	뚫린 골/깨달을	谷	水	17		慌	어리둥절할	忄	火	14
	潤	넓을/트일	氵	水	18		熿	이글거릴(엽)	火	火	14
황 (土) (土)	皇	임금/봉황	白	金	9		愰	마음 밝을	忄	火	14
	況	상황/하물며	氵	水	9		瑝	옥 소리	玉	金	14
	怳	어슴부레할	忄	火	9		篁	대숲	竹	木	15
	肓	명치끝	肉	水	9		蝗	메뚜기/황충	虫	水	15

발음	한자	뜻	부수	자원	획수	발음	한자	뜻	부수	자원	획수
황 (土)(土)	潢	웅덩이	氵	水	16	회 (土)	迴	돌아올	辶	土	13
	遑	급할/허둥거릴	辶	土	16		誨	가르칠	言	金	14
	璜	패옥	玉	金	17		頮	세수할	頁	火	16
	隍	해자/빌	阝	土	17		檜	전나무	木	木	17
	簧	혀/파리	竹	木	18		澮	봇도랑	氵	水	17
	鐄	종소리	金	金	18		獪	교활할	犭	土	17
회 (土)	回	돌아올	口	水	6		繪	그림/그릴	糸	木	19
	灰	재	火	火	6		膾	회/회칠	肉	水	19
	会	모일	人	火	6		懷	품을	忄	火	20
	佪	노닐	亻	火	8		鱠	회	魚	水	24
	廻	돌	廴	水	9	획 (土)(木)	画	그을	口	水	8
	徊	머뭇거릴/노닐	彳	火	9		劃	그을/계획할	刂	金	14
	恢	넓을	忄	火	10		嚄	깜짝 놀라는 소리	口	水	17
	洄	돌아 흐를	氵	水	10		獲	얻을	犭	土	18
	晦	그믐	日	火	11	횡 (土)(土)	宖	집 울릴	宀	木	8
	悔	뉘우칠	忄	火	11		鈜	쇳소리	金	金	12
	盔	주발	皿	金	11		橫	가로	木	木	16
	茴	회향풀/방풍	艹	木	12		潢	물 삥 돌아나갈	氵	水	16
	淮	물 이름	氵	水	12		鐄	종	金	金	20
	絵	그림/그릴	糸	木	12		黌	학교	黃	土	25
	蛔	회충	虫	水	12	효 (土)	爻	사귈/가로 그을	爻	火	4
	賄	재물/뇌물	貝	金	13		孝	효도	子	水	7
	會	모일/능숙할	曰	木	13		効	본받을/힘쓸	力	金	8
	匯	물 돌아 나갈	匚	水	13		效	본받을/밝힐	攵	金	10
	詼	조롱할	言	金	13		哮	성낼	口	水	10

발음	한자	뜻	부수	자원	획수	발음	한자	뜻	부수	자원	획수
	肴	안주	肉	水	10		朽	썩을	木	木	6
	烋	거들먹거릴	灬	火	10		吼	울부짖을	口	水	7
	洨	강 이름	氵	水	10		吽	짖을	口	水	7
	庨	높을	广	木	10		姁	아름다울/할머니	女	土	8
	猇	범 울부짖을	虍	木	10		厚	두터울/후할	厂	土	9
	涍	성씨/물 이름	氵	水	11		侯	제후/후작	亻	火	9
	梟	올빼미	木	木	11		後	뒤/임금	彳	火	9
	崤	산 이름	山	土	11		垕	두터울/후할	土	土	9
	婋	재치 있을(호)	女	土	11		芋	클	艹	木	9
	淆	뒤섞일	氵	水	12		候	기후	亻	火	10
	窙	높은 기운	穴	水	12		欨	즐거워할(호)	欠	火	10
효 (土)	傚	본받을	亻	火	12	후 (土)	珝	옥 이름	玉	金	11
	殽	섞일	殳	金	12		酗	주정할	酉	金	11
	酵	삭힐/발효할	酉	金	14		喉	목구멍	口	水	12
	歊	오를	欠	火	14		帿	제후/과녁	巾	木	12
	熇	엄할	火	火	14		堠	돈대/흙성	土	土	12
	皛	나타낼	白	金	15		煦	불/숨 내쉴	口	水	12
	曉	새벽	日	火	16		逅	만날	辶	土	13
	嚆	울릴	口	水	17		煦	따뜻하게 할	灬	火	13
	餚	섞일	食	水	17		嗅	맡을	口	水	13
	譹	부를	言	金	18		猴	원숭이	犭	土	13
	斅	가르칠	攴	金	20		詡	자랑할	言	金	13
	囂	들렐/공허할	口	水	21		篌	공후	竹	木	15
	驍	날랠	馬	火	22		餱	건량	食	水	18
환	后	뒤/임금	口	水	6		譃	거짓말할	言	金	19

발음	한자	뜻	부수	자원	획수	발음	한자	뜻	부수	자원	획수
훈(土火)	訓	가르칠/인도할	言	金	10	훤(土火)	愃	너그러울	忄	火	13
	焄	김 쐴/그을릴	灬	火	11		萱	원추리/망우초	艹	木	15
	勛	공/공적	力	火	12		諼	잊을/지껄일	言	金	16
	塤	질나발	土	土	13		諠	속일	言	金	16
	暈	무리/햇무리	日	火	13	훼(土)	卉	풀/초목	十	木	5
	煇	태울	火	火	13		芔	풀/성할(휘)	艹	木	9
	熏	불길/연기	灬	火	14		虺	살무사	虫	水	9
	勳	공/공적	力	火	15		喙	부리	口	水	12
	葷	훈채	艹	木	15		毀	헐/철거할	殳	金	13
	勲	공/공적	力	火	16		毁	헐/철거할	殳	金	13
	壎	질나발	土	土	17		燬	불/불꽃	火	火	17
	燻	연기낄	火	火	18	휘(土)	芔	성할	艹	木	9
	曛	어스레할	日	火	18		暉	빛/광채	日	火	13
	獯	오랑캐 이름	犭	土	18		煇	빛날	火	火	13
	薫	향초/향내	艹	木	19		揮	휘두를/표기	扌	木	13
	薰	향초/향내	艹	木	20		彙	무리/고슴도치	彐	火	13
	纁	분홍빛	糸	木	20		煒	빛/성할	火	火	13
	鑂	금빛 투색할	金	金	22		輝	빛날/비출	車	火	15
흘(土)	欻	문득	欠	火	12		麾	기/대장기	麻	木	15
흥	薨	훙서/죽일	艹	木	19		翬	훨훨 날	羽	火	15
훤(土火)	昍	밝을	日	火	8		諱	숨길/꺼릴	言	金	16
	烜	마를/빛날	火	火	10		撝	찢을	扌	木	16
	喧	지껄일	口	水	12		徽	아름다울/표기	彳	火	17
	煊	마를/빛날	火	火	13	휴(土)	休	쉴	亻	火	6
	暄	온난할/따뜻할	日	火	13		咻	신음소리	口	水	9

발음	한자	뜻	부수	자원	획수	발음	한자	뜻	부수	자원	획수
휴 (土)	麻	그늘	广	木	9	흔 (土)(火)	痕	흔적/흉터	疒	水	11
	烋	아름다울	灬	火	10		掀	번쩍 들	扌	木	12
	畦	밭두둑	田	土	11		焮	태울/비출	火	火	12
	携	이끌	扌	木	14		釁	피칠할/틈	酉	金	26
	髹	검붉은 빛	髟	火	16	흘 (土)(火)	仡	날랠	亻	火	5
	虧	이지러질	虍	木	17		屹	우뚝 솟을	山	土	6
	鵂	수리부엉이	鳥	火	17		吃	말더듬을	口	水	6
	隳	무너뜨릴	阝	土	23		汔	거의/물 마를	氵	水	7
휼 (土)(火)	卹	진휼할	卩	木	8		疙	쥐 부스럼	疒	水	8
	恤	불쌍할/구휼할	忄	火	10		紇	묶을	糸	木	9
	譎	속일/기만할	言	金	19		訖	이를	言	金	10
	鷸	도요새	鳥	火	23		迄	이를	辶	土	10
흉 (土)	凶	흉할	凵	水	4		齕	깨물	齒	金	18
	兇	흉악할	儿	木	6	흠 (土)(水)	欠	하품	欠	火	4
	匈	오랑캐/가슴	勹	金	6		欽	공경할/흠모할	欠	金	12
	洶	용솟음칠	氵	水	10		歆	흠향할	欠	火	13
	恟	두려워할	忄	火	10		廞	벌여놓을	广	木	15
	胸	가슴/마음	肉	水	12		鑫	기쁠	金	金	24
	胷	가슴/마음	肉	水	12	흡 (土)(水)	吸	마실/숨 들이쉴	口	水	7
흑	黑	검을	黑	水	12		洽	흡족할/넉넉할	氵	水	10
흔 (土)(火)	欣	기쁠/즐거워할	欠	火	8		恰	흡사할	忄	火	10
	昕	새벽	日	火	8		翕	합할/거둘	羽	火	12
	炘	화끈거릴/기뻐할	火	火	8		翖	합할/거둘	羽	火	12
	忻	기쁠/즐거워할	忄	火	8		噏	숨 들이쉴	口	水	15
	很	패려궂을	彳	火	9		歙	들이쉴	欠	火	16

발음	한자	뜻	부수	자원	획수	발음	한자	뜻	부수	자원	획수
흡	潝	물 빨릴 흐르는 소리	氵	水	16		熹	빛날/성할	火	火	16
흥 ⊕ ⊕	興	일/ 창성할(구)	臼	土	15		憙	기뻐할/ 좋아할	心	火	16
	興	일/ 창성할(신)	臼	土	16		凞	빛날/화락할	冫	水	16
희 ⊕	希	바랄/동경할	巾	木	7		羲	복희씨	羊	土	16
	姬	여자/아가씨	女	土	9		戲	희롱할	戈	金	16
	俙	비슷할/희미할	亻	火	9		噫	한숨 쉴	口	水	16
	姫	여자/삼갈(진)	女	土	9		暿	빛날	日	火	16
	咥	웃을	口	水	9	희 ⊕	橲	나무 이름	木	木	16
	唏	훌쩍훌쩍 울	口	水	10		禧	복/길할	示	木	17
	晞	마를/밝을	日	火	11		戱	놀이	戈	金	17
	烯	불빛/에틸렌	火	火	11		燨	야화	火	火	18
	悕	원할	忄	火	11		饎	보낼	食	水	19
	欷	한숨 쉴	欠	火	11		譆	감탄할	言	金	19
	喜	기쁠/즐거울	口	水	12		爔	불/햇빛	火	火	20
	稀	드물	禾	木	12		曦	햇빛/일광	日	火	20
	熙	빛날/복	灬	火	13		犧	희생	牛	土	20
	熈	빛날	灬	火	14		囍	쌍희	口	水	22
	煕	빛날	灬	火	14	힐 ⊕ 火	犵	오랑캐 이름	犭	土	7
	僖	기쁠/즐거울	亻	火	14		詰	물을/꾸짖을	言	金	13
	豨	돼지	豕	水	14		頡	곧은 목	頁	火	15
	嬉	아름다울/ 즐거울	女	土	15		黠	약을/교활할	黑	水	18
	熙	빛날/화락할	冫	水	15		纈	홀치기 염색	糸	木	21
	嘻	화락할	口	水	15		襭	옷자락 걷을	衤	木	21
	憘	기쁠/즐거울	忄	火	16						
	熺	빛날/지을	火	火	16						

맺음말

필자는 본래 명리학(사주팔자) 분야에 약 20년 동안 학인 및 학자로 있으면서 상담을 통해 많은 분들과 소통한 경험치로 작명과 개명의 중요성과 이름의 중요성을 몸소 느꼈다. 잘못된 내용이 없는 올바른 작명책, 누구나 쉽게 볼 수 있고, 누구나 쉽게 활용할 수 있는 작명책을 집필해야겠다는 것이 운명으로 다가왔다.

2010년 2월부터 성명학책을 집필하기 위해 준비를 해왔으니, 어찌 보면 긴 시간, 어찌 보면 짧은 시간 동안, 수많은 성명학적 내용과 이론들을 고찰하고, 인명용 한자의 내용을 고찰하면서 독자에게 알려주고 싶은 내용, 꼭 필요한 내용들을 수없이 편집하고, 삭제하고, 덧붙이고 정성을 많이 기울였다.

원고가 탈고될 때쯤, 과연 이 내용이 읽는 독자로 하여금 쉽게 이해될 수 있을까, 필자가 얘기하고픈 내용이 전달될 수 있을까 하는 수많은 생각이 원고 탈고에 많은 시간을 할애하게 하였다. 그럼에도 불구하고 최종원고가 탈고된 현시점에서도 아쉬움은 남는다. 더 내용을 넣어야 했나, 좀 더 쉽게 써야 했나 등의 생각이 떠나질 않지만, 과유불급(過猶不及)이라고 '지나침이 오히려 모자람보다 못하다'라는 말에 위안 삼는다.

작명과 개명의 수많은 예시들이 있지만, 일일이 소개하지 못한 것은 독자에게 양해를 구한다. 필자가 지어드린 당사자분들의 지극히 개인적인 내용과 정보를 함부로 언급할 수 없었기 때문이다. 그럼에도 불구하고, 예시에 내용을 넣을 수 있게 허락해준 도연이 부모님께 감사한 마음을 지면을 빌려 전한다. 더하여 경준이 부모님, 휜이 부모님께도 감사드린다. 그리고 항상 응원해주신 '3대복신명리학'의 창안자 이선종 스승님께도 감사드린다.

『행복을 주는 이름 짓기 사전』이 많은 독자에게 도움이 되길 희망하며 글을 마친다.